科學天地 56

World of Science

3D理化遊樂場 Ⅱ

玩出理化高手

陳偉民、林金昇、江彥雄／撰稿
鐘世凱、三鏑動畫科技公司／動畫製作

作者簡介

陳偉民

國立台灣師範大學畢業，現任國立新莊高中化學教師。長期參與教科書編寫與課程規劃，課餘之暇，從事通俗科學寫作，作品散見《發現》、《青年世紀》、《幼獅少年》等雜誌，著有《智多星出擊》第一、二冊、《誰殺了大恐龍》、《天才小玩子》及《創意教學——理化篇》（與祁明輝合著）。

林金昇

國立台灣大學畢業，台大環境工程研究所碩士。曾任行政院環保小組研究員，從事環境資源保育及研究多年。著有《我們只有一個地球：談世界環境問題》、《享受呼吸是最愛：談空氣污染》、《盼清香永久撲鼻：談惡臭公害》、《讓濁流再澄清：談水污染防治》、《光合菌處理高濃度有機廢水之研究》等，譯有《飲用水與健康》。

江彥雄

國立成功大學畢業，美國佛羅里達大學化工博士。曾任美國喬治華盛頓大學、賓州大學客座教授。目前為中華綜合發展研究院高級研究員兼教授。從事物理化學研究、教學工作四十餘年，著有《苯的基本性質及有害特性》、《廢能源再利用》、《有害廢棄物處理手冊》（以上均為英文著作）等。發表過的學術論文達40餘篇。

動畫作者簡介

鐘世凱

國立台灣大學畢業，美國喬治華盛頓大學電腦科學博士。曾任美國數位影像協會（ACM SIGGRAPH）台北分會會長。目前擔任國立台灣藝術大學多媒體動畫藝術研究所助理教授。從事3D動畫製作、虛擬實境研究多年，為國內少數具自然科學基礎的動畫科技菁英。

三鏑動畫科技公司

2001年三鏑動畫科技公司成立之初，即懷抱「寓科技於玩心」的創設理念，企圖以先進的動畫技術，改變生活與工作的舊思維。耗時兩年餘完成的《3D理化遊樂場》，就是秉持理念，把學習融入快樂與遊戲的氣氛。除了學習領域，三鏑公司目前也嘗試把電腦動畫技術，運用在工程建設、水理分析、電腦地圖、新科技開發模擬製作等全新領域中。目前實際負責技術執行的有張明中、潘世傑兩位3D動畫師。

Delight — 愉悅
Digital — 數位
Dream — 夢想

推薦序

（依姓氏筆畫排列）

原來理化也能這麼有趣，在資訊發達的今日，學習已經可以利用動畫呈現，書本中的知識不再單純只是黑白文字。理化，其實一點也不可怕，那是你不願意去親近他、瞭解他；當你願意花時間與他做朋友，你會發現他原來是那麼平易近人。閱讀本書，將帶你遨遊理化世界，我想你會發現，原來理化真的可以這麼簡單有趣！

—— **林鎮洋** 台北科技大學土木系教授

當三個孩子們還在國中時，也曾經想過要編一份理化教材，藉由與子女的互動提升他們的理化基礎。一晃之間，孩子們長大了，想法卻始終沒有實現。所以，當三鏑動畫公司的林先生首次介紹天下文化的《3D理化遊樂場》時，我的眼睛為之一亮，內心深為感動。作者以生動的3D彩色動畫，深入淺出的將各項理化基本理論清楚呈現，除了以潛移默化的方式滿足孩子們的好奇心，並能讓孩子確切的瞭解大自然奧妙。同時，如果家長能與孩子共同操作軟體，父母們也會驚訝於親子間感情的增進與「再度找尋到青少年時失落的科學家之夢」。

—— **馬小康** 台灣大學機械所教授

學習，是一件快樂的事，也是一門愉悅心靈的終身功課，重點在於慎選良書為伴。

生動、有趣、化抽象為具體，我認為這套書完全做到了！

欣見國內終於有第一套利用三維電腦動畫技術，解釋理化基礎原理的叢書問市，今後，坐在家裡的電腦前面也可以像進入實驗室。

從水分子的3D結構、光的成像到電流的發生與運用，在一次次的驚喜之餘，也多所讚歎，學習真的可以如此快樂！

在此誠摯的推薦這套書能成為您家裡的一員。

—— **楊平世** 台灣大學生物資源暨農學院教授兼院長

3D理化遊樂場導覽

《3D理化遊樂場》結合書本與光碟兩種媒體，幫助你學習理化基本原理。如果你是一般讀者，平日閱讀了一些科普書，但沒有機會動手做實驗或親眼目睹實驗進行，你可藉由3D動畫，身歷其境觀察實驗過程，並透過動畫清楚的解說，瞭解背後的原理。《3D理化遊樂場》中的83個實驗動畫，緊扣國中理化課程，如果你是國中生，對於教科書平面插畫或老師口頭講述不易明白的地方，可以藉由3D動畫反覆觀賞，直到瞭解爲止。一方面減少實驗廢棄物造成的汙染，也避免了實驗時可能發生的危險事件，例如化學藥品爆炸、灼傷、割傷、電擊等。

在哪裡可以看到動畫與解說？

書籍共有兩冊，每冊搭配一張光碟（第vi頁起，有光碟的使用說明）。書本中的本文詳細解釋了各種理化原理，如果有動畫可以配合觀看，你會在本文邊欄上看到圖示，表示你可以到電腦上看動畫。而且爲了方便在沒有電腦的情況下，也能吸收動畫中的知識，我們把動畫的精髓抽取出來，做成定格解說放在書裡，本文中會提示動畫定格解說的出現頁數。

3D理化遊樂場(II)

搖滾樂的節奏使人情緒高亢、夏日的蟬鳴引人入眠、偶像歌手的演唱引發我們的共鳴。聲音在我們的生活中，占很重要的地位。在生活環境裡，每日24小時充斥著各種不同的聲音，讓我們的生活情節更加生動有趣。

然而你想過聲音是如何產生的嗎？它是用什麼方式傳到我們的耳中？爲什麼張惠妹和孫燕姿的聲音，有那麼大的差別？

13-1 聲音的振動與傳播

產生聲音有兩個條件，首先要有「聲源的振動」，再來還要有「傳播的介質」，對有聲世界而言，這兩者缺一不可。

用手撥彈吉他的弦，緊繃的弦會發出優美的聲音，但是如果用手按住弦，讓弦停止振動，聲音也會馬上消失；說話時輕按自己的喉嚨，可以感覺喉嚨聲帶的振動。由這兩個例子可以得知，發聲的前提是必須先有某項物質（聲源）的振動，如果振動一停止，聲音也會立刻消失。

但是聲音究竟是透過什麼方式傳到我們耳中？

▲光碟動畫〈音響館〉
聲的傳播實驗

英國科學家波以耳（Robert Boyle, 1627-1691）在十七世紀時做的著名實驗，可以爲我們解開傳播聲音的謎題。波以耳把電鈴安裝在透明鐘罩內，通電後電鈴會發出響亮的鈴聲。此時開始用抽氣機把鐘罩內的空氣抽出，會發現聲音慢慢變小，進一步把鐘罩抽至真空時，雖然仍可看到電鈴持續振動，但是卻已聽不到任何鈴聲。把活門打開逐漸充氣，會發現鈴聲又逐漸增大（動畫的定格解說，見第62頁的「看動畫，學理化」）。

這個實驗顯示，聲音的傳遞需要其他物質當媒介，這個媒介

51

解說頁數

內文中會標出，這個動畫的定格解說從書中的第幾頁起。

動畫圖示

出現這種圖示，代表有3D動畫可以觀賞。第1行括號中的名稱提示你應該進入哪一項遊樂設施或建築，第2行是動畫名稱。這裡的例子告訴你，可以進到〈音響館〉中觀看「聲的傳播實驗」動畫。

所有動畫的定格解說，放在每一章本文之後的「看動畫・學理化」單元。你可以先看這個單元，對動畫內容有粗淺的概念後，再看光碟的動畫；或是一邊看書，一邊看動畫；也可以看完動畫後再看書，加深印象。上一頁的例子「聲的傳播實驗」動畫，就在第13章第62頁起。

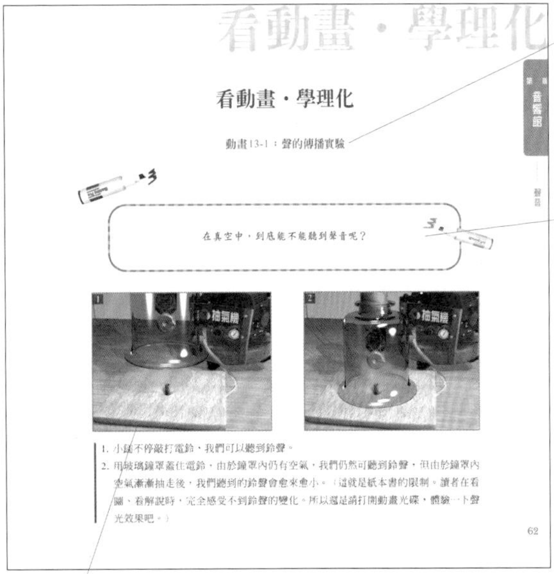
看動畫・學理化

看動畫・學理化

動畫13-1：聲的傳播實驗

在真空中，到底能不能聽到聲音呢？

1. 小鎚不停敲打電鈴，我們可以聽到鈴聲。
2. 用玻璃鐘罩蓋住電鈴，由於鐘罩內仍有空氣，我們仍然可聽到鈴聲，但由於鐘罩內空氣漸漸抽走後，我們聽到的鈴聲會愈來愈小。（這就是紙本書的限制。讀者在看圖、看解說時，完全感受不到鈴聲的變化。所以還是請打開動畫光碟，體驗一下聲光效果吧。）

62

動畫名稱

書中出現的動畫名稱與光碟動畫中的一致。

動畫解說

動畫目的或應該注意的重點。

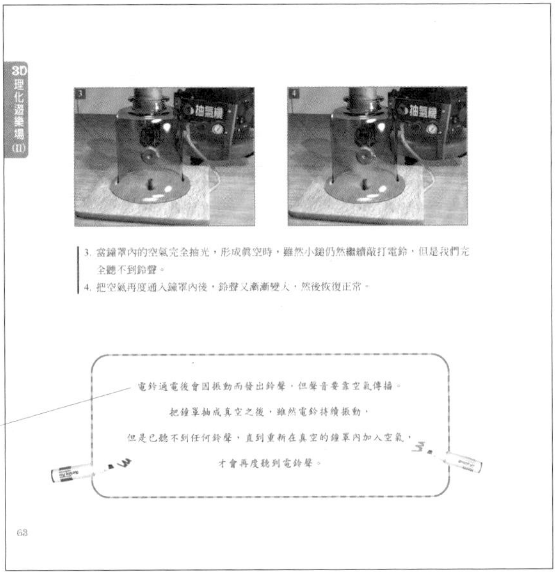
3D理化遊樂場(II)

3. 當鐘罩內的空氣完全抽光，形成真空時，雖然小鎚仍然繼續敲打電鈴，但是我們完全聽不到鈴聲。
4. 把空氣再度通入鐘罩內後，鈴聲又漸漸變大，然後恢復正常。

電鈴通電後會因振動而發出鈴聲，但聲音要靠空氣傳播。
把鐘罩抽成真空之後，雖然電鈴持續振動，
但是已聽不到任何鈴聲，直到重新在真空的鐘罩內加入空氣，
才會再度聽到電鈴聲。

63

定格畫面

從動畫中擷取的精彩畫面，畫面下方有詳細的文字說明。

動畫結語

從動畫中可以獲得的觀念或結論。

如何使用光碟？

光碟附於書末的版權頁後面，請取出來後，放入電腦的CD匣，開始安裝。如果電腦沒有自動執行安裝程式，請進到光碟資料夾中，執行 batman.exe，即可安裝。但是安裝前，請先注意系統需求。

系統需求

CPU PII 400 或 100% 相容機種
記憶體（RAM）128 MB 以上
硬碟空間 1 GB 以上
作業系統 Windows/98/Me/2000/XP
播放程式 Media Player 7.0 或以上版本
顯示卡 8 MB 以上
螢幕解析度 800 × 600 以上
音效卡支援 DirectSound 或 100% 相容音效卡

光碟安裝完畢後，電腦桌面上會出現《3D理化遊樂場 II》小圖示。以後，你只要移動滑鼠、按下圖示，就可以遨遊3D理化遊樂場了。

3D理化遊樂場 II

電腦桌面圖示

從電腦進入3D理化遊樂場的捷徑。

歡迎光臨3D理化遊樂場！

進入《3D理化遊樂場 II》，映入眼簾的是燦爛的晚霞、青翠的草地，還有許多遊樂設施與建築，讓人心情頓時愉快了起來，接下來請盡情暢遊理化世界。

設施名稱
與書中的章名相同。

把滑鼠移到設施上面，名稱會變色，同時在下方會出現理化主題。如果想進入，再按滑鼠左鍵即可。

快速選單
進入個別動畫的捷徑。
見第ix頁說明。

每一項設施的名稱與書本中的章名相同，把滑鼠移到設施上，設施名稱下方會出現裡面的理化主題，例如功與機械、熱、聲音等等，再按下滑鼠左鍵，即可直接進入各設施，觀賞裡面的動畫，或玩遊戲。

但是第2片光碟中只含《3D理化遊樂場 II》所涵蓋的內容，這些設施集中在遊樂場左邊的區域；其他的設施，請安裝第1片光碟後，再從電腦桌面上的《3D理化遊樂場 I》圖示進入。

關閉3D理化遊樂場
按這裡即可直接退出
《3D理化遊樂場》。

遊樂場左下角的快速選單，提供捷徑進入個別動畫，只要以滑鼠點選，即可展開選單。

展開的快速選單
可以看到設施名稱，以及設施裡的動畫或遊戲名稱。

設施名稱
底色反白代表這是你目前選取的設施。

動畫名稱
以黃色字體顯示。

遊戲名稱
以紅色字體顯示（遊戲請見第xv頁的說明）。

進入〈音響館〉主畫面

如果你從遊樂區，點選各項設施進入，會看到裡面有哪些動畫。以〈音響館〉爲例，進入館中，就是底下這個模樣：

音響館的第1頁

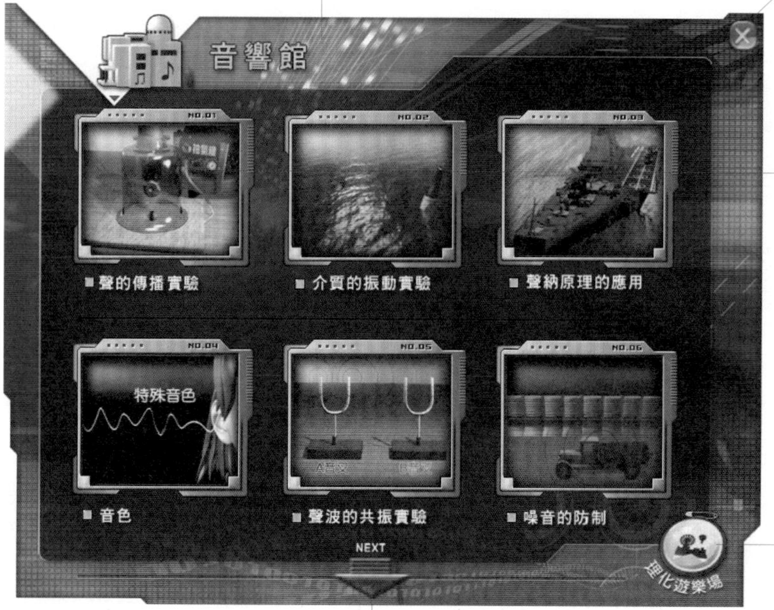

關閉3D理化遊樂場

按這裡即可直接退出《3D理化遊樂場》。

動畫

直接按滑鼠左鍵，可進入動畫的解說畫面。

回3D理化遊樂場

按這裡可直接回到《3D理化遊樂場》。

到下一頁

按這裡可到第2頁。有些設施裡的動畫或遊戲總數較多，因此會放在第2頁。

回上一頁

按這裡可回到該設施的第1頁。

音響館的第2頁

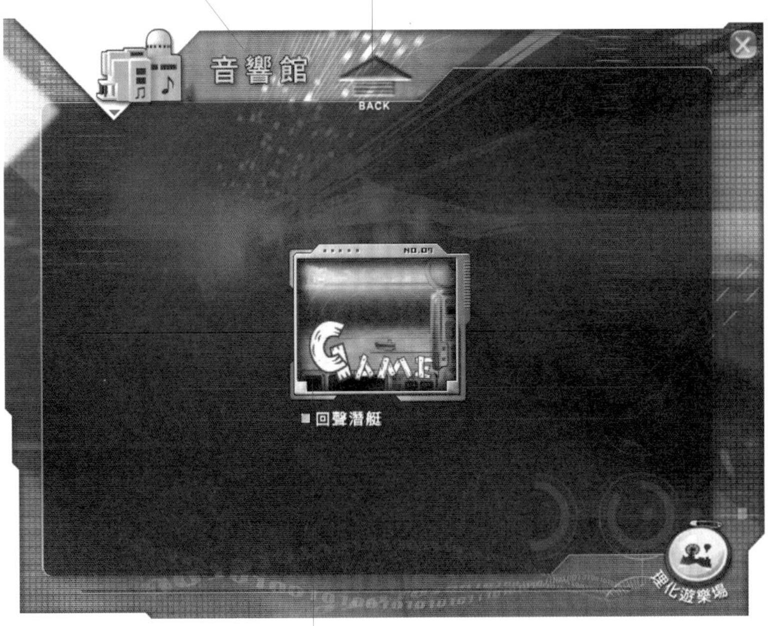

遊戲

圖裡出現GAME，
表示這是遊戲。

如何觀賞動畫？

不論是從各項設施或動畫清單進入動畫，都會來到解說頁，解說小姐會自動爲你解說。以「聲的傳播實驗」爲例：

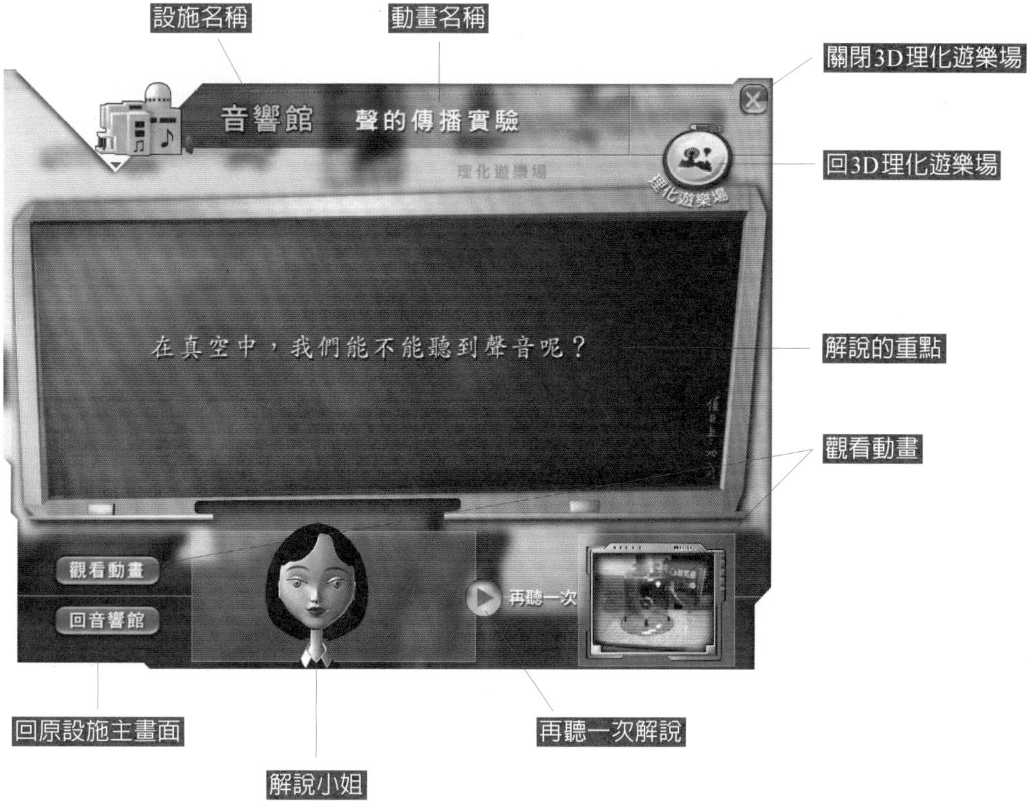

自動為你說明這個動畫的目的或應該注意的重點。

選擇「觀看動畫」後，你就可以觀賞動畫了：

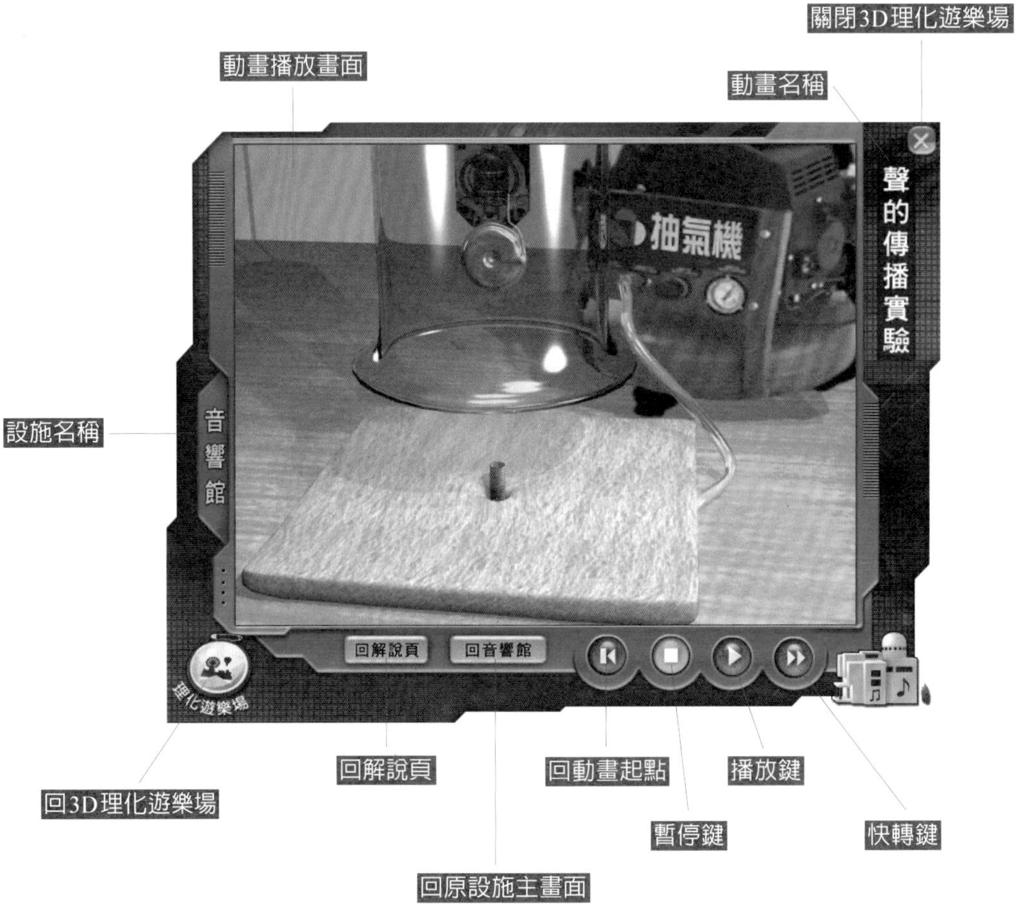

動畫播放完畢，會自動跳到結語畫面：

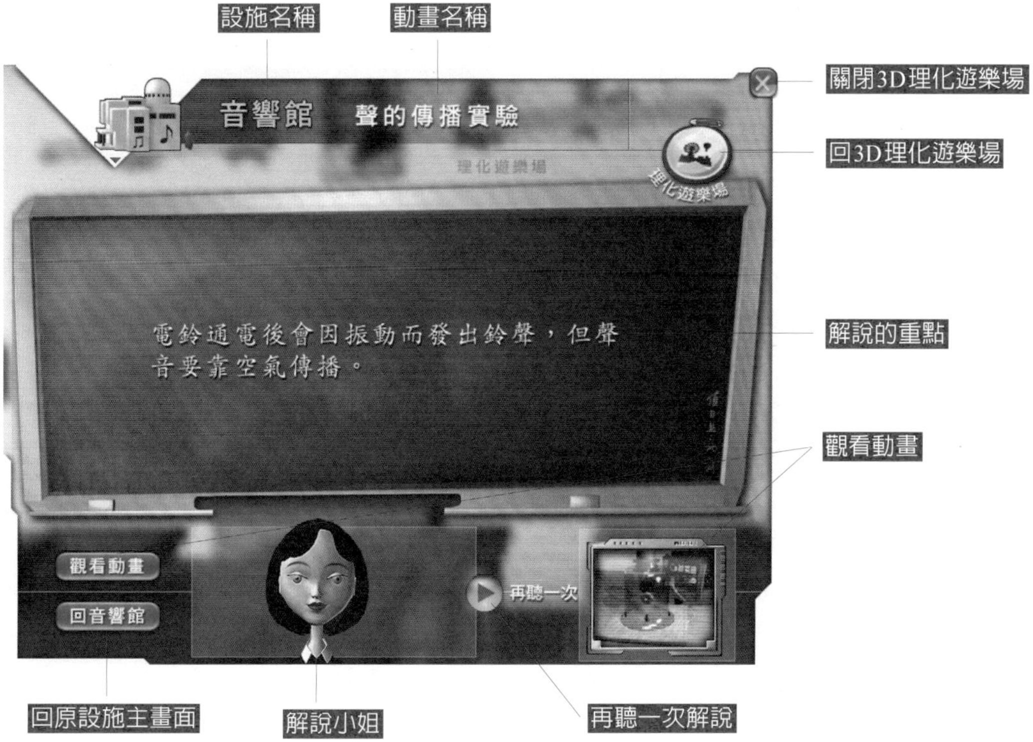

到這裡，表示你已把這個動畫看完了。你的理化功力是不是又增加了？如果印象還是不夠深刻，你可以再重新觀賞這個動畫。如果你已經瞭解這個動畫，那就可以回到這個設施的主畫面，觀賞其他動畫，或回到3D理化遊樂場，去逛逛其他地方。

玩遊戲也可以學理化

最後要提醒你，這片光碟可不是只有3D動畫。裡面還有兩個flash遊戲，讓你從遊戲中複習書裡的理化知識。「回聲潛艇遊戲」位於〈音響館〉中，「電磁快艇遊戲」位於〈魅力館〉中。你可以從這兩個設施的主畫面進入遊戲，也可以從快速選單進入。

回聲潛艇遊戲

我方驅逐艦發現敵方潛艇正接近中，我們要如何利用聲納偵測潛艇的正確位置，執行獵殺任務？

電磁快艇遊戲

我們的快艇上有一個強大的電磁鐵，可調整電流方向來改變磁極。現在我們要通過沿岸布滿磁鐵的河流，想辦法利用磁鐵「異名極相吸，同名極相斥」的特性來推動快艇，從東邊開往西邊。

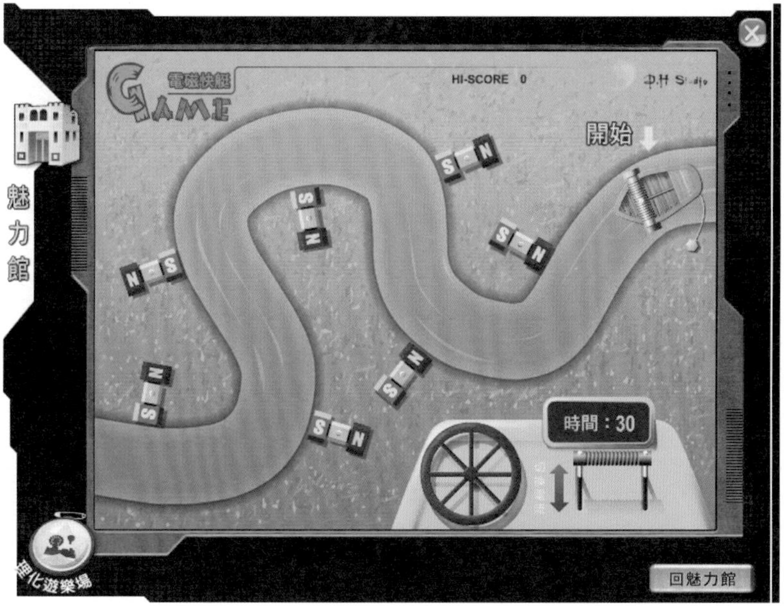

3D理化遊樂場 II

目錄

SPA

第13章 音響館——聲音 49

第15章 哈哈鏡 —— 光學儀器 103

看動畫・學理化

第16章 電氣館 —— 電與生活 145

第17章 魅力館——電流與磁 197

3D理化遊樂場 I

目錄

第11章

摩天輪

——功與機械

摩天輪幾乎是所有遊樂場的地標，

看到這個彩色巨輪，就會讓人莫名其妙的高興起來，

因為它代表了夢想與歡樂。

當你坐上摩天輪其中一個車廂，由地面緩緩上升，終至最高點，

可以俯視整個遊樂場，甚至整座都市時，

你是否想過，在上升的過程中，你的位能增加了，

這是誰給你的？摩天輪又是由什麼樣的機械組成的呢？

▲圖11-1

腳踏車與摩天輪一樣，都是由許多種機械組合成的。

瞧瞧左圖這部腳踏車！看似簡單的構造，其實是許多種機械的組合。經由這些機械，我們可以達到省時、省力或方便的目的

11-1 功與能

施力於物體，並使物體沿「施力方向」移動，產生位移，即稱爲對物體「作功」。功的計算式如下：

$$W = F \times S$$

其中，W：功（單位＝焦耳）

F：作用力（單位＝牛頓）

S：位移（單位＝公尺）

在超級市場用1牛頓的力來推購物推車時，如果推車沿施力方向的位移爲1公尺，那麼這個外力對推車所作的功爲1焦耳，即1牛頓×1公尺＝1焦耳。

功的單位與能量的單位同樣是焦耳，能量的大小可視爲作功本領的大小。你看過蓋房子時打樁的情形嗎？工人操縱機械把一個很大的重錘拉到高處，再鬆開讓重錘筆直落下，打在地面直立的地樁上，把地樁打入土中。如果機械把重錘拉得愈高（位移愈大），對重錘作功就愈多，於是重錘具有愈大的能量，落下時能把地樁打得愈深（作功的本領愈大）。換句話，功可以轉換成能，能也可以轉換成功（動畫的定格解說請見第13頁的「看動畫．學理化」）。

▲光碟動畫〈摩天輪〉
位能與功

力與位移均有方向，但功沒有方向，功的正負代表能量的增

減，而不是方向的變化。當作用在物體上的力與位移方向相同時，稱爲作正功，物體的能量增加；當力與位移方向相反時，稱爲作負功，物體的能量會減少。例如，你舉起啞鈴時，因施力與啞鈴的位移均向上，所以你對啞鈴作正功，啞鈴會增加能量，這種因高度改變而增加的能量，稱爲重力位能。反之，放下啞鈴時，你的施力仍向上（否則啞鈴就會砸在你的腳上），但啞鈴位移向下，這是作負功，啞鈴的重力位能會減少。

在水平地面上施力推動一個物體呢？如果地面光滑，物體一定會愈跑愈快，這種因速率增加而增加的能量，稱爲動能。雖然你對物體作正功，但在水平面上不可能增加重力位能，所以功轉爲動能。但是在日常經驗中，有時候在水平面上推物體，它也沒變快呀！那是因爲眞實生活中，任何接觸面之間都有摩擦力，所以你作的功會因摩擦而轉爲熱了。

還有一些明明很累人，但卻沒有作功的例子。例如：用「功」讀書雖然辛苦，但並沒有作功，因爲沒有施力與位移。使物體在光滑水平面上作等速度運動，也不作功，因爲施力爲零。如果你用力推一堵牆，花再多力氣也沒作功，只要牆沒有位移，你推得滿頭大汗也是徒勞無功。在平地上提著行李追趕公車，也不作功，因爲施力向上，而位移在水平方向，二者互相垂直。

如果你整理書房時，不小心把國語字典掉在地上，要把這本1公斤的大書，從地板撿起，放到1公尺高的書架上。因爲字典移動的方向與施力方向都是向上，因此你對字典所作的功爲 $W = F \times S = m \times a \times S = 9.8$ 牛頓 $\times$ 1公尺 $= 9.8$ 焦耳，而因爲字典所在的位置變高了，這9.8焦耳的功會以位能存在。

知識補充

位能與動能

凡是儲存的能量都可以稱為位能，但一般而言，位能通常指重力位能或彈性位能。

因對抗重力而產生的位能，稱為重力位能，例如你在地球上要把質量m的啞鈴舉高，必須對抗重力，所以你施力mg向上，使啞鈴有了向上的位移h，你作了正功mgh，這正是啞鈴增加的重力位能。在地球上，我們也可以說，「因為高度改變而改變的能量」叫重力位能，因為在地球上要使物體高度提升，一定要對抗重力，但在無重力狀態的太空中，舉高啞鈴並不需要力氣，所以在太空中物體高度改變並不會使重力位能產生變化。

另一種常見的位能是彈性位能，這是物體因形變而儲存的能量，例如彎弓搭箭時，拉開弓弦就是在對弓弦作功，此時儲存在弓弦上的能量稱為彈性位能。一旦放手，弓弦的彈性位能就轉為箭的動能，所以弓拉得愈滿，射出去的箭速率愈快。

接下來再談動能，物體因運動而具有的能量稱為動能，若物體質量為m，速率為v，則動能大小為 $\frac{1}{2}mv^2$。同一個物體，速率愈快，動能愈大，所以在棒球場上被投手的快速球打到，會是十分痛苦的經驗。

11-2 簡單機械

說到機械，你腦海中浮現的，可能是工廠裡轟隆巨響的怪物，但事實上，所有使我們工作更省力、更方便或更省時的工具，都可稱爲機械。

用來旋轉螺絲的鈑手，就是一種機械，這種機械可以省力。你徒手很費力還不一定轉得動的螺絲，用鈑手很容易就搞定了。用較小的力氣就可以移動重物的情形，顯示這類機械有省力的效果，但花費的時間較多，因爲施力移動的距離較大。

有時候，使用機械並不是爲了省力。例如用掃帚掃地較費力，但手臂只要移動短距離，掃帚就能掃過大面積，可以節省許多時間。以大力移動輕物，但所花費的時間較少，因爲施力移動的距離較小，顯示這類機械有省時的效果。

另有一類機械既不省力也不費力，而是改變施力的方向，方便操作。升旗時，要把國旗升到高高的旗桿上，該怎麼做呢？要讓升旗手爬上旗桿去升國旗嗎？我們只要在旗桿頂端裝一個定滑輪，讓繩子穿過定滑輪，升旗手把繩子向「下」拉，就可以把國旗升「上」去，這就是定滑輪改變施力方向的功用。

機械可以省力、省時，但是絕對無法省功，而且也不會產生功，而只能傳遞或轉換功與能。所以像鈑手這種省力的機械，你就必須費時旋轉較大的圈子，才能轉動一枚小小的螺絲釘；像掃帚這種省時的機械，你就必須多費力氣掃起一張很輕的紙屑。

槓桿、輪軸、滑輪及斜面

常見的機械大都由槓桿、輪軸、滑輪及斜面等基本元件組成，因此這幾種基本元件稱爲簡單機械。許多日常生活使用的物品或工具，都由這幾種簡單機械組合而成。以腳踏車爲例，把手與踏板都是槓桿，踏板與大齒輪形成一組輪軸，小齒輪與後輪形成另一組輪軸。

槓桿是利用支點、施力點與抗力點之間的關係，達到省力、省時或方便的目的。當施力臂大於抗力臂，這種槓桿就是省力的工具，例如園丁用來剪除樹枝用的剪刀，手持的柄（施力臂）很長，

▲光碟動畫〈摩天輪〉
槓桿實驗

而刀刃（抗力臂）很短，這樣園丁才能輕易剪斷樹枝。用長棍把陷在凹洞的石頭挖出來時，長棍是省力槓桿的應用（見第16頁的「看動畫・學理化」）。當槓桿的施力臂小於抗力臂時，槓桿是省時工具，例如裁縫剪布時用的剪刀，柄短而刃長，因爲剪布是輕鬆的工作，用省時槓桿可以節省許多時間。施力臂等於抗力臂時，使用槓桿是爲了操作便利，如蹺蹺板只是爲了一上一下好玩，並沒有省時或省力的目的。

輪軸與滑輪都是槓桿的變形裝置。輪軸是半徑不等的兩個同心圓，大圓稱爲輪，小圓稱爲軸。若施力在輪上，形同施力臂大於抗力臂的槓桿，可以省力；施力在軸上時，形同施力臂小於抗力臂的槓桿，可以省時。汽車方向盤就是一個施力在輪上的輪軸；摩天輪則是一個施力在軸上的輪軸，遊客坐在輪上，成爲抗力點，而摩天輪的旋轉，往往透過許多大小不同的齒輪或鏈條來帶動。

滑輪又可分爲定滑輪與動滑輪。定滑輪的支點介於施力點與抗力點之間，因此可以改變施力作用的方向，便利操作。而動滑輪可達到省力的效果（施力爲負重的1／2），但較費時，以吊升物體爲例，物體實際吊升距離爲施力拉動繩長的1／2。

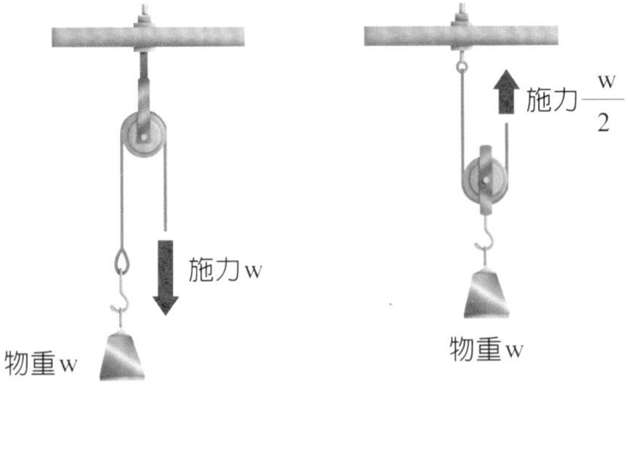

圖11-2 ▶
滑輪有兩種，左圖為定滑輪　右圖為動滑輪。定滑輪改變施力的方向，動滑輪有省力的效果。

斜面是與水平成一角度的平面，是另一種省力的簡單機械。樓梯便是斜面的應用，可省力但較費時（行走的距離較長）。刀鋒也是斜面的利用，用刀切開物體比較省力。斜面的斜角愈小，愈是省力，例如刀刃愈薄，使用時愈省力。樓梯的坡度若愈平緩，也就是斜角愈小，走起來愈省力，但上樓所花的時間就愈長。

11-3 摩擦力

摩擦力是「存在於兩接觸面之間，阻止物體運動」的作用力，所以如果施力不能克服摩擦力，物體就不會移動。如果我們施力去推桌子，但它仍然紋風不動，根據兩力平衡關係的觀念，桌子與地面摩擦力與桌子所受的推力，必定大小相等且方向相反。

假設拿一塊100公克重的金屬塊放於水平桌面上，把金屬塊連結彈簧秤，對彈簧秤施加水平拉力，慢慢增加手上的施力，彈簧秤上的讀數會緩緩增加，但起初金屬塊並不移動，直到用力達60公克重時，金屬塊才開始移動。金屬塊開始移動前，我們雖然施力了，金屬塊卻不移動，爲什麼？

根據力平衡的觀念，施力拉金屬塊，在金屬塊移動以前，必存在一個大小相等、方向相反且作用在同一平面的力，這個力稱爲「靜摩擦力」。物體受力而未移動之前的摩擦力，統統屬於靜摩擦力，要移動時必須克服的最大摩擦力，就稱爲最大靜摩擦力。

當我們對金屬塊施加20公克重的水平拉力時，如果金屬塊未動，此時靜摩擦力的大小就是20公克重；對金屬塊施加水平拉力40公克重時，如果金屬塊仍未動，靜摩擦力大小就是40公克重。如果我們增加施加的水平拉力至60公克重時，金屬塊開始由靜而

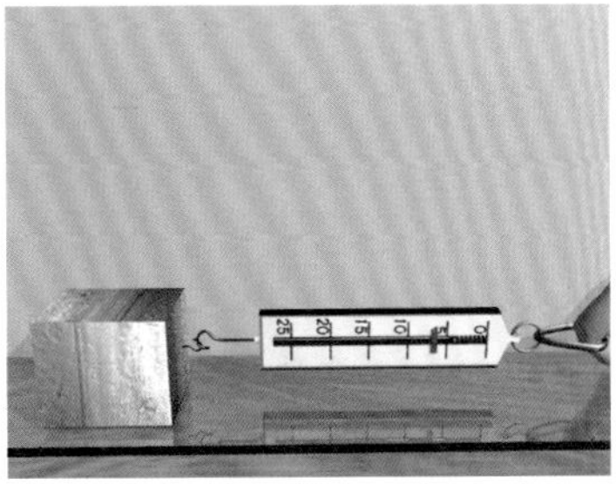

▲光碟動畫〈摩天輪〉
金屬塊的摩擦力實驗

動，則金屬塊在桌上的最大靜摩擦力即爲60公克重。

假設在實驗的桌面貼上一張光滑的紙，這時可能僅需要50公克重的水平拉力，就可以拉動金屬塊，所以最大靜摩擦力變成50公克重。再把紙換成玻璃，你會發現可能僅需要45公克重的水平拉力就可拉動金屬塊。如果我們在桌面貼上砂紙時，即使是用60公克重的力可能也無法拉動金屬塊，也許要一直增加到100公克重時，才可以拉動金屬塊（見第18頁的「看動畫・學理化」）。可見最大靜摩擦力的大小，會隨著接觸面的粗糙程度而改變。接觸面愈粗糙，最大靜摩擦力愈大；接觸面愈光滑，最大靜摩擦力愈小。

如果改用重量200公克重的金屬塊，在原來桌面上重複以上的實驗時，會發現拉動金屬塊所需最小拉力變成2倍，換句話說，最大靜摩擦力變成了120公克重。可見最大靜摩擦力與物體的重量成正比；嚴格來說，最大靜摩擦力是跟物體與接觸面間的垂直作用力（稱爲正向力）成正比。在本例中，與水平桌面垂直的作用力恰爲金屬塊的重量。

靜摩擦係數

科學家爲了表明兩個物體之間接觸面的粗糙程度，把最大靜摩擦力與正向力之間的比值，稱爲靜摩擦係數。在上述的例子中，

桌面上的靜摩擦係數＝60公克重／100公克重（金屬塊的重量）＝0.6
紙張上的靜摩擦係數＝50公克重／100公克重（金屬塊的重量）＝0.5
玻璃上的靜摩擦係數＝45公克重／100公克重（金屬塊的重量）＝0.45
砂紙上的靜摩擦係數＝100公克重／100公克重（金屬塊的重量）＝1.0

接觸面愈粗糙，靜摩擦係數愈大，而且靜摩擦係數與正向力的大小或接觸面積的大小都無關。

若是改用木塊進行實驗，你也會得到一組木塊在不同材質上的靜摩擦係數。現在，你讓木塊重量變大，最大靜摩擦力也會變大，但是最大靜摩擦力與正向力之間的比值並不會改變，也就是說，靜摩擦係數不變。若用長方體木塊進行同樣的實驗，只要各平面的粗糙程度相同，即使我們用長方體的各個不同平面與桌面接觸，最大靜摩擦力還是不變。

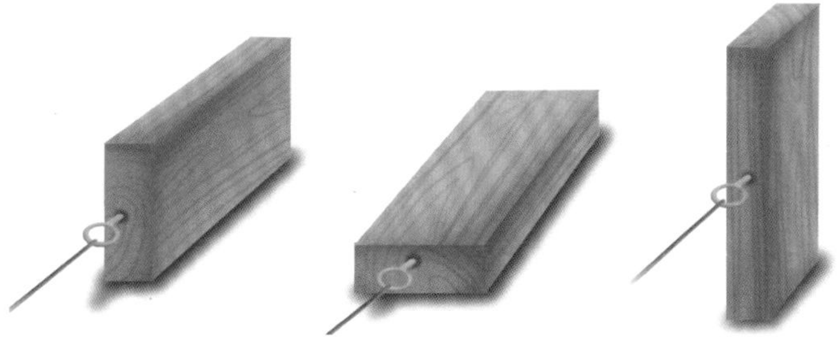

◀ 圖11-3
同一塊長方體以不同的面與桌子接觸，拉動木塊的最大靜摩擦力仍維持不變。

靜摩擦力與動摩擦力

在實際經驗裡，你會發現當用力拉動了木塊後，所需的拉力瞬間變小。而且當停止拉動時，木塊在滑行一段距離後就會停止，滑行的距離與接觸面的粗糙程度有關。在砂紙上滑行的木塊，很快就靜止了；但玻璃墊上的木塊，則滑行較長的距離後才靜止。

爲什麼會這樣？要解釋這個現象，必須先瞭解動摩擦力的概念。

我們已經知道，在施力之後、物體未滑動之前，會有靜摩擦力，靜摩擦力的大小會隨外力而變動；而使物體由靜到動所需的最小外力，叫做最大靜摩擦力。至於物體滑動後產生的摩擦力，稱爲動摩擦力。與最大靜摩擦力一樣，動摩擦力的大小是定值，只隨接觸面的粗糙程度與正向力的大小而改變，與外力大小或運動速率快慢無關。

一般而言，動摩擦力通常小於最大靜摩擦力，換句話說，動摩擦係數（動摩擦力與正向力的比值）小於靜摩擦係數。所以當我們推一件重物時，往往覺得一開始不容易推動，可是一旦移動以後，僅需要較少的力就能讓物體維持前進。

摩擦力的應用

摩擦力的大小，對生活有很大的影響。人類很早就發現用滾動代替滑動，可以減小摩擦力。例如車輪的運用，就是利用滾動代替滑動。反過來說，煞車時，把車輪固定住，使車輪滑動而不滾動，這樣一來，車子會因摩擦力變大而很快停止。

▲圖11-4

要使腳踏車運作順暢，必須在齒輪與鏈條上，添加潤滑油，以減少摩擦力。

此外，輪胎的胎紋設計，除了在雨天可以排除附著在胎面上的積水外，最主要的功能是增加摩擦力，使車子容易加速。下雪季節若要開車上合歡山，可別忘了在車輪上綁上鏈條！這也是爲了增加摩擦力，以免發生意外。

有時候，我們會在機械零件上添加潤滑油以減少摩擦力，一方面可以省力，一方面可以避免機械磨損。例如腳踏車與機車的齒輪與鏈條須添加潤滑油，來保持運作順暢；汽機車引擎內機油的作用，同樣是爲了減少機件間的摩擦，否則車輛的引擎恐怕會因摩擦過熱而快速損毀！另一方面，添加粉末也可以減少摩擦力。例如橡皮手套中灑些滑石粉，可減少摩擦，方便戴上與脫下、打撞球的選手，也會在手與球桿上抹上一些粉末，達到減少摩擦、順暢擊球的目的。

有些交通工具，因爲減少了摩擦力，而能夠高速行駛。例如氣墊船之所以能行駛於水面上，就是藉由向下快速噴出的高壓氣體，讓船與水面間形成一道氣簾，減少船底與水面之間的摩擦力，再利用高速的風扇爲動力，讓氣墊船可以在水面上快速移動。磁浮列車的原理也非常類似，它是利用車輪與軌道間的磁力相斥，來減少摩擦力，增加行駛速率。

看動畫・學理化

動畫11-1：位能與功

在建築工地，

經常可以看到工人利用重錘來打樁，

為什麼他能把地樁打進地裡呢？

1. 用起重機拉動重錘，進行打樁。
2. 重錘從低處落下，只能把地樁打進地裡一點點。
3. 把重錘拉到較高的高度，這樣一來，起重機可以對重錘作較多的功，提升重錘的位能。
4. 重錘在落下之後，可以把地樁打得比第一次深。
5. 把重錘拉到更高的位置，如此它擁有的位能就更大了。
6. 重錘就能把地樁打得更深。

隨著重錘拉得一次比一次高，

起重機對重錘所作的功就一次比一次還大，

這時重錘的能量是以位能的形式儲存，

一旦從高處落下，會釋放出位能，

對地樁作功，把地樁打入地裡。

動畫11-2：槓桿實驗

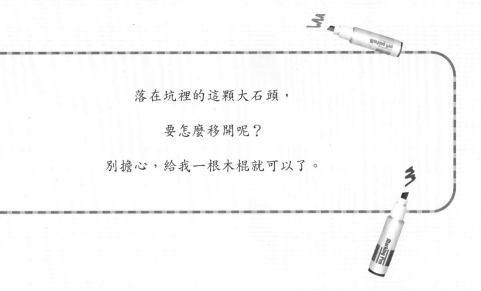

落在坑裡的這顆大石頭，

要怎麼移開呢？

別擔心，給我一根木棍就可以了。

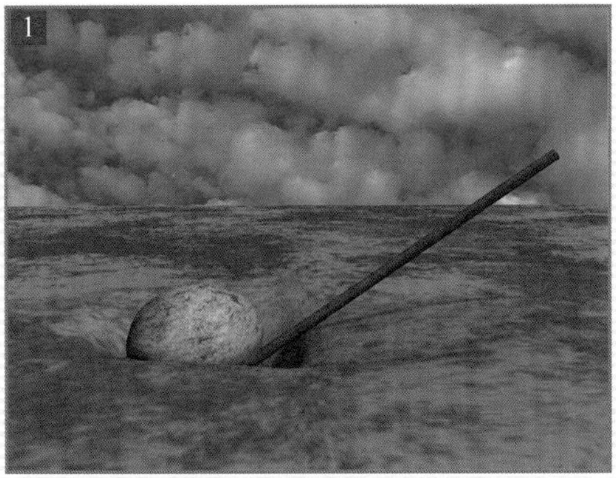

1. 先把木棍插入石頭與坑中的空隙。
2. 找尋適當的支點。

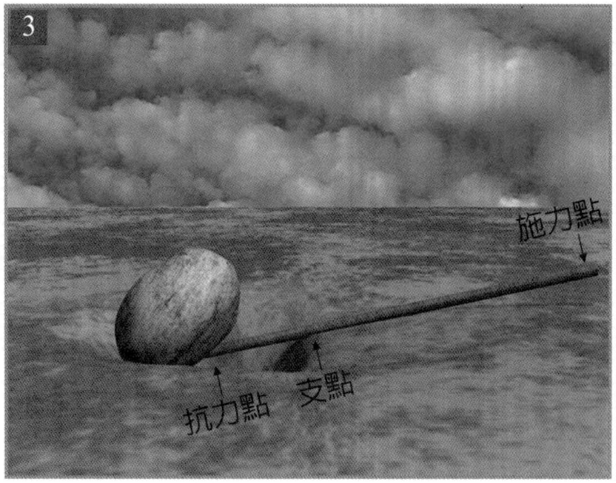

3. 在施力端用力。
4. 因為施力臂大於抗力臂，就可以很省力的把石頭從坑裡移開。

根據槓桿原理，如果要省力，

施力臂必須比抗力臂還要長；

相反的，如果要省時，

抗力臂就必須比施力臂還要長。

動畫11-3：金屬塊的摩擦力實驗

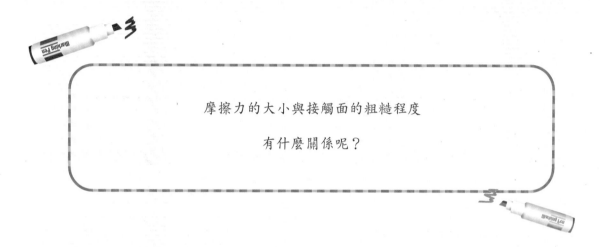

摩擦力的大小與接觸面的粗糙程度
有什麼關係呢？

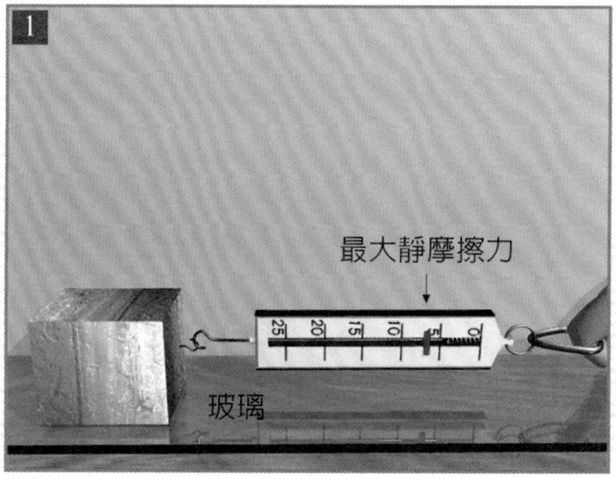

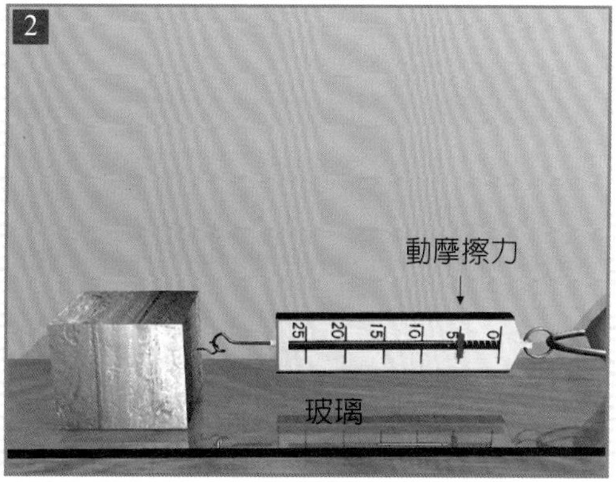

1. 當金屬塊放在光滑的玻璃墊上時，彈簧只要施力7公克重，就可以拉動金屬塊。
2. 金屬塊一經拉動，只要施力5公克重，就可以維持金屬塊做等速度運動。金屬塊在玻璃墊上的最大靜摩擦力是7公克重，動摩擦力是5公克重。

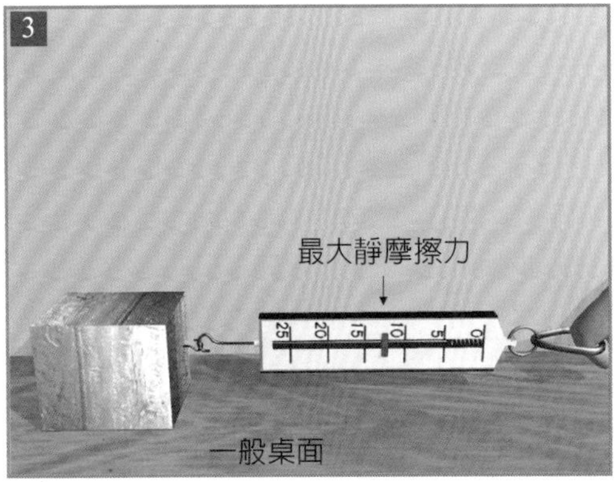

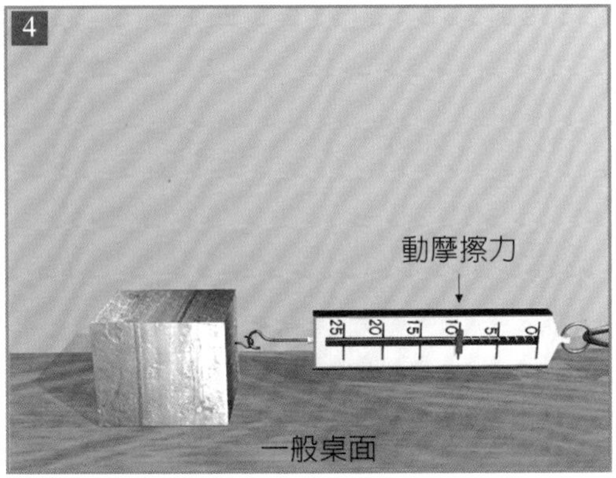

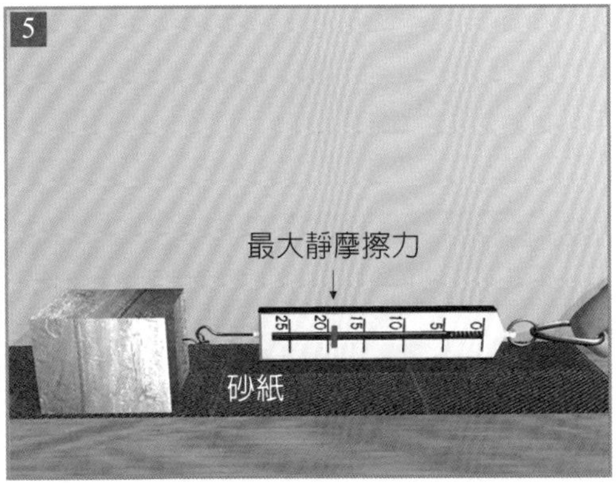

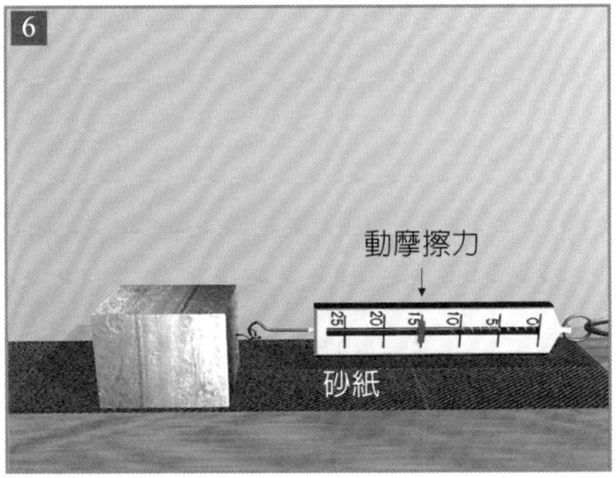

3. 當金屬塊放在一般桌面上時，彈簧要施力13公克重，才可以拉動金屬塊。
4. 金屬塊一經拉動，只要施力10公克重，就可以維持金屬塊做等速度運動。金屬塊在桌面上的最大靜摩擦力是13公克重，動摩擦力是10公克重。
5. 當金屬塊放在粗糙的砂紙上時，彈簧要施力19公克重，才可以拉動金屬塊。
6. 金屬塊一經拉動，只要施力15公克重，就可以維持金屬塊做等速度運動。金屬塊在砂紙上的最大靜摩擦力是19公克重，動摩擦力是15公克重。

接觸面愈粗糙，摩擦力愈大；

而且一旦克服最大靜摩擦力之後，

施力只要能克服較小的動摩擦力，

就可以維持等速度運動。

動動手・動動腦

先動手

器材：光滑木板（長度1公尺）、相同的平底橡皮擦兩塊、砂紙（長度1公尺）、膠帶、尺、電子秤（可有可無）

步驟：

1. 用電子秤稱取w公克重的橡皮擦。（如果沒有電子秤，就假設每一塊橡皮擦都為10公克重，兩塊橡皮擦為20公克重，這並不影響「再動腦」問題2、3的答案）
2. 用尺量取木板長度，記為S。
3. 如下圖所示，把橡皮擦放在木板的一端，另一端不動，逐漸抬高放置橡皮擦的那端，直到橡皮擦開始向下滑為止，把此時斜面的高H及底邊長D，記錄於右頁表格的A欄。

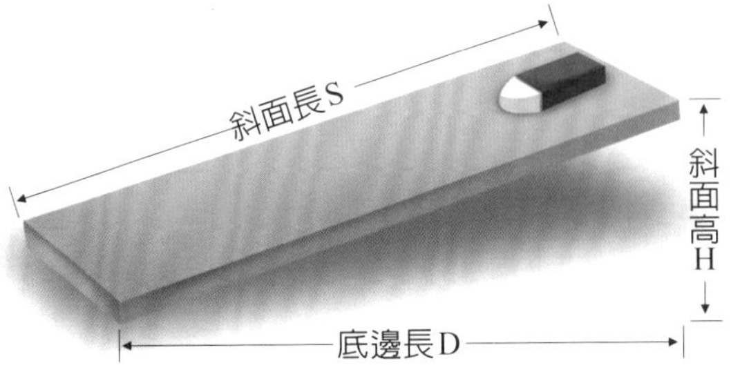

4. 用膠帶把砂紙黏在木板上，用同一塊橡皮擦重複步驟3，把結果記錄於下表B欄。
5. 把步驟4的砂紙撕開，把兩塊橡皮擦重疊黏在一起，黏貼時勿影響橡皮擦與木板接觸面的粗糙程度。重複步驟3，把結果記在下表的C欄。

	A 一塊橡皮擦 在光滑木板上	B 一塊橡皮擦 在砂紙上	C 二塊橡皮擦 在光滑木板上
物重w（公克重）			
斜面長S（公分）			
底邊長D（公分）			
斜面高H（公分）			
正向力（公克重） N＝w×D／S			
最大靜摩擦力（公克重） F＝w×H／S			
靜摩擦係數 k＝F／N			

注：正向力與最大靜摩擦力可依表中所列計算式算出，但這兩個計算式的由來，不在本書討論範圍內。

再動腦

1. 依表中列出的計算式算出A、B、C三種狀況的靜摩擦係數。
2. 在A、B這兩種情況中，哪一種情況的靜摩擦係數較大？為什麼？

3. 在A、C這兩種情況中，哪一種情況的靜摩擦係數較大？爲什麼？
4. 爲何「先動手」步驟1中說，無法稱取橡皮擦重量時，任取一個數字也不影響問題2、3的答案？

再動腦參考答案

1. 依計算式計算。
2. 情況B，因爲接觸面較粗糙。
3. 一樣大，因爲靜摩擦係數只與接觸面的粗糙程度有關，與正向力的大小無關。
4. 在「再動腦」的2. 中，討論A、B這兩種情況，這時因爲使用的是同一塊橡皮擦，橡皮擦重量相同，屬於控制變因，所以橡皮擦的實際重量，並不影響兩個摩擦係數的比較。在「再動腦」的3. 中，對A、C這兩種情況進行比較，這時不管橡皮擦的實際重量爲何，兩塊相同的橡皮擦，總重量應該是單一塊橡皮擦重量的兩倍，所以「先動手」步驟1的說法，屬於合理假設。

第 12 章

SPA館

—— 熱

泡在熱氣騰騰的溫泉裡，

會讓人不禁想，這源源不絕、來自地底的能源，

究竟是什麼原因造成的？

在SPA館裡供人浸泡的熱水，

與進水池前沖洗身體的冷水，究竟有何不同？

要多少能量，才能把這麼多水加熱到如此高溫？

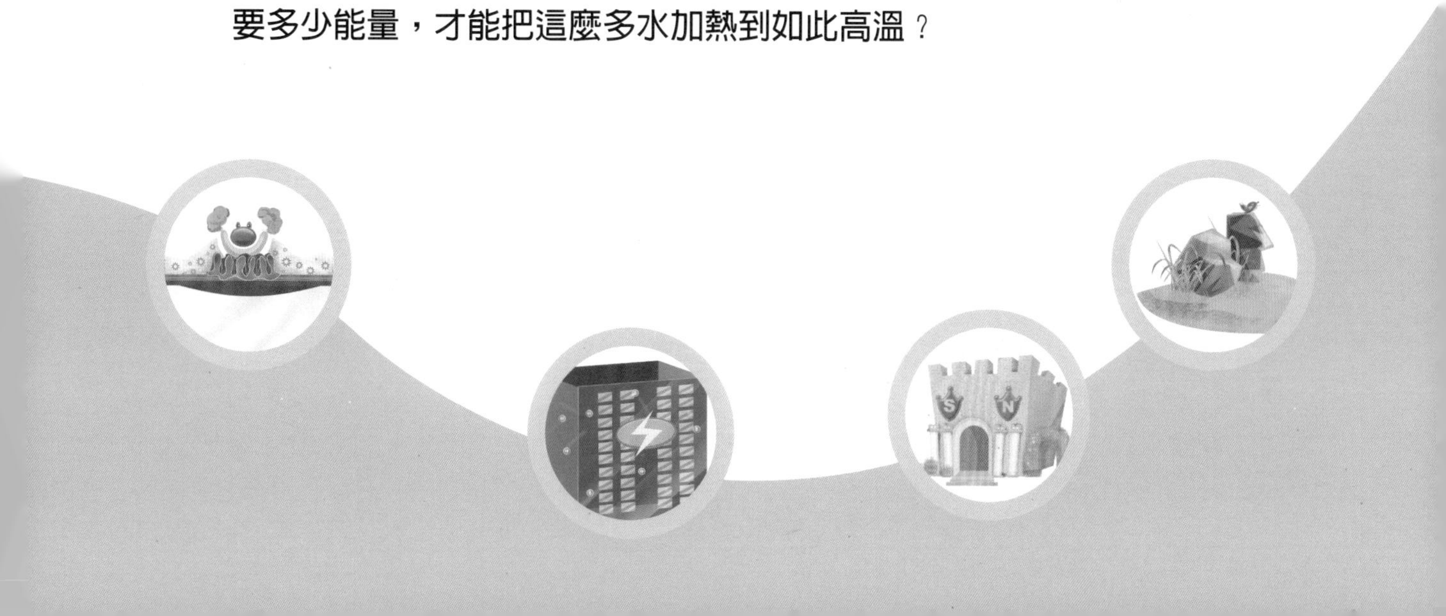

爲什麼物質會有溫度高低的變化？熱騰騰的牛肉麵爲什麼放久了會變冷？

〈SPA館〉這一章將針對溫度與熱進行探討。

12-1 溫度與溫度計

當東北季風吹起，氣溫開始下降的時候，有些人會立刻換上厚厚的夾克與冬衣來禦寒，但是有些人卻感覺溫度涼爽宜人，絲毫不覺得冷。人對溫度的感覺是相對的，因此無法用感覺準確量出溫度。要知道正確溫度，需要客觀的測量工具，科學家爲此發明了溫度計，做爲測量溫度的工具。

我們最常使用的溫度計是水銀溫度計，它是利用水銀「熱脹冷縮」的原理來測量溫度的高低：當溫度升高時，水銀的體積會膨脹，液面的高度升高；反之當溫度降低時，水銀的體積會縮小，液面的高度降低，於是我們可以根據液面的高低來判斷溫度。

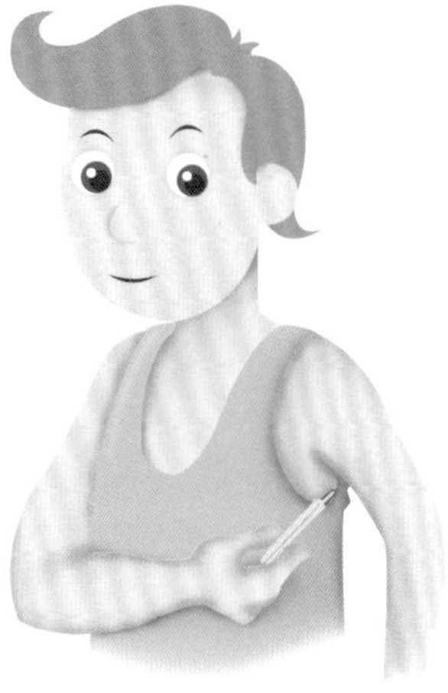

▲圖12-1

傳統上，一般都是用水銀溫度計來量測體溫。

爲什麼會選擇水銀來當溫度計的材料呢？如果用「水」當溫度計的材料，可不可以呢？水也具備熱脹冷縮的特性，當然也可以當成測量溫度的工具，但是水到100℃就會沸騰、到0℃以下又會結冰，所以用水爲材料製成的溫度計，適用的溫度範圍不大。

水銀因爲同時具備「高沸點、低熔點與熱脹冷縮均勻」等物理特性，所以非常適合用來測量溫度。不過水銀溫度計畢竟仍有易破裂及汙染環境等缺點，所以目前市面上已出現各種電子式的溫度計，而且愈來愈普遍。

2003年SARS流行期間，最出鋒頭的溫度計應該就是額溫槍了。由於感染SARS最明顯的特徵是發高燒，因此衛生署要求民眾進入人群聚集的場所，如百貨公司、學校、醫院等地點都要測量體溫，傳統的水銀式溫度計需要與人體接觸3至5分鐘才能量取正確體溫，顯然不適用於要連續測量兩、三千人的群眾場合。因此各單位都紛紛採購額溫槍來測量體溫。

所有的物體，只要溫度高於－273℃，都會不停的向外輻射熱，輻射方式是以紅外線方式釋出，溫度愈高的物體，輻射的紅外線強度愈大。額溫槍即是利用這個原理，測量人體發出的紅外線強度，換算出體溫。只要把額溫槍對準眉心中央（不同的廠牌可能要對準不同部位），在0.5秒內就可以得到體溫值。由於有不必和人體接觸且反應迅速等優點，特別適用於防疫工作。

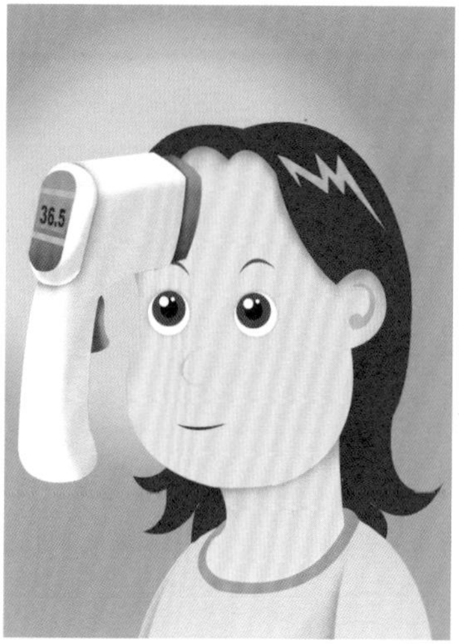

▲圖12-2

使用額溫槍量額溫，可以快速得到結果，方便於大規模的溫度測量。

攝氏、華氏與凱氏

目前全世界最通用的溫度標準，叫做攝氏溫標，它是由瑞典科學家攝氏（Anders Celsius, 1701-1744）所提出，為了紀念他，所以這個溫標以他的姓氏命名。攝氏當年是以水的凝固溫度為0度，以水的沸騰溫度為100度（在標準氣壓下），並且把水的凝固溫度與沸騰溫度之間平均分成100等分，每一等分稱為攝氏1度（表示為℃）。

另外，美國民間常用的溫度標準是華氏溫標，它是以此溫標的製訂者，德國科學家華氏（Gabriel Fahrenheit, 1686-1736）的姓氏命名的溫標。依華氏溫標，水的凝固溫度為32度，水的沸騰溫度為212度（在標準氣壓下），在水的凝固點與沸點之間有180等分，每一等分為華氏1度（表示為°F）。目前使用華氏溫標的國家只剩下美國，所以如果美國也改採攝氏溫標的話，恐怕華氏溫標將淪為千古絕響了。

表12-1▶
攝氏與華氏溫標對照表

標準氣壓下	攝氏溫度°C	華氏溫度°F
水的凝固溫度	0	32
水的沸騰溫度	100	212
人體的正常溫度	37.5	99.5

根據上表，我們可以整理出攝氏與華氏溫度的換算公式：

$$℃=\frac{100}{180}(°F-32)=\frac{5}{9}(°F-32)$$

$$°F=\frac{180}{100}℃+32=\frac{9}{5}℃+32$$

科學上常用的溫標是凱氏溫標，凱氏溫標的這個名稱是爲了紀念英國科學家凱文（Lord Kelvin, 1824-1907），他提出「絕對零度」的觀念。所謂的絕對零度，是指物質的最低可能溫度。凱氏溫度0度就是絕對零度，相當於－273℃，在絕對零度下，任何物質都沒有可釋放出的能量。凱氏溫度簡寫爲K，它每一等分的刻度大小，都與攝氏溫度相同。凱氏與攝氏溫度的換算式如下：

$$K=℃+273$$

溫度與能量

知道溫度如何測量與如何表示後，我們還得知道：「溫度是什麼？」溫度不是能量，溫度的單位是℃、°F或K，而能量的單位是焦耳或卡（參考第12-2節），這兩者連計量的單位都不同，溫度絕不是能量。

不過溫度可以視爲分子平均動能的指標，也就是說，同一種分子在溫度愈高時，運動的速率愈快；溫度愈低時，運動的速率愈慢。反過來說，當物體內部分子的運動速率增大時，我們雖看不到分子運動的情形，但可以用溫度計測出物體的溫度在上升；當物體內部分子的運動速率減慢時，我們用溫度計可以測出物體溫度在下降。

把裝有水的燒杯加熱後，水分子會因爲受熱，運動速率增大，分子與分子間的碰撞愈來愈激烈，逐漸汽化成水蒸氣。當高溫水蒸氣離開熱源，漸漸把能量傳給周遭環境，溫度逐漸下降，水分子的運動速率也漸減，本來互相遠離的水分子，也因爲動能減小，彼此再度互相靠攏，水蒸氣因而再次凝結成水滴。

因此，溫度高時，分子運動速率快；溫度低時，分子運動速率慢。若溫度下降，達到絕對零度時，所有的分子都會完全靜止不動，所以絕對零度是物質所能達到的最低溫度。

要讓物質分子的運動速率加快，不一定要靠加熱。用鐵鎚敲擊銅板時，銅板也會變熱。這是因爲外力撞擊硬幣，使銅板裡銅原子之間相互推擠的速度加快。

微波爐的加熱原理也是很好的例子。微波爐並不是藉由高溫的熱源來加熱食物，而是利用微波振動食物中的水分子，使水溫上升。由於微波爐可精確加熱食物中的水，不像傳統爐火產生的熱量大多散失於周圍環境，微波加熱顯然較爲節約能源，加上方便、快速、低汙染等優點，所以愈來愈受到家庭主婦的青睞。

談到這裡，各位是否已經聯想到當我們偎在火邊取暖時，無非只是要讓我們體內分子的運動速率加快而已呢？

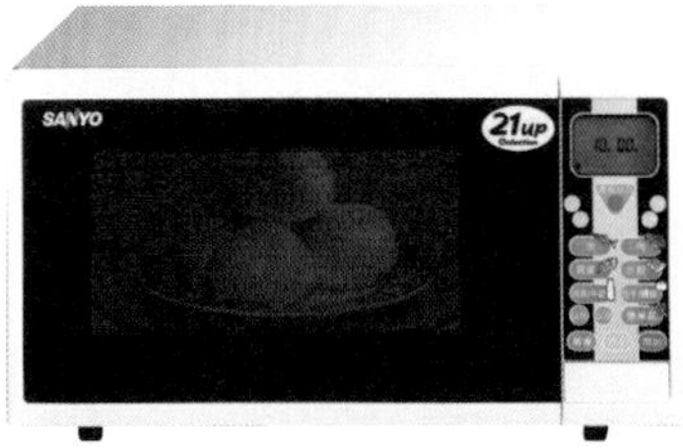

▲圖12-3
微波爐是利用微波振動食物中的水分子，來對食物加熱。

12-2 熱量

熱是由高溫物體把能量傳給低溫物體的形式。

熱傳播

兩個物體如果溫度不同，溫度較高的物體會傳遞熱給溫度低的物體，這種現象稱爲「熱傳播」。熱會由高溫處向低溫處傳播，熱的流動方向與溫度高低有關，與總能量大小無關。（有關各種形式的能量介紹，可參考第18章〈原野活動〉。）

熱傳導時時刻刻都會發生。用手碰觸發燒病人的額頭時，會覺得燙手，是因爲病人額頭的熱傳到了我們手上。相反的，手碰到冰塊會覺得冷，是因爲熱從手流往冰塊，手喪失了一部分能量，所以會覺得冷。冬天時，光著腳踩在地板上覺得冷，是因爲腳的溫度（約37℃）較地板的溫度高，熱由腳底傳給地板，所以我們當然覺得冷。

如果我們把一顆剛煮熟的熱雞蛋，投入一鍋2公升的冷水中，讓雞蛋冷卻。雞蛋的溫度高，含有的分子平均動能大於冷水分子的平均動能，但雞蛋的分子總動能仍然比2公升的水少（2公升水的質量要比一顆雞蛋大得多），因爲雞蛋的平均動能比水高，所以使雞蛋的熱可傳至水中。經過一段時間的接觸後，兩者的平均動能終於相同，也讓兩者的溫度變得一樣。當達到這個階段時，我們即稱這種狀態爲熱平衡，表示這二者的平均動能已經達到一致。

「熱會由高溫的物體傳給低溫的物體，而不是由總能量高的物體傳給總能量低的物體」，這一句話很拗口，也不太容易懂。我們不妨打個比方，有兩個班級打賭，段考理化成績好的班級要請客。結果甲班有30人，每人平均90分，乙班有40人，每人平均70分。現在該哪一班請客呢？以平均分數看甲班分數高，該請客。但甲班總分2,700，乙班總分2,800，以總分看，乙班該請客。所以規則一定要講清楚，才不會混淆。

再回到雞蛋與冷水的例子，平均動能是雞蛋高，總能量是水高，因爲熱會由高溫的物體傳給低溫的物體，而不是由總能量高的物體傳給總能量低的物體，所以熱是由高溫的雞蛋流向低溫的水。

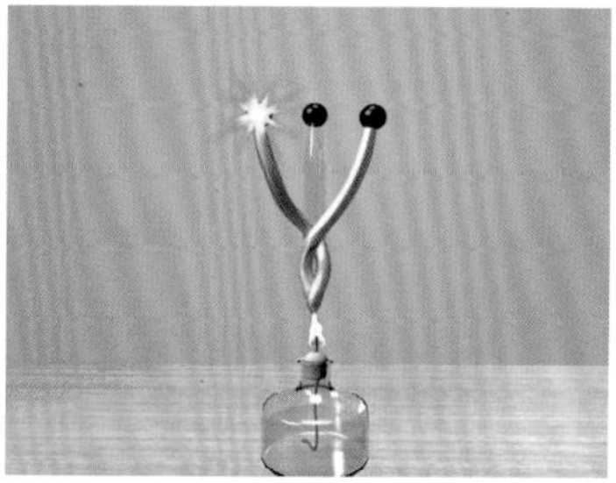

▲光碟動畫〈SPA館〉
熱的傳導實驗

傳導、對流及輻射

熱的傳播方式有傳導、對流及輻射等三種方式。

高溫物體與低溫物體接觸時，熱直接由高溫物體傳播給低溫物體，這種情況稱爲熱傳導。一般而言，固體的熱傳導性質最好，液體及氣體較差。固體中，金屬的熱傳導性質又比非金屬好。在金屬杯與紙杯中裝入同樣溫度的冰水，用手拿起兩杯水時，會感覺金屬杯比較冷，原因就是金屬對熱的傳導比紙對熱的傳導快。同理，鍋子往往用金屬製成，才能把爐火的熱量迅速傳導給鍋內的食物，但鍋把與鍋鏟把手則大多用木頭或塑膠，手才不會燙傷。而即使是易導熱的金屬，不同的金屬也會有不同的導熱速度（動畫的定格解說，見第38 頁的「看動畫・學理化」）。

▲光碟動畫〈SPA館〉
熱的傳播實驗

當流體（液體或氣體）中有某部分溫度較其他部分高時，高溫流體受熱膨脹，密度變小，因而往上升，低溫流體則下沉。這種熱傳播方式，稱爲熱對流（見第40頁的「看動畫・學理化」）。由於熱對流現象，所以冷氣機通常要裝設在高處，而壁爐則要裝設在低處。

熱傳導或熱對流都要依賴介質（傳遞能量的物質）的傳播，但太空是高度眞空，沒有介質可以傳播熱量，太陽的熱怎能穿透太空而傳到地球呢？太陽與地球之間是沒有任何介質的眞空呀！事實上，熱不藉由任何介質也可以傳播，這種方式稱爲「熱輻射」（見第40頁的「看動畫．學理化」）。例如，當我們開營火晚會時，營火不經由任何介質就可把熱往各方向輻射。嚴格來講，任何物質只要溫度高過絕對零度，就會向周圍環境輻射熱量。其中高溫物質向外輻射的能量多，低溫物質向外輻射的能量少，以能量流動的淨值而言，熱仍是由高溫處流向低溫處。

傳統的保溫瓶同時阻絕了熱的傳導、對流與輻射三種作用。保溫瓶有塑膠瓶蓋，防止傳導；有雙層玻璃瓶壁的構造，在玻璃與玻璃之間是眞空的狀態，熱不易藉傳導或對流傳播到瓶外；而玻璃瓶的內壁鍍有銀膜，可以反射熱量，使熱無法藉由輻射的方式流失。這種嚴密防止熱量散失的構造，可達到保溫的效果。現代的保溫瓶則大多以電能加熱來保持飲水的溫度，比較不環保喔！

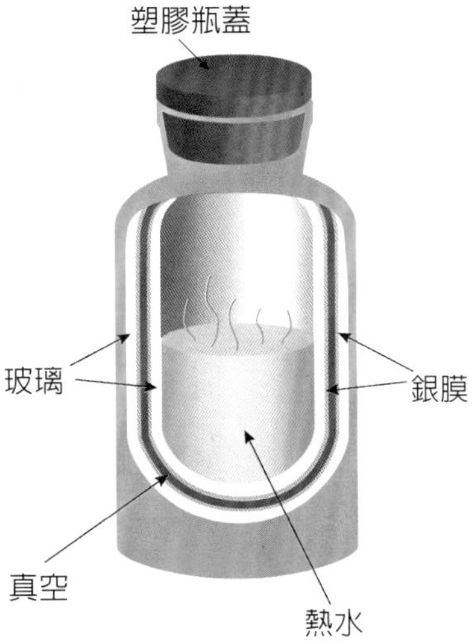

▲圖12-4

傳統的保溫瓶利用雙層玻璃瓶壁、真空夾層以及鍍銀薄膜，可以成功防止傳導、對流、輻射等作用。

熱量的單位與計算

用爐火加熱水壺中的水時，熱由爐火流至水，使水的溫度逐漸升高。科學家經由多次實驗發現，熱源穩定的話，水溫變化與水的質量、加熱時間有一定的關係。

當水的質量固定，上升的水溫與加熱的時間成正比，亦即同量的水，加熱時間愈長，溫度升得愈高。若加熱時間固定，上升的水溫與水的質量成反比，亦即加熱同樣時間，水壺中的水愈多時，溫度上升愈少。當水溫上升的度數一樣時，所需的熱量與水的質量成正比，也就是說同樣上升10℃，200公克的水所需的熱量是100

公克的水的2倍。

熱量計算的問題非常重要。要計算熱量，首先必須有可計量的單位。常用的熱量單位叫做「卡路里」，可以簡稱爲「卡」（cal），1公克的水增溫或降溫1℃，吸收或釋放的熱量恰爲1卡。

定出計量熱量的單位之後，我們就可以來計算水所吸收或釋出熱量的多寡。熱量的計算公式如下：

$$H = M \times \triangle T$$

H是熱量；M是水的質量；△T是溫度的變化

舉例來說，如果我們要把1,000公克的水從溫度25℃加熱至30℃，所需的熱量，根據公式可以計算如下：

$$H = 1{,}000 \times (30 - 25) = 5{,}000\text{卡} = 5\text{千卡}\ (\text{Kcal})$$

12-3 比熱

上面我們談到熱量的單位與計算，可是自然界各種不同的物質吸收相同熱量之後，溫度上升的程度都不一樣，會有這種情形，是因爲每樣物質都有特定的比熱。

使1公克物質溫度上升或下降1℃，所需吸收或釋放出的熱量，叫做該物質的比熱。

比熱的單位爲卡／公克・℃（cal／g・℃），我們可以把比熱的觀念，想像成是物質受熱後溫度上升的難易程度。比熱愈高，表示讓1公克物質上升1℃所需的熱量愈多，所以它的溫度較難上升或下降；如果比熱愈低，表示要讓1公克物質上升1℃所需的熱量愈少，所以它的溫度較容易上升或下降。

根據卡的定義，我們可以推知水的比熱爲1卡／公克．℃，其他物質也都有各自的比熱，我們可以把常見的物質依比熱高低整理如表12-2。

▼表12-2

常見物質的比熱（由高至低排列）

物質	純水	冰	鋁	鐵	銅	銀	水銀	金	鉛
比熱（cal／g．℃）	1.0	0.55	0.211	0.113	0.092	0.056	0.033	0.031	0.030

科學家發現不同的物質有不同的比熱。同一物質的比熱爲定值，與體積大小或質量多寡都無關。而金屬物質的比熱通常較低，常見的液體中，水的比熱最大。

在上一節中，我們曾學到水的熱量與質量、水溫變化的關係。加入比熱的考量後，我們可以寫出更周全的關係式。假設某物質的質量爲M、比熱爲S，溫度上升或下降△T度時所吸收或釋放出的熱量爲H，則

$$H = M \times S \times \triangle T$$

$$或\ S = H / (M \times \triangle T)$$

熱的傳播方向是由溫度高的物質傳播至溫度低的物質，與物質的比熱大小無關。

12-4 熱對物質的影響

熱除了會使物質的溫度上升，也可能使物質的狀態改變。例如冰、蠟遇熱會熔化，水遇熱則變成水蒸氣。在物質狀態改變過程中，雖然持續受熱，但溫度不一定升高，因爲狀態改變的過程中，物質吸收的熱量需用於改變分子間的距離，而非改變分子動能，例如冰在熔化過程中，雖然不停吸收熱量，但溫度不變。

熱會使物質體積膨脹，因此許多建築或結構物（如橋樑、鐵軌）都留有伸縮縫，以防止熱膨脹後造成結構變形。熱也會使物質發生化學變化，產生新物質，例如生米受熱會煮成熟飯。

紅色氯化亞鈷加熱後會失去水分，變成藍色氯化亞鈷；而藍色氯化亞鈷，遇水後會再變回紅色。氯化亞鈷的這個性質，可利用來檢驗水是否存在（見第43頁的「看動畫．學理化」）。

▲光碟動畫〈SPA館〉
氯化亞鈷加熱實驗

12-5 熱汙染

隨著工商業的發達、能源的大量使用，人類的生存環境中存在許多的廢熱，這些廢熱以「廢氣與熱水」的形態排放於環境中。廢熱常會對環境造成傷害，例如數萬年來棲息於墾丁外海的珊瑚礁，目前已因核電廠排放出的熱水而逐漸死亡。

我國的環境保護法規，對廢水與廢氣的排放溫度都有嚴格的管制標準，以免自然生態環境受到熱汙染。水的排放溫度，會影響水中動植物的生長與生存，例如前述的核電廠熱水會使珊瑚白化，或是產生畸型魚（如祕鯛魚）。

要防治熱汙染，除了廢熱水與熱氣須經冷卻循環等方法處理，最根本的方法是節約能源，透過工廠的減廢（減少廢棄物排放），在製程中加強能源的利用效率等手段，抑制廢熱產生。

看動畫・學理化

動畫12-1：熱的傳導實驗

同時加熱銅、鐵與玻璃，

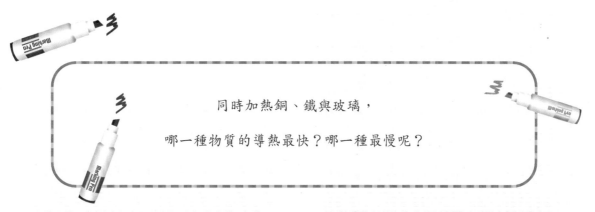

哪一種物質的導熱最快？哪一種最慢呢？

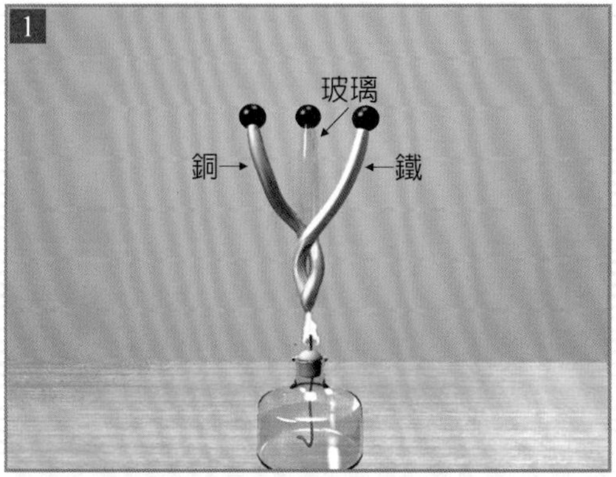

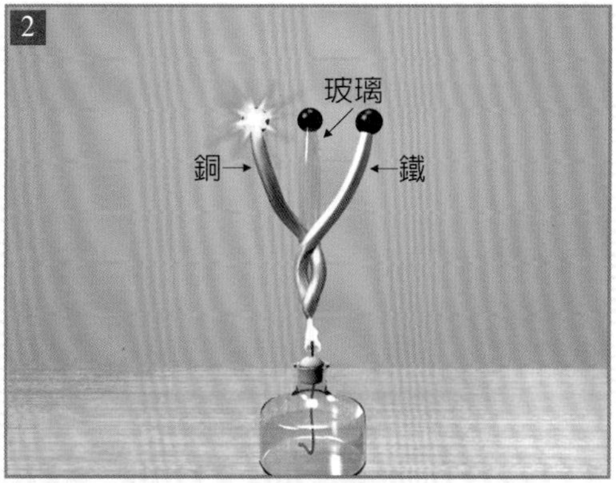

1. 我們把銅絲與鐵絲纏繞在玻璃棒上，然後在銅絲、鐵絲與玻璃棒的頂端，分別黏上一粒火柴頭。接著用酒精燈在三種材料的底部加熱。
2. 我們會發現，銅絲上的火柴頭先燒起來。

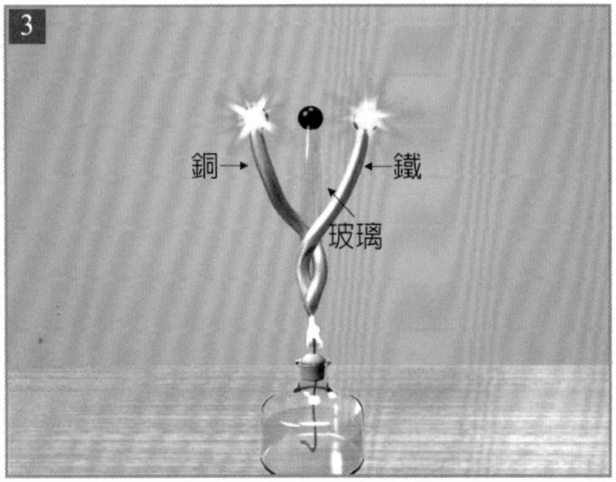

3. 接著是鐵絲上的火柴頭。玻璃上的火柴頭在加熱一段時間後，仍未燃燒。

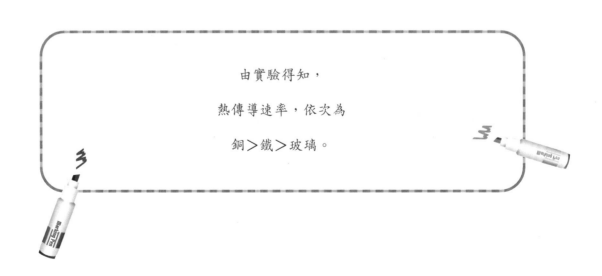

由實驗得知，

熱傳導速率，依次為

銅＞鐵＞玻璃。

動畫12-2：熱的傳播實驗

熱的傳播有三個方式：傳導、對流、輻射。

對水而言，傳導與對流兩種方式，哪一種傳播熱的方式較為有效呢？

為什麼夏天時，我們喜歡穿淺色衣服，冬天時喜歡穿深色衣服呢？

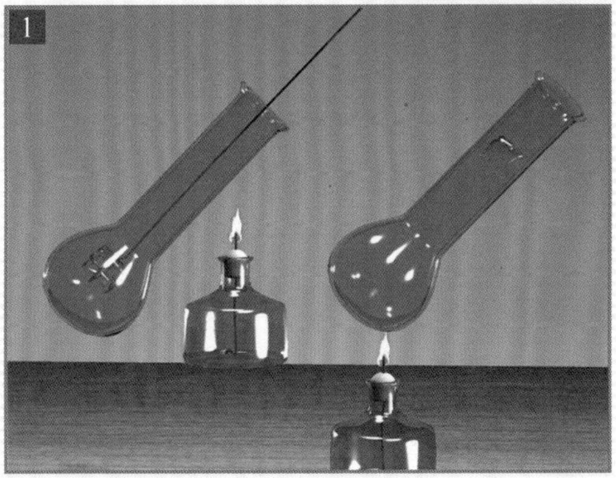

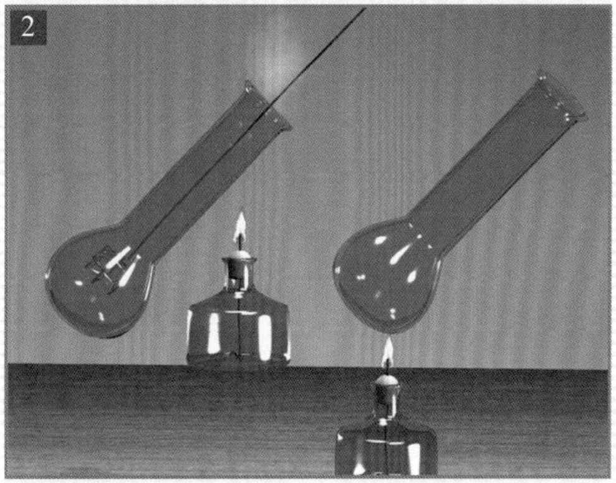

1. 我們用鐵絲把冰塊固定，置入左方燒瓶底部（燒瓶中都已經裝了八分滿的水）。同時在右邊燒瓶放入一塊冰塊，任由它浮在水面。對左方燒瓶的瓶頸加熱，對右方燒瓶的瓶底加熱。
2. 左邊燒瓶瓶頸的水已經沸騰了，但瓶底的冰塊還沒熔化。另一方面，右邊燒瓶內的水尚未沸騰，但是其中的冰塊很快就熔化了。

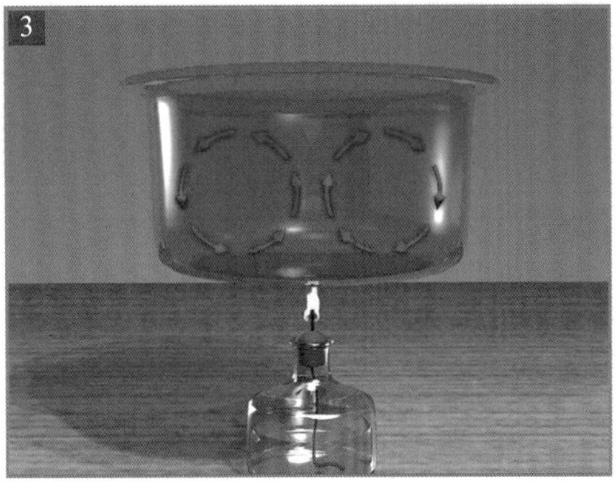

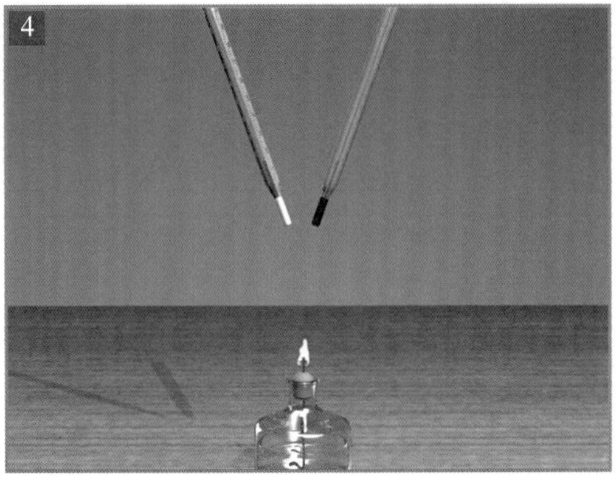

3. 水在受熱後，熱水會上升、冷水會下降，所以會在燒杯內形成旺盛的對流。當我們把冰塊放在燒瓶的底部，並且在燒瓶的上方加熱時，雖然上方的水已經沸騰，但因為水不容易傳導熱，所以上方的熱不容易傳導到底部，無法熔化底部的冰塊。不過只要把燃燒中的酒精燈移到燒瓶底部，這時水的對流會把熱帶至上方，所以能夠很快的溶化冰塊。

4. 取兩枝酒精溫度計，分別用白紙與黑紙包住酒精球，用酒精燈同時加熱這兩枝溫度計。注意看看哪一枝溫度計的酒精柱上升較快。
5. 結果發現，用黑紙包住的溫度計溫度上升較快。這是因為當溫度計的酒精球用紙包住時，白紙會反射部分輻射熱，但黑紙會吸收大部分輻射的熱，所以用黑紙包住的溫度計顯示溫度上升較快。

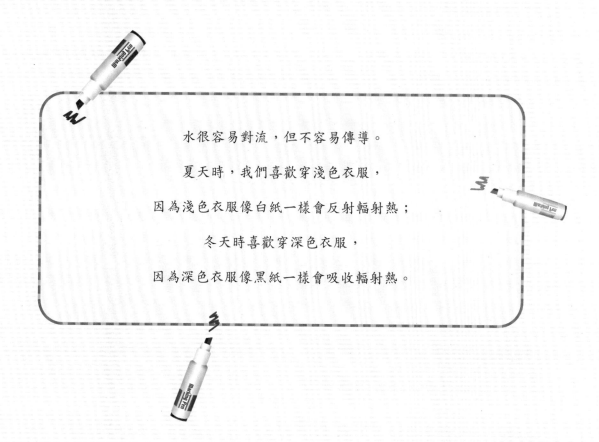

水很容易對流，但不容易傳導。

夏天時，我們喜歡穿淺色衣服，

因為淺色衣服像白紙一樣會反射輻射熱；

冬天時喜歡穿深色衣服，

因為深色衣服像黑紙一樣會吸收輻射熱。

動畫12-3：氯化亞鈷加熱實驗

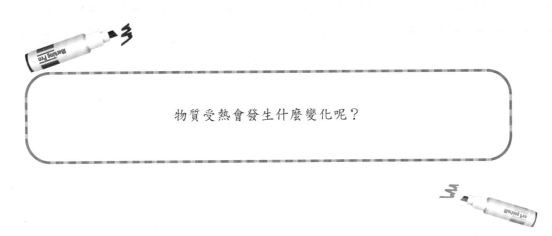

物質受熱會發生什麼變化呢？

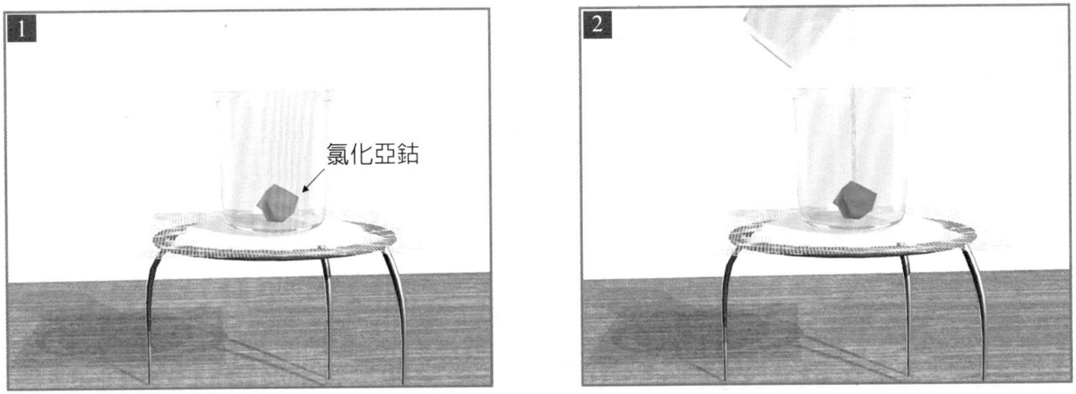

1. 我們以氯化亞鈷為例，來看看熱對物質的影響。無水氯化亞鈷本來是藍色的。
2. 藍色的無水氯化亞鈷遇水後，會變成紅色。

3. 紅色氯化亞鈷受熱，會失去水分。
4. 當水分完全蒸發，氯化亞鈷會再恢復成藍色。

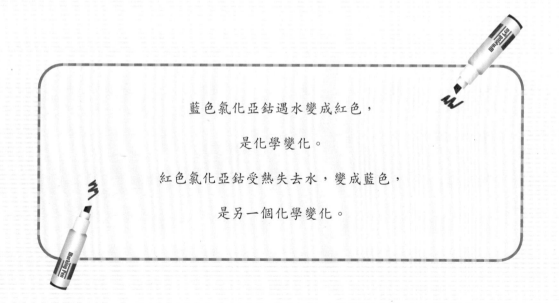

藍色氯化亞鈷遇水變成紅色，

是化學變化。

紅色氯化亞鈷受熱失去水，變成藍色，

是另一個化學變化。

動動手・動動腦

先動手

自製溫度計

器材：1公升及2公升裝的保特瓶各一個、剪刀、紅墨水、黏土、吸管、尺、溫度計、油性筆

步驟：

1. 在1公升保特瓶中加滿冷水。
2. 在水中滴入數滴紅墨水把水染紅，以便觀察。
3. 用筆桿把黏土桿成長條形，然後捲在吸管上，形狀如下圖。把捲好的黏土形狀稍加修飾，使它可以當成瓶塞，恰與1公升保特瓶口密合。

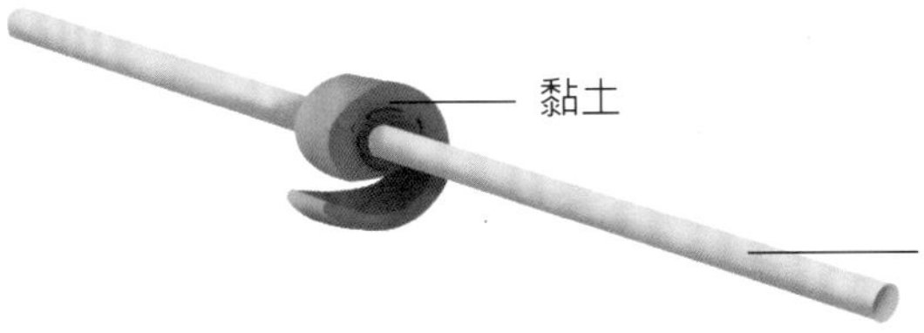

4. 把步驟3製好的黏土瓶塞，塞入瓶口，檢查黏土瓶塞上是否有漏洞，吸管是否受壓迫變形，並調整水位高度，使水位略高於瓶口，用油性筆在

吸管的水位處做記號，自製溫度計便大功告成了。記下這時的室內溫度。

5. 用剪刀把2公升保特瓶的上端剪去，成爲容器，把自製溫度計放入這個容器中，如右圖所示。

6. 在容器中放入熱水（小心！勿燙傷！），靜置10分鐘後，以尺測量水位上升多少？同時以溫度計測量熱水溫度，記載於下表。（1公升水由室溫上升至80℃約增加12毫升，若吸管太細，不要放在太熱的水中，否則膨脹後，水會溢出吸管外。）
7. 把容器內的熱水倒掉，改放冰水，靜置10分鐘後，用尺測量，看看水位下降多少？同時以溫度計測量冰水溫度，記載於下表。

	室溫	熱水	冰水
溫度			
與原始水位比較（注明升高或下降）	0		

再動腦

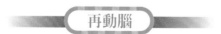

1. 自製的溫度計是利用什麼原理來測量溫度？
2. 如果你希望在自製溫度計上標示更詳細的刻度，如10℃、20℃、30℃等，應如何做？
3. 如果改變自製吸管的粗細，會產生什麼變化？
4. 爲什麼要靜置10分鐘，才讀取刻度以及用溫度計量水溫？

再動腦參考答案

1. 水的熱脹冷縮。
2. 舉例而言，如果在0℃冰水中，吸管水位會比原先的高度下降5公分；而在80℃熱水中，吸管水位比原來上升15公分。兩個溫度間，水位高度相差20公分，則表示水溫每升降10℃，水位會改變20÷8＝2.5公分，所以在熱水水位處標上80℃，再由上往下，每2.5公分，逐次標上10℃的差距。
3. 用粗的吸管做實驗，結果較不靈敏（水位升降變化小），但可量取的溫度範圍大（水不會溢出）；用細的吸管做實驗，結果較靈敏（水位升降變化大），但可量取的溫度範圍小（水容易溢出）。
4. 剛加入熱（冰）水時，系統尚未達成熱平衡，容器內的水與自製溫度計的水，溫度不相同。熱會由高溫處往低溫處流，熱（冰）水將逐漸降（升）溫，直至系統達成熱平衡，這時候量取水位及水溫才有意義。

第 13 章

音響館

—— 聲音

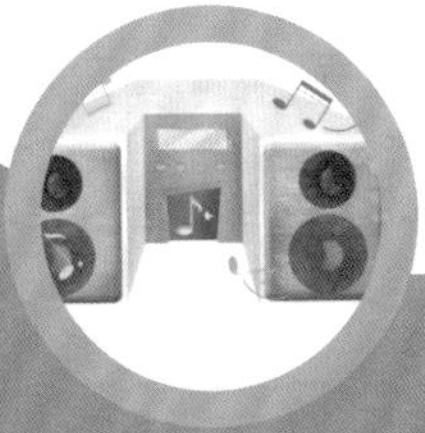

靜靜坐著，欣賞悅耳的交響樂。

這音樂如何能由冷冰冰的機器傳到耳中？

抑揚頓挫的節奏時而高亢，時而低吟，

時而震耳欲聾，時而輕聲細語。

小提琴聲音悠揚，小喇叭聲音宏量，

為什麼聲音如此多變？

搖滾樂的節奏使人情緒高亢、夏日的蟬鳴引人入眠、偶像歌手的演唱引發我們的共鳴。聲音在我們的生活中，占很重要的地位。在生活環境裡，每日24小時充斥著各種不同的聲音，讓我們的生活情節更加生動有趣。

然而你想過聲音是如何產生的嗎？它是用什麼方式傳到我們的耳中？爲什麼張惠妹和孫燕姿的聲音，有那麼大的差別？

13-1 聲音的振動與傳播

產生聲音有兩個條件，首先要有「聲源的振動」，再來還要有「傳播的介質」，對有聲世界而言，這兩者缺一不可。

用手撥彈吉他的弦，緊繃的弦會發出優美的聲音，但是如果用手按住弦，讓弦停止振動，聲音也會馬上消失；說話時輕按自己的喉嚨，可以感覺喉嚨聲帶的振動。由這兩個例子可以得知，發聲的前提是必須先有某項物質（聲源）的振動，如果振動一停止，聲音也會立刻消失。

但是聲音究竟是透過什麼方式傳到我們耳中？

▲光碟動畫〈音響館〉
聲的傳播實驗

英國科學家波以耳（Robert Boyle, 1627-1691）在十七世紀時做的著名實驗，可以爲我們解開傳播聲音的謎題。波以耳把電鈴安裝在透明鐘罩內，通電後電鈴會發出響亮的鈴聲。此時開始用抽氣機把鐘罩內的空氣抽出，會發現聲音慢慢變小，進一步把鐘罩抽至眞空時，雖然仍可看到電鈴持續振動，但是卻已聽不到任何鈴聲。把活門打開逐漸充氣，會發現鈴聲又逐漸增大（動畫的定格解說，見第62頁的「看動畫・學理化」）。

這個實驗顯示，聲音的傳遞需要其他物質當媒介，這個媒介物質稱爲介質，如果缺少介質，即使有聲源的振動，也聽不到任何聲音。在電鈴實驗裡，空氣就扮演介質的角色。

事實上，除了空氣以外，還有很多東西都可以當介質，所有固態、液態或氣態的東西都可以成爲介質。例如把耳朵貼在桌面上，並在桌子的另一端輕輕敲擊，你可以清楚聽到敲擊聲，此時桌子就是聲音傳播的介質。

誰傳聲最快？

其實當介質是固體時，傳播聲音的速度，要比液體與氣體介質快許多，而氣體介質傳播聲音的速度最慢。很令人驚訝吧！聲音透過空氣傳播的速度，竟然是最慢的！

在西部片裡，常會看到美國印地安人把耳朵貼在地面上，傾聽是否有敵人的馬蹄聲逼近，進而判別敵人的距離。夏天你是否曾熱得睡不著而躺在地板上呢？你如果把耳朵貼地會發現，家裡只要有人走路，不管他在哪一個房間裡，你都會聽得一清二楚！甚至連鄰居的走動，都逃不過你的耳朵。這些都是因爲固體介質傳遞聲音速度較空氣快，所產生的現象。

爲什麼固體介質對聲音的傳播速度最快、液體次之、氣體最慢？一般而言，固體分子的排列最緊，再來是液體，氣體分子間距離最遠。固體分子因爲排列較緊密，分子對振動的反應也較快，而且傳送能量時，能量的損失也比較小，所以傳遞聲音的速度最快。同理，液體中的聲速居次，氣體位居末位。聲音在空氣中的傳遞比水慢，聲音在水中的傳遞速度又比在鐵軌中慢，這三者的傳播速度比約爲1：4：15（固體的傳播速度比氣體快了10倍以上！）。

稻草、炭渣、棉花是不是好的傳聲介質？由於這三種物質的結構都很疏鬆，所以不能成爲好的傳聲介質，但這類物質具吸音或減音效果，在建築上是吸收回聲或噪音的好材料。

不隨波逐流

聲音是聲源振動產生的能量，藉由介質傳遞至耳朵的現象。

許多資訊或能量，都是以波的型式來傳遞，聲音也是一種波，稱爲聲波，需要介質傳遞。水波是靠著水爲介質傳遞的能量。光是另一種波的型態，這種波不需介質傳遞，稱爲電磁波。關於光的性質，在第14章〈雷射舞會〉與第15章〈哈哈鏡〉中，會有更詳細的介紹。

介質在傳遞波的過程中，不會隨波的前進而移動，只會做週期性的來回振動。觀察小石子落入水中的現象，你會發現水波產生漣漪逐漸往外圍擴散。從第64頁「看動畫．學理化」的定格解說中可以看到，水面上的瓶子並不會隨著漣漪擴散，漂離原本的位置，而只是在同樣的位置隨水波上下振動，這就是介質振動的一種方式。

▲光碟動畫〈音響館〉介質的振動實驗

同樣的，當媽媽在房間外叫你起床時，聲波藉著空氣越過房間或門縫向你傳來，媽媽的聲音不會把空氣吹向你，引起冷風。空氣只是忠實扮演「介質」的角色，像接力賽一般，把能量（聲波）從振動的波源（媽媽）傳遞到接收器（你的耳朵）裡。

波的性質

聲波在空氣、水、木頭等不同介質中，傳遞的速率並不同，波速的公式如下：

$$v\text{（波速）} = \lambda\text{（波長）} \times f\text{（頻率）}$$

這個公式其實非常易懂，不要把它當很難的學問來記憶。波長（λ）是每次振動所走的距離，也就是兩個波峰間的長度（圖13-1）；頻率（f）是每秒振動的次數，也就是每秒通過定點的波數。波速就是由波長乘頻率而得。

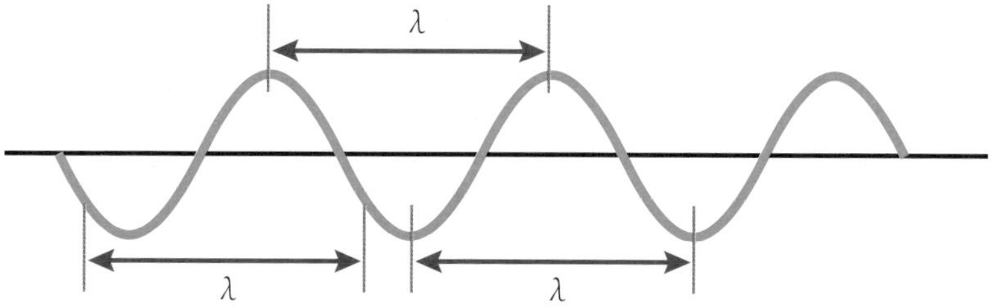

◀圖13-1
波長（λ）是指兩個波峰間的距離、兩個波谷間的距離或連續兩波中相同位置點之間的距離。

頻率是每秒振動的次數，週期是指每次振動所花的時間，頻率與週期互爲倒數。頻率愈高的波，週期愈短。舉例來說，如果我們在收音機上聽到某個電台的頻率是960千赫，代表該電台是利用每秒振動960,000次的無線電波來廣播，所以這個無線電波的週期就是1／960,000（秒／次）。可以寫成如下的公式：

頻率＝1／週期　或　頻率×週期＝1

而波在同一個介質中，傳播波速是固定的，所以頻率愈高的波，波長就愈短。一個人說話的聲音大小、音調高低，都不會影響聲波的速度。聲速只受介質種類與性質影響，以空氣中的聲波爲例，行進速度會隨著空氣溫度或濕度高低而改變。

聲波在乾燥空氣中的傳遞速度約爲每秒330到350公尺，當氣溫高時，聲波的速度也會變快。在0℃時，聲音在空氣中傳播的速度約爲331.3公尺／秒；在0℃以上時，溫度每上升1℃，聲波會增

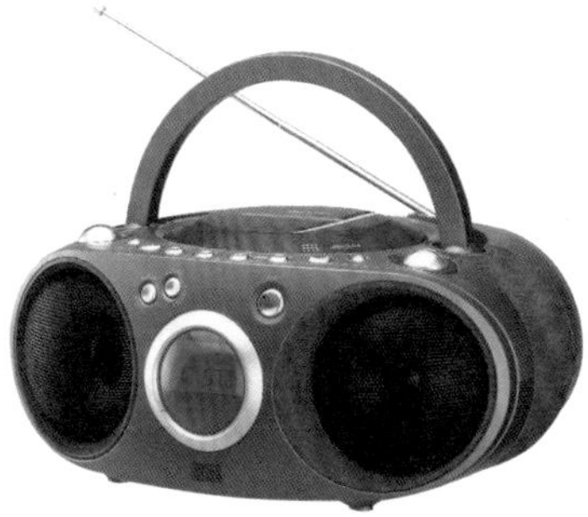

▲圖13-2
我們把收音機調到某個收聽頻率，好聽到自己喜愛的節目。這個收聽頻率代表電台的電波發射頻率。

快0.6公尺／秒。根據上述溫度與速度的關係，如果考慮氣溫變化，聲速的計算公式可以表示如下（v表示波速，T表示溫度）：

$$v\text{（公尺／秒）} = 331.3 + 0.6 \times T\ (^\circ C)$$

所以，20℃時聲音的速度，可以計算如下：

$$331.3 + 0.6 \times 20 = 343.3\text{（公尺／秒）}$$

空氣的濕度與風速也會影響聲波的傳播速度，濕度高或順風時，聲波的速度會較快，反之則較慢。聲波在各介質的傳播速度可參考表13-1。

表13-1 ▶
不同介質中，聲音的傳播速度
（由慢至快排列）

介質	溫度（℃）	聲速（公尺／秒）
二氧化碳	0	259
氧氣	0	317.2
空氣	0	331.3
空氣	20	343.3
鉛	20	1,190
水	20	1,485
木材	20	3,352
銅	20	3,810
混凝土	20	4,250
鋁	20	5,100
鐵	20	5,130

表13-1列出的介質中，聲音傳播速度最快的是鐵，在20℃時，鐵的聲速每秒超過5公里，約為同溫度空氣的15倍；而20℃的水中聲速則約為同溫空氣的4倍。大體而言，固體介質的傳遞速度大於液體及氣體，但有時候也有例外，由表中可看出，純水的傳聲速度就比鉛還快。

13-2 回聲

每當森林王子泰山在山谷裡叫著：「喔依喔依喔~~~」不久會傳來一陣陣的回聲。這是因為聲波傳送至物體表面時，部分聲音會受物體吸收而消失，有些聲音則會反射折回，反射回來的聲音就是回聲。

▲圖13-3

泰山在山谷中呼喊，聽到自己的回聲。

聲波在同一個介質中的傳遞速度是固定的，聲波反射後，經由原來的介質傳遞，所以反射前後的聲速不會改變。但是由於傳遞時能量有損耗，聲音會變小。

在日常生活中不常聽到回聲，是因為聲源與反射面的距離太近，人耳無法分辨出原音或回聲。通常兩個聲音到達耳朵的時間，至少要相隔1／10秒，人耳才能分辨出聲音的先後。所以要聽到回聲，聲音從發聲源到反射面所花的時間，至少要1／20秒以上，讓回聲出現的時間比原音至少晚1／10秒，人耳才能查覺原來的聲音與回聲不一致。

由於聲波在同一個介質中的速度為定值，所以聲音也可以用來測量距離。要算出聲音在某段時間內走了多遠，計算方法如下：

$$s\text{（距離）}= v\text{（波速）}\times t\text{（時間）}$$

用前頁的算式，我們可以算出聲音在1／20秒走了多遠，找出聲音與反射面的最短距離。以聲波在常溫每秒行進343公尺的速度（參考第55頁表13-1）計算，聲音走了1／20秒到達反射面，算出的距離爲：343×1／20＝17.15，也就是說，聲源至少要距離反射面17.15公尺以上，才有機會聽見回聲。所以當屋內滿是家具時，往往聽不到回聲，但屋內家具一旦搬空了，就會聽到回聲。

回聲的應用很廣，例如船艦的聲納會發射與接收聲波，只要計算聲納發出的聲波，花多久時間反射回來，就可以推估海底與船艦間的距離。遠洋漁船也常利用聲納來探測魚群，增加捕獲量。

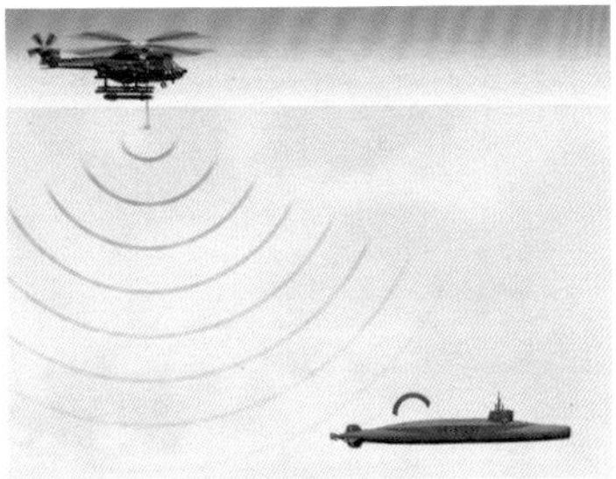

▲光碟動畫〈音響館〉

聲納原理的應用

負有反潛任務的反潛直升機，也是利用吊放聲納來測量水底敵方潛艇的正確位置（見第67頁的「看動畫・學理化」）。如果聲音在海水中的傳播速率每秒1,520公尺，浮標接收到由海中敵人潛艇所反射回來的回聲是在0.6秒之後，套用公式計算，這時反潛直升機的空投魚雷須設定的爆炸深度應爲456公尺（1,520公尺／秒×0.6秒÷2＝456公尺）。

13-3 多變的聲音

爲什麼很多人拿起電話聽到一聲「喂」，就可以分辨出來電者的身分？爲什麼吉他與口琴的聲音很容易辨認？而張惠妹與孫燕姿的聲音爲什麼會有這麼大的不同？

人類對聲音的感覺，主要是由響度、音調與音色這三項因素來決定。響度，指的是聲音的大小，它是由介質振動的幅度來決定，振動的幅度愈大，響度愈大，聲音也就愈大聲。音調是聲音的高低，由介質振動的頻率來決定，振動的頻率愈大，音調愈高，聲音也就愈尖銳刺耳。音色（或音品）是指聲音的特色，由聲波的波形決定。每一種樂器或每個人的聲音都有獨特的音色。大多數的聲音都不是由單一頻率的振動構成，而是融合了許多不同頻率的振動，其中最低頻率的振動決定了音調，而其他多種複合的聲波則在合併之後構成特有的音色。

你可以把人的聲帶，想像成一個交響樂團。交響樂團都是由數十種弦樂器、管樂器及打擊樂器所組成，演奏時彼此融合成特殊的音色，有時甚至會讓你難以分辨同時有哪幾種樂器在演奏。而聲帶所發出的聲音與這種情形極爲類似，在混合了許多音頻之後，即形成個人獨特的音色，所以張惠妹與孫燕姿的聲音會有如此大的差異（見第70頁的「看動畫・學理化」）。

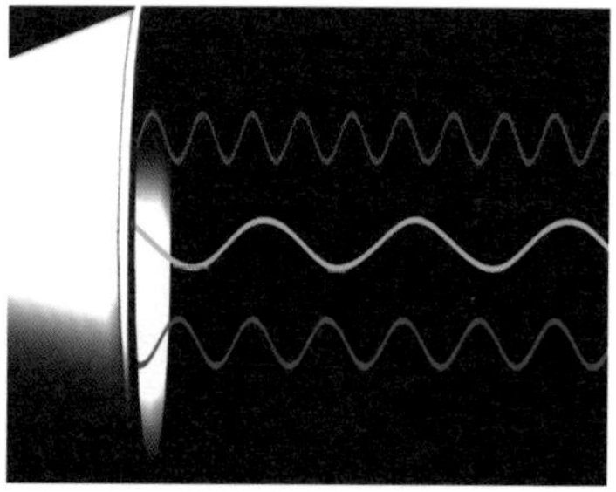

▲光碟動畫〈音響館〉
音色

13-4 聲波的共振

住在運動場附近的人，在演唱會或運動比賽進行時，常常發現家中的玻璃、櫥櫃會跟著運動場傳來的響聲振動，這是因爲玻璃、櫥櫃的振動頻率與演唱會或運動比賽傳來的聲波，發生了共振。由聲源發出的聲音，經介質傳遞後，抵達另一個物體，引發物體振動，這種現象就是所謂的共振。產生共振的物體，振動頻率必須與聲波的頻率相同，才會引起共振。

要做共振實驗，需要有兩支音叉。音叉是狹長U字型的鋼製品，在製造的時候已經設定了特定音調，可以發出單一頻率的純音。

把兩支頻率相同的音叉直立放妥後，先以鎚輕敲左邊的音叉，受敲擊的音叉馬上會發生清脆的聲音，右邊的音叉仍然靜止無

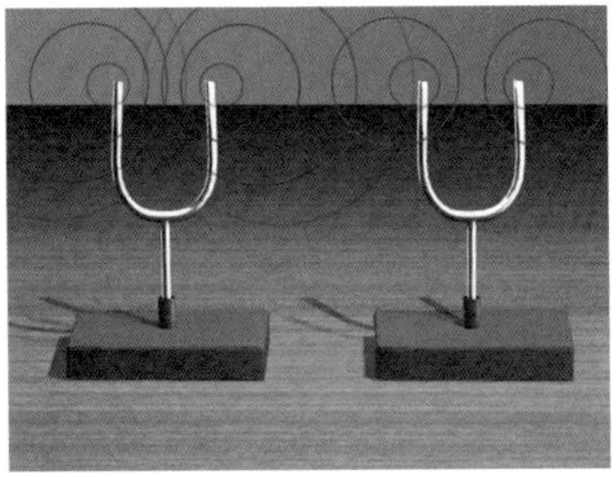

▲光碟動畫〈音響館〉
聲波的共振實驗

聲，但慢慢的，右邊的音叉開始出現微幅振動。接著用手觸碰左邊的音叉，讓它完全停止振動（右邊的音叉仍繼續振動），把手自左音叉移開後，左音叉受到來自右音叉的共振影響，也會開始振動（見第72頁的「看動畫・學理化」）。

13-5 噪音防制

凡是在不合宜的時間或地點，發出的令人不悅的聲音，就是噪音。很多人都有受噪音干擾的經驗，噪音如同空氣汙染、水汙染一般，會對人體產生傷害。長期身處噪音當中，不但會損傷聽力，強烈的噪音更會令人神經緊張，造成血壓升高、心情煩躁、注意力不集中等現象。

管制噪音的方法主要有四種：

㊀隔音

這是減少噪音的方法中最常見的。原理就是阻絕聲波傳遞，來減少噪音。例如築起厚厚的磚牆或混凝土材質的牆，讓聲音在傳遞過程中，耗盡能量，達到隔絕噪音的效果。

㊁吸音

利用吸音材質吸收聲波，降低噪音。哪些材質的東西可以吸音呢？在日常生活中常見的毛質布料、海棉或具有鬆軟多孔的物品，都有吸音效果。例如棉質毛巾的吸音效果就比尼龍夾克要好。當聲波進入多孔材質後，大部分的聲波受困在這些組織疏鬆的小孔中，聲音會在小孔中以各種角度不規則反彈，在孔中消耗掉大部分的能量，很難再反射出來。聲音看起來像是被吸進小孔中，所以稱爲吸音。

減振

聲音既然是由物體的振動而產生，所以只要減少噪音源的振動，就能降低噪音。例如在發出噪音的機械底部加裝彈簧或橡膠墊等，都是常見的減振方法。

改變噪音的方向

利用隔音材料反射噪音，避免傳入人耳，達到降低噪音的效果。高速公路在行經住宅區的路段，往往必須設置高度2至4公尺的隔音牆，隔音牆的材質可能是金屬板、空心磚等，利用這些材料可以把噪音反射回路面或天空，使噪音不直接進入路旁的住家中（見第75頁的「看動畫・學理化」）。此外還可在牆面貼上吸音材料，或在牆內放置柔軟的吸音器材，減小噪音，提高附近居民的居住品質與安寧。

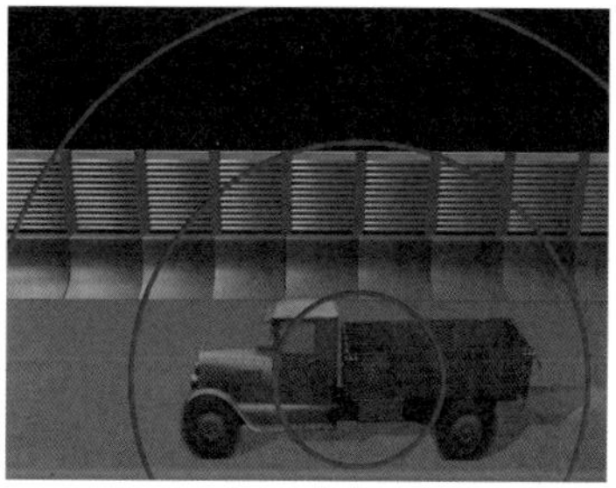

▲光碟動畫〈音響館〉
噪音的防制

Question 想一想

1. 如果月球上發生了大爆炸，我們在地球上可以聽得到嗎？為什麼？
2. 如果你對著山壁呼叫，在第3秒時聽到回聲，假設當時溫度為25℃，試問山壁與你之間的距離約為多少公尺？
3. 嗓門大的人說話時，聲波會不會傳遞較快？
4. 若不直接碰觸立於桌面的靜止音叉，有沒有辦法使這個音叉發出聲響？

Answer 參考答案

1. 不能，因為地球與月球間有一段真空，所以沒有介質可以傳遞爆炸聲。
2. 25℃時，聲速為331.3＋0.6×25＝346.3 m／s
   山壁的距離為346.3×3÷2＝519.45 m
3. 不會，聲速與空氣的溫度、濕度等因素有關，與嗓門大小（振幅）無關。
4. 有辦法，敲擊另一個同頻率的音叉，引起桌上音叉共振就可以了。

看動畫・學理化

動畫13-1：聲的傳播實驗

在真空中，到底能不能聽到聲音呢？

1. 小鎚不停敲打電鈴，我們可以聽到鈴聲。
2. 用玻璃鐘罩蓋住電鈴，由於鐘罩內仍有空氣，我們仍然可聽到鈴聲，但由於鐘罩內空氣漸漸抽走後，我們聽到的鈴聲會愈來愈小。（這就是紙本書的限制。讀者在看圖、看解說時，完全感受不到鈴聲的變化。所以還是請打開動畫光碟，體驗一下聲光效果吧。）

3. 當鐘罩內的空氣完全抽光，形成真空時，雖然小鎚仍然繼續敲打電鈴，但是我們完全聽不到鈴聲。
4. 把空氣再度通入鐘罩內後，鈴聲又漸漸變大，然後恢復正常。

電鈴通電後會因振動而發出鈴聲，但聲音要靠空氣傳播。

把鐘罩抽成真空之後，雖然電鈴持續振動，

但是已聽不到任何鈴聲，直到重新在真空的鐘罩內加入空氣，

才會再度聽到電鈴聲。

動畫13-2：介質的振動實驗

當聲波或水波隨著介質傳遞能量時，

介質會不會隨著波動一起前進呢？

1. 朝水中丟入一顆石頭，來進行實驗。
2. 石頭落入水中。水面上有酒瓶，我們觀察介質（水）會不會把酒瓶帶走，就可以知道介質會不會隨波動一起前進。

3

4

5

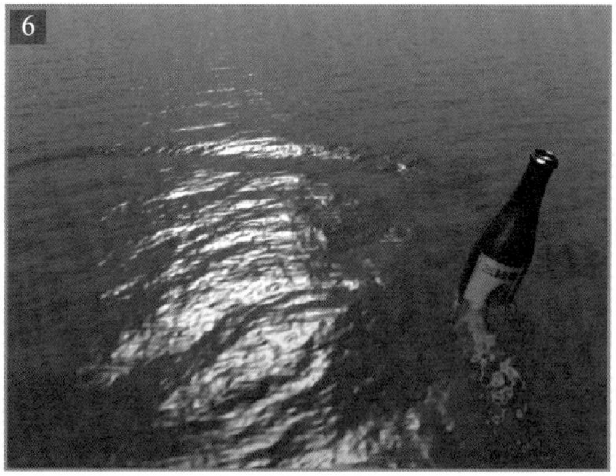
6

7

8

3. 石頭落水會激起陣陣漣漪，當漣漪通過浮在水面的瓶子時，瓶子會上上下下來回振動。
4. 漣漪散去時，瓶子並不會隨著漣漪漂到遠方。
5. 丟入較小的石頭時，情況如何？
6. 我們發現，瓶子同樣只會上下來回振動，但是因為小石頭激起的漣漪比較小，瓶子上上下下振動的幅度也比較小。
7. 如果丟入一塊磚頭，情況又會如何？
8. 因為磚頭重量大，激起的漣漪較大，所以瓶子上下振動的幅度也變大。

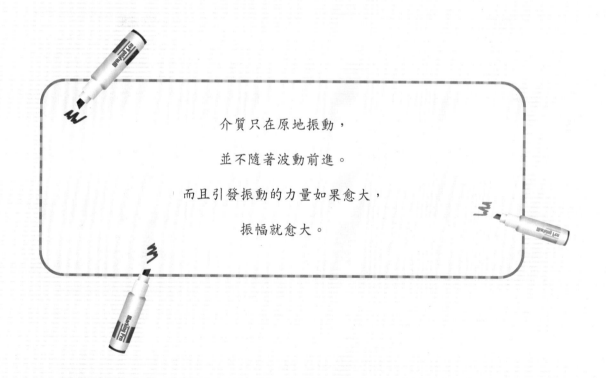

介質只在原地振動，

並不隨著波動前進。

而且引發振動的力量如果愈大，

振幅就愈大。

動畫13-3：聲納原理的應用

聲波在碰到物體阻礙之後，會發生反射，稱為回聲。

利用回聲，可以探測水面下的情形，這就是聲納的原理。

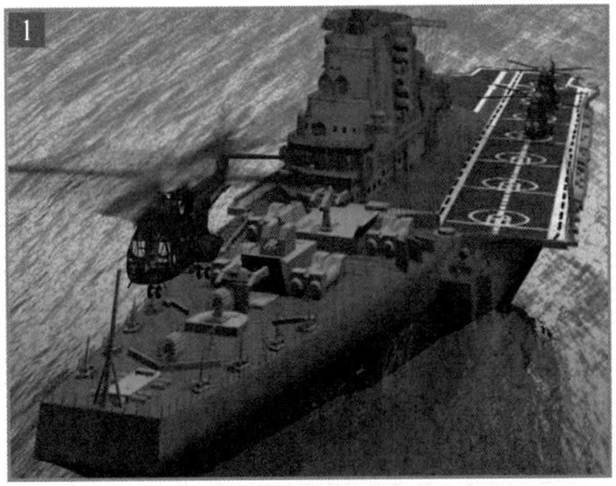

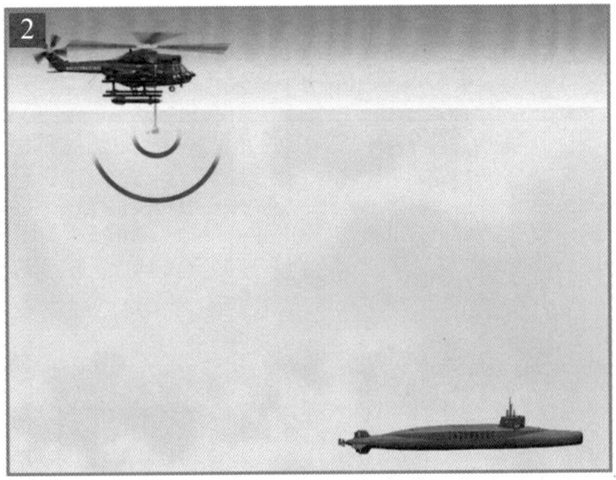

1. 航空母艦是會移動的小島，可在離本土很遠的地方發動攻擊，但航空母艦由於質量及體積太大，移動速度緩慢，容易受到水面下敵方潛艇的偷襲。因此需要各式飛機與艦艇的保護。航空母艦上配備的反潛直升機，會搜尋水面下的潛艇，並加以殲滅。
2. 反潛直升機不斷向水面下發出聲波。

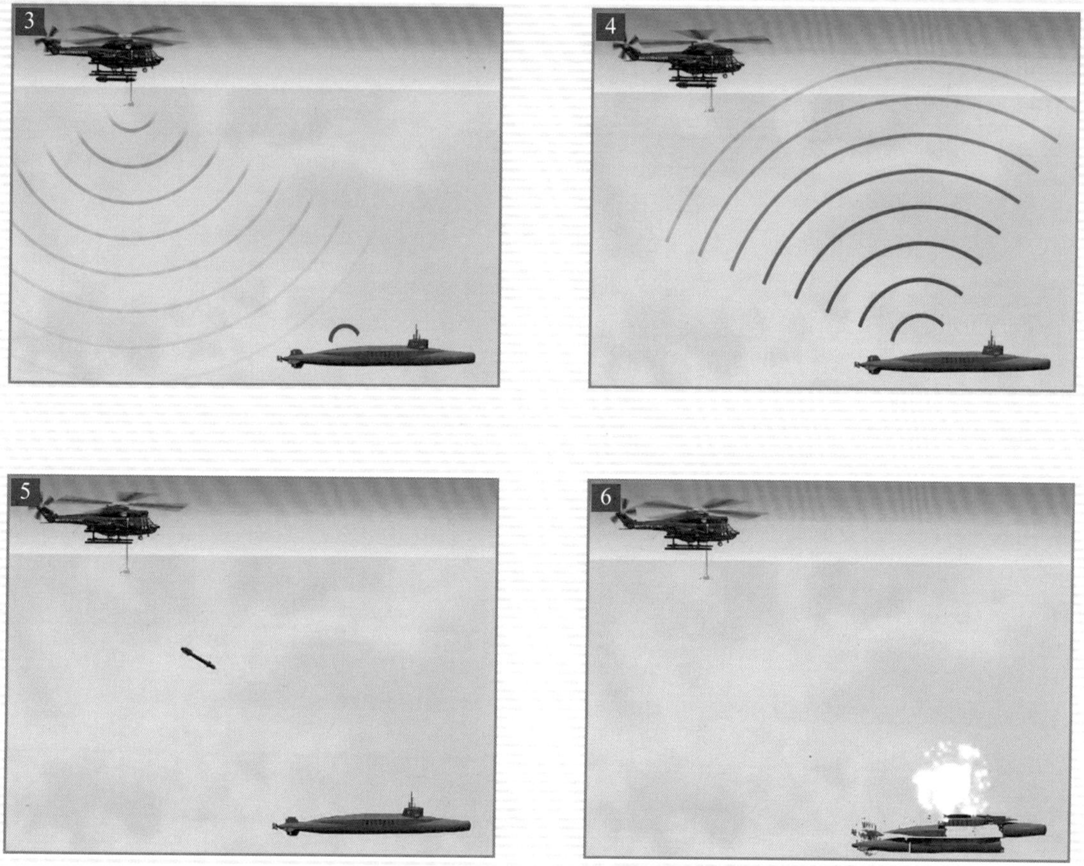

3. 反潛直升機發出的聲波會不斷擴散。
4. 聲波若觸及水面下敵方潛艇，就會反射回直升機。
5. 記錄聲波反射的時間，可以算出潛艇的深度，瞄準目標投下魚雷。
6. 魚雷經過設定，在潛艇附近爆炸時，可成功把潛艇炸燬。

根據同樣的原理，

聲納還可以運用於

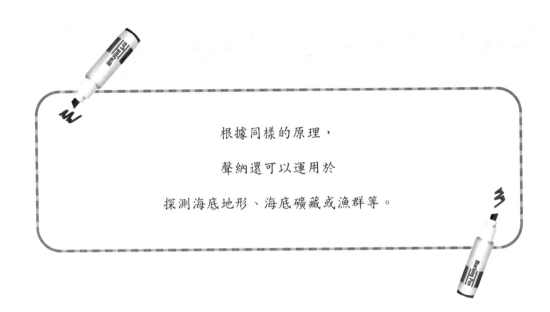

探測海底地形、海底礦藏或漁群等。

動畫13-4：音色

即使是小提琴與鋼琴發出同一個音，我們也可以清楚判斷出，

哪個音是由小提琴發出的，哪個音是由鋼琴發出來的。

為什麼？

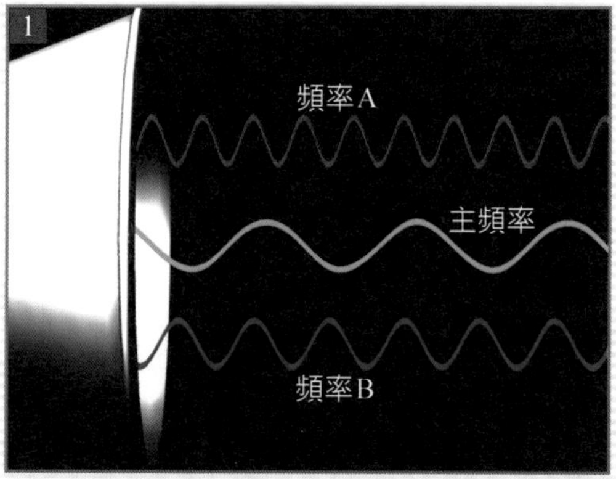

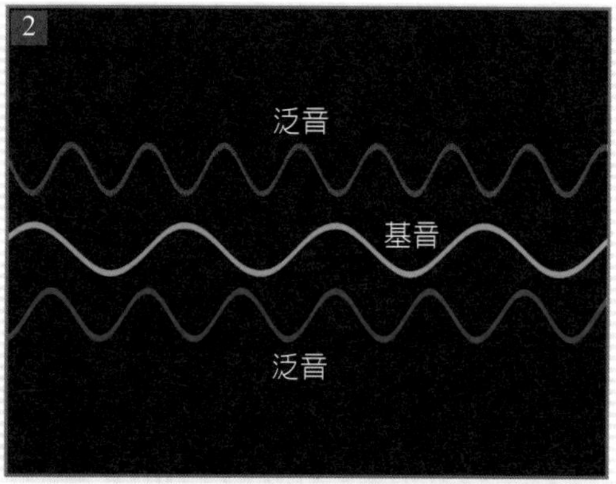

1. 當小提琴拉出一個音時，發出的並不是單一頻率的聲波，而是由數個不同頻率的聲波組合而成。例如圖中樂器發出的音，是由頻率A、頻率B以及主頻率這三種聲波所組成。
2. 其中頻率最低的是主頻率，又稱基音。頻率A與頻率B的頻率恰為主頻率的整數倍，又稱泛音。

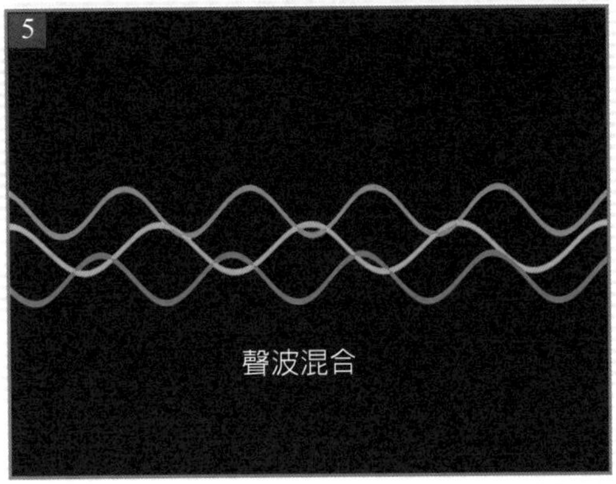

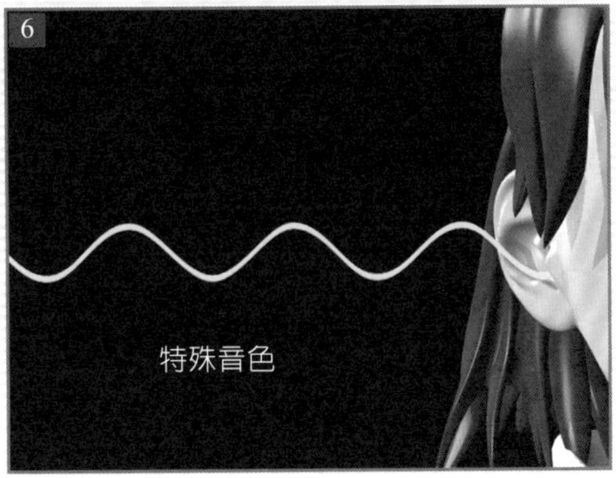

3. 這三個頻率的聲波會進行混合。
4. 形成頻率與主頻率相同、但波形具有特色的聲波。

不同樂器即使彈奏同一個音，雖然基音相同，
但因各自含有不同數目與不同波形的泛音，
使得混合後的波形不同，音色就不相同。

動畫13-5：聲波的共振實驗

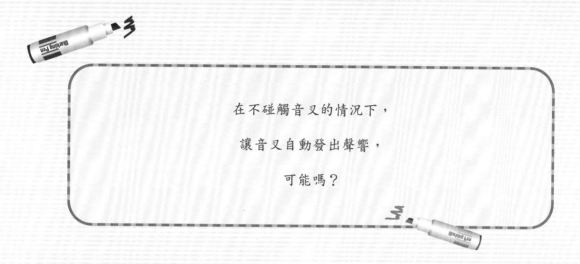

在不碰觸音叉的情況下，

讓音叉自動發出聲響，

可能嗎？

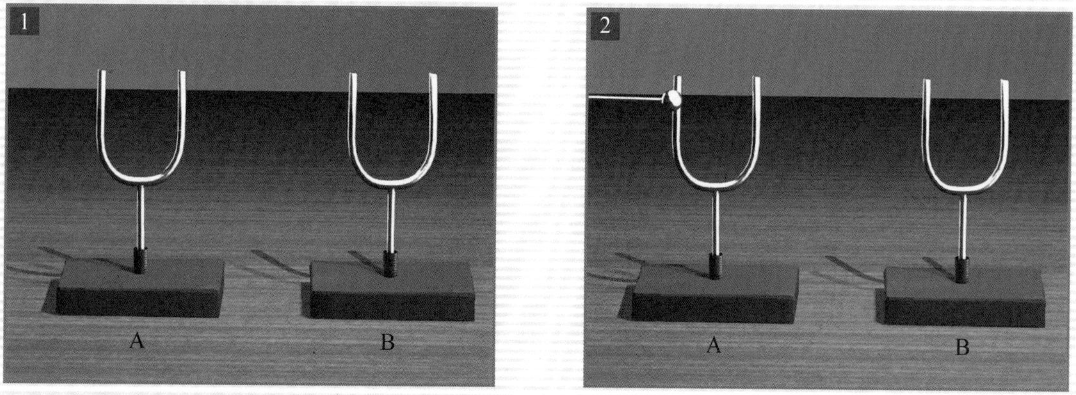

1. 一開始，兩個音叉都沒有發出聲音。
2. 敲打A音叉，讓它發出聲音。

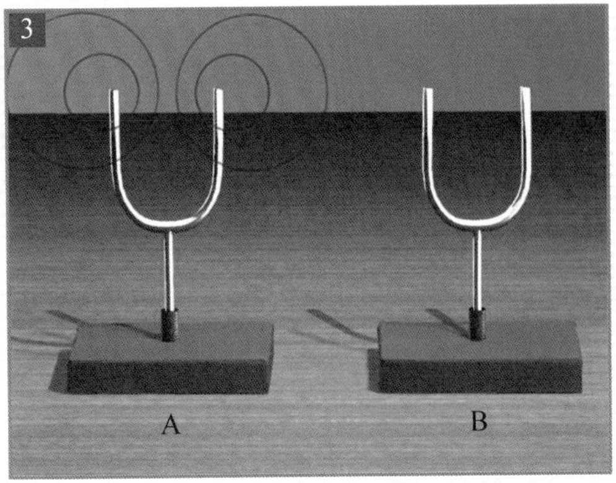

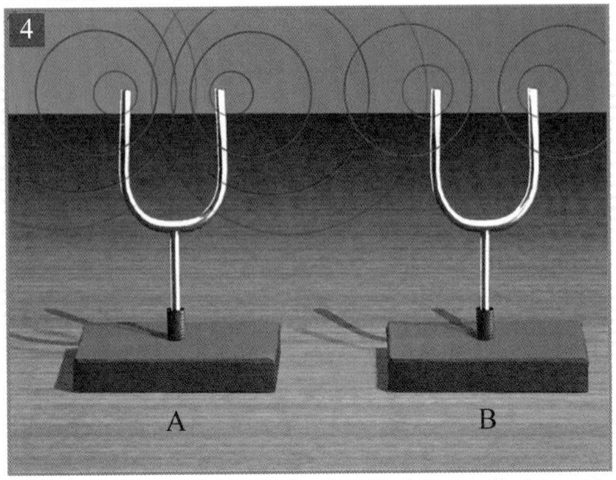

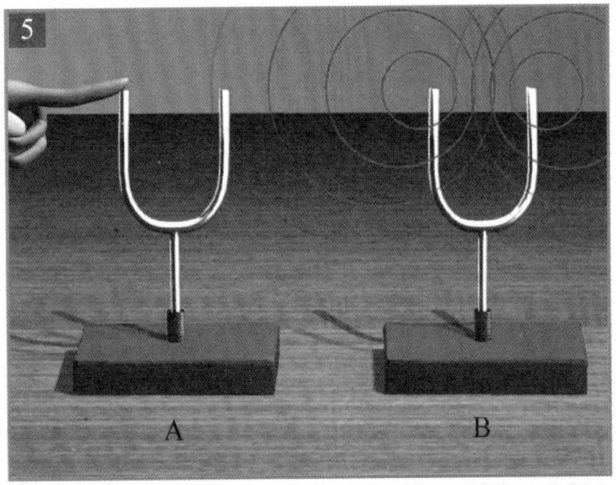

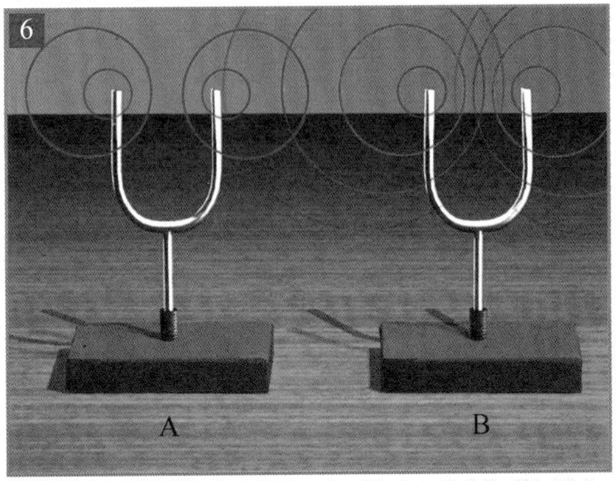

3. A音叉的聲波會漸漸擴散。

4. 不久，B音叉也發出了聲音。

5. 用手指按住A音叉，讓它不再振動，因而安靜無聲。

6. 把手指拿開後，因受B音叉影響，不久，A音叉又再度發出聲音。

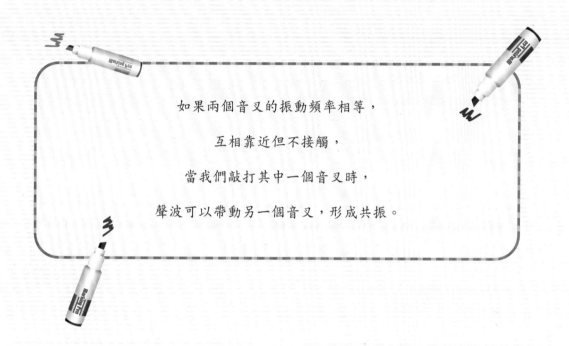

如果兩個音叉的振動頻率相等，

互相靠近但不接觸，

當我們敲打其中一個音叉時，

聲波可以帶動另一個音叉，形成共振。

動畫13-6：噪音的防制

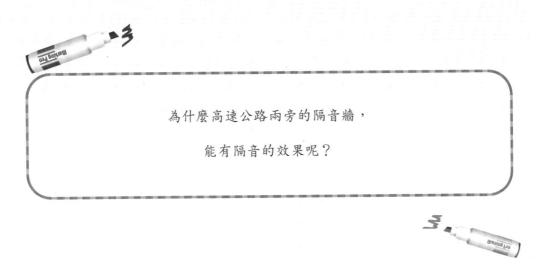

為什麼高速公路兩旁的隔音牆，

能有隔音的效果呢？

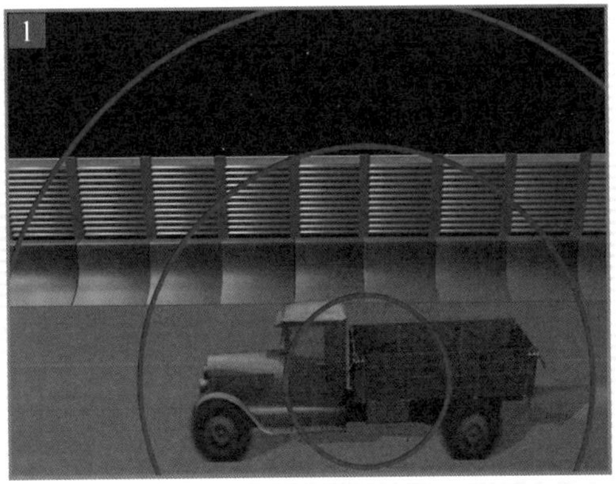

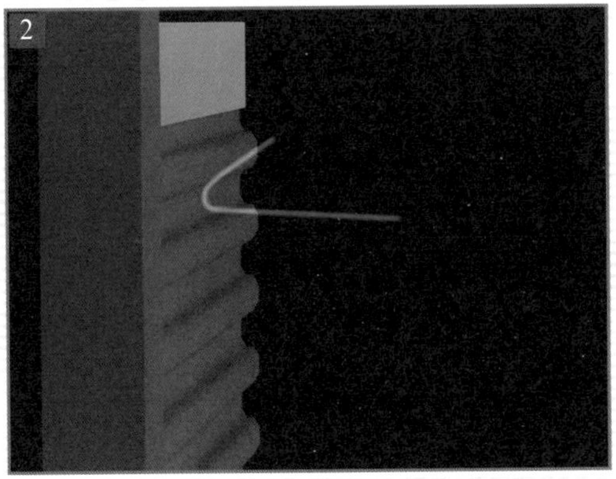

1. 大卡車發出的噪音，常會干擾公路旁的住戶的安寧，還好有隔音牆可以阻絕噪音。
2. 隔音牆把噪音反射到高空。

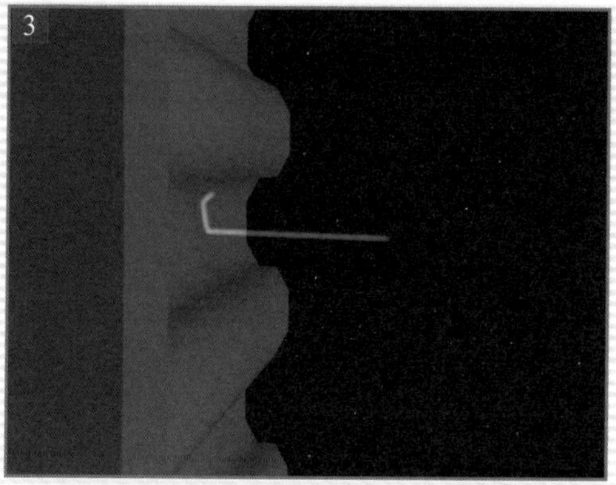

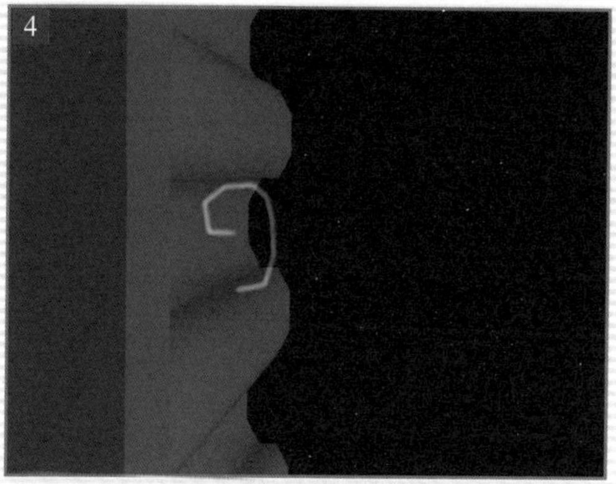

3. 如果牆面凹處的弧度設計得很好，有些聲波會在牆面反覆反射。
4. 一再反射後，能量會耗盡。

噪音在碰觸到隔音板後，由於隔音板表面凹凸起伏，

會把聲波反射到高空或反射回車道，甚至在牆面凹處反覆反射，

直到能量耗盡，以此減少噪音的危害。

動動手・動動腦

先動手

器材：5個一模一樣的細口空玻璃瓶、不鏽鋼筷子

步驟：

1. 在5個空瓶中各裝入體積不等的水，水位大約分別占瓶高的六分之一、六分之二……六分之五。
2. 用不鏽鋼筷子輕輕敲5個瓶子，注意傾聽各個瓶子發出的聲音有什麼不同。
3. 在瓶口輕輕吹氣，注意傾聽各個瓶子發出的聲音有什麼不同。

再動腦

1. 用筷子敲擊時，裝有較多水的瓶子，音調會較高或較低？為什麼？
2. 用口吹氣時，裝有較多水的瓶子，音調會較高或較低？為什麼？
3. 其他樂器要如何調整音調的高低？

再動腦參考答案

1. 用筷子敲擊時，裝有較多水的瓶子，發出的音調低。因爲筷子敲擊會使瓶中的水產生振動，振動的水柱愈長，音調愈低。
2. 吹氣時，裝有較多水的瓶子，發出的音調高。因爲吹氣造成空氣振動，而振動的空氣柱愈短，音調愈高。
3. 通常樂器振動的部分（絃或管）愈細、愈短、愈緊繃，發出的音調愈高；反之愈粗、愈長、愈鬆弛，發出的音調愈低。

第14章

雷射舞會

——光

舞會中，隨著衆人恣意的舞步，
雷射光也幻化出耀眼的光束，
甚至可以打出各種圖案與字體。
據說雷射光束可以直射到月球，
也不會散開成太大的面積。
從地球到月球的這段漫長旅程，光要走多久？
除了打出絢爛的光芒與圖樣，雷射光還有好多用途呢！

阿里山的日出名聞遐邇，黎明的第一道曙光穿過層層雲海，瞬間灑向美麗大地，神聖又充滿希望！雄偉浩瀚的山川、波光粼粼的湖景，都是拜光之賜，才得以映入眼簾。

14-1 光是什麼？

光究竟是什麼呢？是像子彈般一顆顆的粒子，還是像聲音一樣是一種波？

人類研究光已經好幾千年了。在柏拉圖（Plato，西元前427-347）的《理想國》一書中，即假借蘇格拉底之口，說出人要能視物，必須靠日光。歐幾里得（Euclid，約西元前330-260）已經知道光線遇到障礙物時所遵守的反射定律（見第15章〈哈哈鏡〉）。

到了十七世紀，牛頓提出光由一束有彈性的微小粒子所組成，這些小粒子由發光體發出，進行直線運動，可穿過透明物質，如果遇到不透明的物質，就會被反射或吸收。可是荷蘭的科學家惠更斯（Christiaan Huygens, 1629-1695）可不這麼想，他認爲光是「波」而不是粒子，所以兩道光交會後，才會又朝各自的方向前進；如果是光是粒子的話，光粒子之間會產生碰撞，改變光交會後的前進方向。

在當時，牛頓的粒子說較占上風，但到了十九世紀以後，某些實驗證實光的確有波動的性質，因此科學家也接受光的波動理論。研究至今，現代科學家已經同意光同時擁有「粒子」與「波動」的雙重特性，如果堅持光是粒子或光是波動，都像瞎子摸象一樣，只抱到象的一條腿，就以爲摸到全部的象了。

我們可以看到物體，是因爲照到物體上的光反射入眼睛；而在黑暗中會伸手不見五指，也是因爲眼睛感受不到物體反射出的光。日常生活當中最常見、同時也最重要的光源是太陽光，它幾乎包含所有波長的光，不過人類只看得到其中的一小部分。眼睛看得到的光，稱爲「可見光」（波長在390×10^{-7}～740×10^{-7}公分）。

太陽光是連續的波譜，從無線電波、微波一直延伸到X射線、加瑪射線，範圍廣泛。眼睛看得到頻率最低的光爲紅光，頻率最高的光是紫光。頻率比紅光更低一些的光就是紅外線，頻率比紫光更高一些的光就是紫外線（動畫的定格解說見第88頁的「看動畫·學理化」），太陽會把人曬黑，就是紫外線惹的禍。

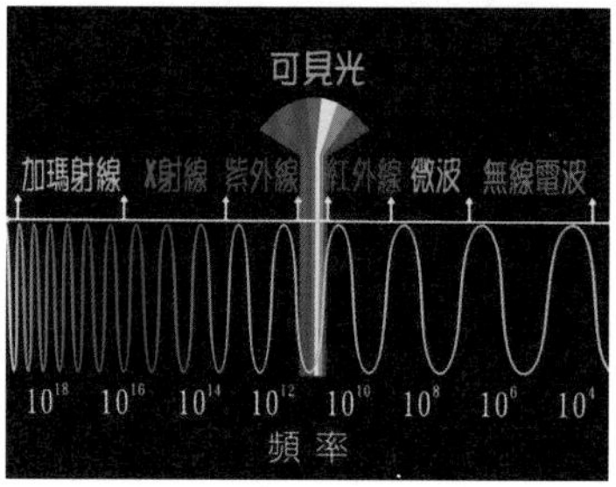

▲光碟動畫〈雷射舞會〉
光譜

14-2 光的直線傳播

既然光也有波動的特性，那麼光的傳播是否與聲音的傳播相同？聲音的傳播需要藉由介質才能傳遞（見第13章〈音響館〉），但是光不一樣，光即使不透過介質也能傳遞，在眞空中可以通行無阻。因爲光可以在眞空中傳播，無數星球發出的光，才能穿越無垠的浩瀚太空，閃耀夜空；而太陽光才可以照亮地球，維繫生物的生命。

光也可以在空氣、水或玻璃等物質中傳播，而且在不同介質裡的傳播速度各不相同。但是，光無論在眞空中或是在均勻的介質中，行進路徑都是直線的。光的這個性質，可以用來檢查物體是否平直，例如排縱隊時，你如果看得到你前面第二個人的頭，那就是隊伍歪了。

光在直線傳播的過程中，遇到障礙物無法繼續前進時，會形成陰影。仔細觀察影子，你會發現，並不是所有影子的性質都一

▲光碟動畫〈雷射舞會〉
本影與半影

樣，而是某些區域的顏色會較深，某些區域的顏色會較淡。影子可分爲本影與半影，本影是光線完全無法到達的區域，通常位於不透明體的正後方，就是顏色最深的影子；半影是光線可部分到達的區域，顏色比本影淡（見第90頁的「看動畫・學理化」）。

日食與月食

影子也是許多自然現象的成因，日食與月食，就是最佳例證。地球繞著太陽轉，月球繞著地球轉，當月球運行到太陽與地球之間，月球的陰影會投射到地表，這時籠罩在月球陰影下的區域，都會看到日食。在月球本影內的人，完全看不到太陽，這種情形就是「日全食」，而在半影內的人只看到一部分的太陽，形成「日偏食」（見第93頁的「看動畫・學理化」）。

▲光碟動畫〈雷射舞會〉
日全食與日偏食

當地球運轉至太陽與月球之間，此時如果月球進入地球的本影範圍，就會發生「月全食」；如果月球進入地球的半影，會發生「月偏食」。

14-3 光速的測定

打雷時，我們都是先看到閃電才聽到雷聲，顯示光的速度比聲音快。光速到底有多快呢？科學家曾嘗試用各種不同的方法來測量光速，可惜不是失敗，就是誤差太大。直到1926年，才由美國的物理學家邁克生（Albert Michelson, 1852-1931），以設計精巧的實驗測定出光速。

邁克生設計了一個可以高速旋轉的八面鏡。在實驗開始之前，邁克生在八面鏡靜止的狀態下，先用強光對準八面鏡，並調整角度，使這束強光能從八面鏡上反射到35公里外靜止的凹面鏡上，再反射回八面鏡，並反射到觀測者的眼中。

由於只有在正確的角度時（正好轉動1／8圈的整數倍），八面鏡發射出的光源才能反射回觀測者的眼中，八面鏡轉太多或太少都不行。所以在正式開始實驗時，邁克生調整轉速到讓閃光進入觀測者眼中時，他就知道八面鏡旋轉1／8圈的時間，光線走了35×2＝70公里的距離，只要把距離除以時間，就可算出光速。假設邁克生所用的轉動馬達輸出轉速爲32,100圈／分，則每秒轉32,100÷60＝535圈，所以每圈需1／535秒，轉1／8圈需（1／535）×（1／8）＝1／4,280秒，也就是光在1／4,280秒內可走70公里。邁克生根據實驗，測得光速爲299,796公里／秒，爲了方便，常記爲300,000公里／秒（見第98頁的「看動畫・學理化」）。

▲光碟動畫〈雷射舞會〉
光速的測定實驗

光速是如此的快，光每秒約可繞地球7圈半，從地球到月球只要短短的1.3秒，從台北到高雄更是1／1,000秒即可到達！

光除了在眞空中行進，也可以透過介質傳遞。不過，光如果在介質中傳遞，速度會受介質種類的影響。光在眞空中速度最快，在介質中較慢，由快至慢排列依序爲眞空中＞空氣中＞水中＞玻璃中。

14-4 五彩繽紛的顏色與光

牛頓是第一個以科學態度，有系統研究光的顏色的人。他利用三稜鏡完成光的分解，同時也開創人類研究色彩學的新領域與新紀元。

牛頓從實驗發現，太陽光通過三稜鏡後，會投射出長條的色

▲圖14-1

三稜鏡可以把白光分解成七彩的色光。

帶，顏色依序爲紅、橙、黃、綠、藍、靛、紫，證明太陽光是由這些色光組成的。

牛頓用三稜鏡產生分光光譜後，再用另一個三稜鏡，把各種色光合成爲白光。經由這個實驗，牛頓瞭解到如果混合光譜中所有的顏色，就會產生白光，換句話說，白光不是一種顏色，而是所有色光的混合。

那麼黑色呢？黑色是不是一種顏色？其實以物理學的角度而言，黑色並不算是顏色的一種，黑色物體吸收所有可見光後，才顯現出黑色。

太陽光中包含稱爲可見光的紅、橙、黃、綠、藍、靛、紫等數種色光。除了可見光之外，太陽光還包含許多其他頻率的光。其中，頻率比可見光大、且緊接紫光的光波稱爲紫外線；頻率比可見光小，恰在紅光外的光波稱爲紅外線。

紫外線是高頻率的波，太陽光裡的紫外線會曬傷皮膚。氣象預報常報導紫外線指數（UVI），就是讓我們知道當天紫外線的強度，以便外出時做好防護措施。紫外線指數分爲15級，7級即表示紫外線過量，10級以上表示危險。紫外線的能量高，若善加利用，可用來殺菌。當陽光普照時，把棉被拿出來曬，可以去潮溼又殺菌。

紅外線也稱爲熱線，凡是高溫的物體都會輻射出紅外線。軍事用的熱感應器，就是感應物體反射出的紅外線。裝有熱感應器的飛彈，發射後會自動搜尋敵人的飛機、坦克，因爲敵機或坦克引擎會因高溫而輻射大量的紅外線，即使敵機閃躲，飛彈也會追蹤引擎噴出的熱氣。此外，夜間作戰往往因視線不良而不容易發覺潛伏或僞裝的敵人，但戴上夜視鏡則可在黑暗中辨識敵蹤，因爲人體的溫度比附近環境高，會輻射大量紅外線，經由夜視鏡即可輕易辨識。

14-5 雷射

你參加過雷射舞會嗎？你看過慶典時射向天空的雷射光束嗎？你看過老師上課時使用雷射筆來指示銀幕上的重點嗎？你聽過有人用雷射爲眼睛動手術嗎？你用過雷射印表機、聽過雷射唱片嗎？雷射究竟是什麼，爲什麼有這麼多用途？

雷射是單一頻率、單一振幅、方向平行的光線。由於雷射是單一頻率的單色光，所以在美容上有極大的用途。例如，黑色素（痣、深色斑點等）對波長694 nm的雷射光吸收相當良好（1 nm＝1×10^{-9} m，俗稱1奈米）。因此，如果用波長694 nm的紅寶石雷射治療黑斑，紅寶石雷射的雷射光束與黑斑內的黑色素作用後，黑色素便會瞬間吸收大能量而汽化，但四周的血管、血球由於與紅寶石雷射光束的作用不強，不會受到波及。所以只要根據皮膚組織選擇適合的雷射，調整好適當的能量，就能夠精準去除不要的斑點。

雷射光束可以聚集在直徑僅0.001公釐的小點，在光碟上把資料寫得很密，雷射光也可以輕易讀取，因此小小一片光碟可以儲存驚人的資料。利用同樣的性質，使雷射印表機印出的文件細緻又精美，雷射印表機的原理與影印機很類似，雷射光照射在感光鼓上，產生電荷吸引碳粉，再用高溫把碳粉固定在紙上。

雷射光方向平行，即使從地面射到月亮，光束也沒有明顯的發散現象，所以適合用來測量距離。直徑1公釐的雷射光，射到1公里外的距離後，直徑大約是10公分。利用這個特性來取締違規超速的車輛，可以減少爭議。一般而言，告發超速車輛最易受到的挑戰，就是如何確認違規車輛。在多車道公路上兩車以上並行時，如果警員用傳統的雷達測速法，雖然可以測得超速的事實，但是卻無法明確認定是哪一部車輛違規。原因在於雷達波發射錐角度約在10至20度間，可能涵蓋數部並行的車輛，而雷射波發射錐角度只有不到十分之一度，因此以雷射測速可以明確認定受測目標，據以告發。雷射狹窄光束使得兩車被同時偵測到的機會幾乎等於零。

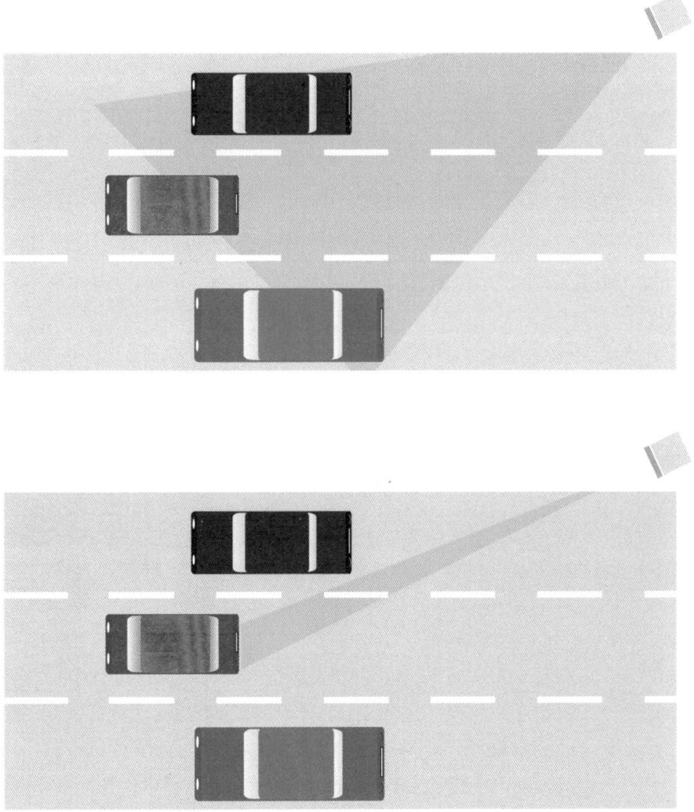

圖14-2 ▶
雷達波發射錐的角度大，雖然可以偵測出有無車輛超速，但往往無法精確指出是哪一部車輛超速（上圖）。
雷射波發射錐的角度小，可以明確偵測出超速的那一輛車子（下圖）。

看動畫・學理化

動畫14-1：光譜

白光是由什麼所構成的呢？其實它是所有色光的混合。

看看以下的光譜，就可以解開白光的神祕面紗。

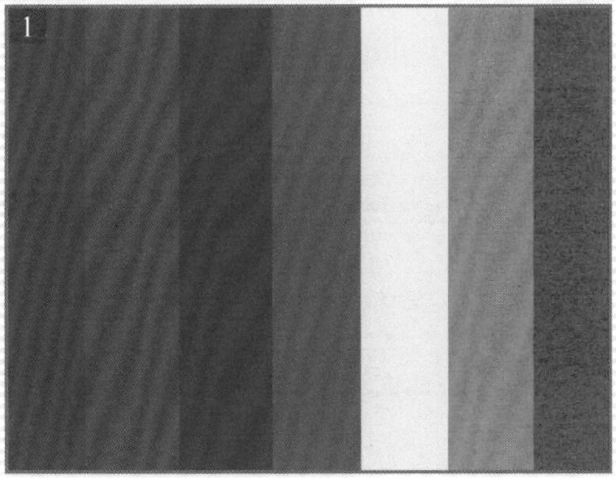

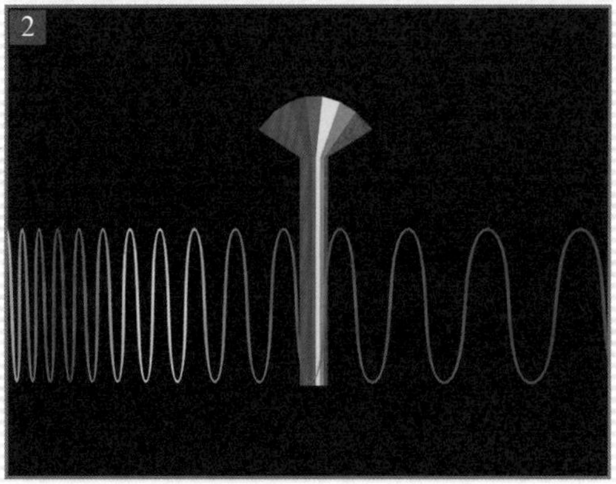

1. 可見光中是由彩虹的顏色：紅、橙、黃、綠、藍、靛、紫組成的。
2. 這些光會有不同的顏色，是因為頻率不同的緣故。

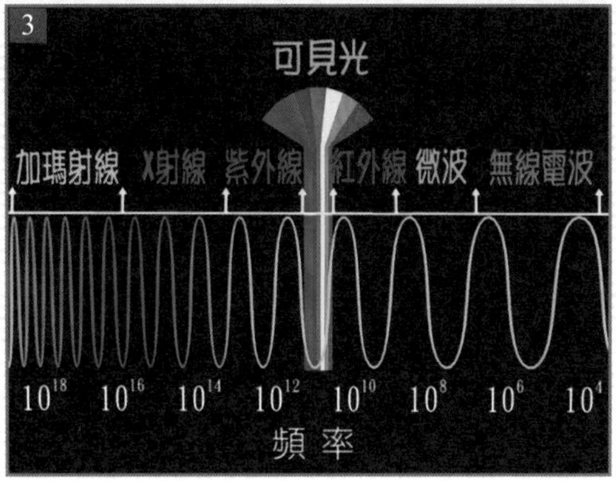

3. 我們的眼睛看不到頻率比可見光高的光，這些包括 γ 射線、X射線、紫外線等電磁波；而頻率比可見光低的光，我們的眼睛同樣看不到，這些包括：紅外線、微波以及無線電波等電磁波。

光是由一系列頻率不同的波組成的，

我們的眼睛看得到的可見光，只是其中的一小部分。

紫外線、紅外線等波，雖然人眼無法看見，但也是光的一種。

動畫14-2：本影與半影

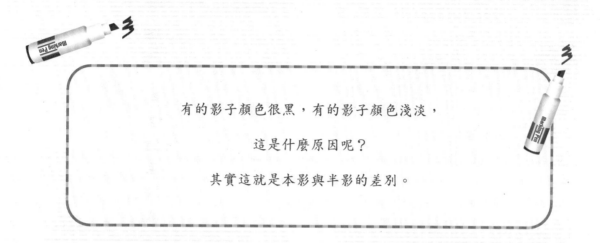

有的影子顏色很黑，有的影子顏色淺淡，

這是什麼原因呢？

其實這就是本影與半影的差別。

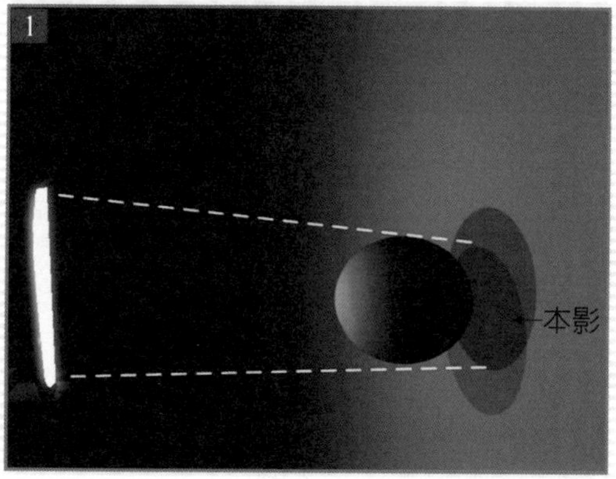

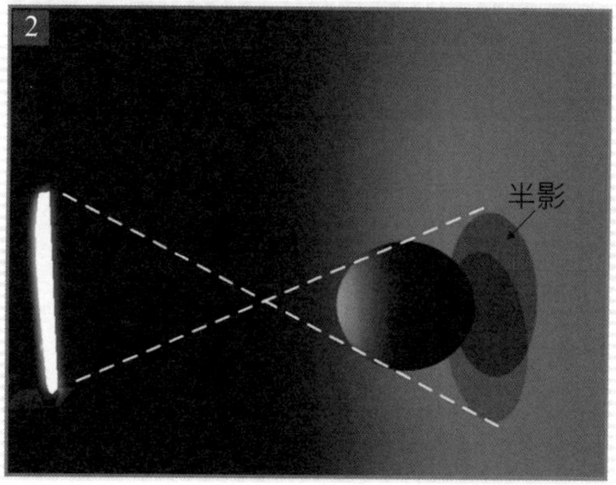

1. 本影是在物體後方，光線完全照射不到的區域，圖中一片漆黑之處就是本影。
2. 半影是在物體後方，只有部分光線照到的區域，圖中位於本影的周邊，顏色較淡之處就是半影。

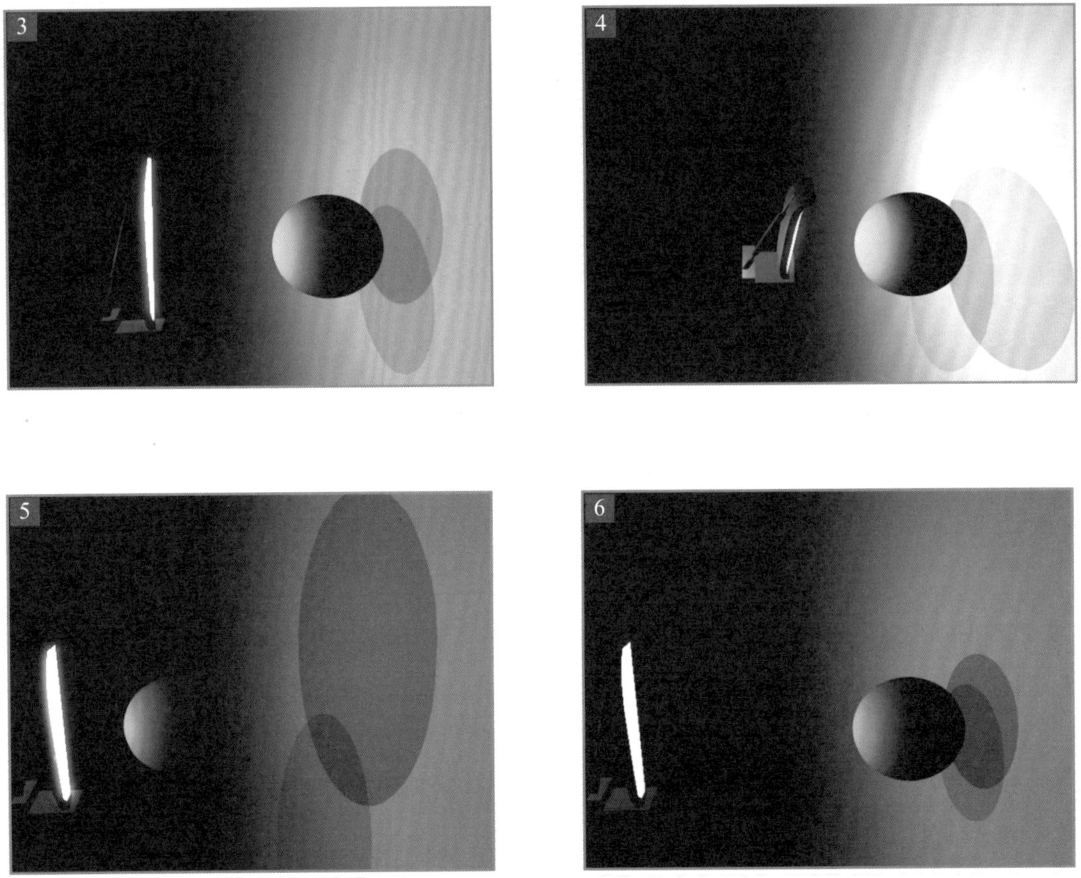

3～6. 從圖3到圖6可以看出，當光源移動時，影的大小會跟著改變。

本影是在物體後方，光線完全照射不到的區域，

半影是在物體後方，只有部分光線照到的區域。

動畫14-3：日全食與日偏食

為什麼會發生日全食與日偏食呢？

這是因為月球遮住了太陽光的緣故，

讓地球上的本影區與半影區的人，

分別看到了日全食與日偏食的現象。

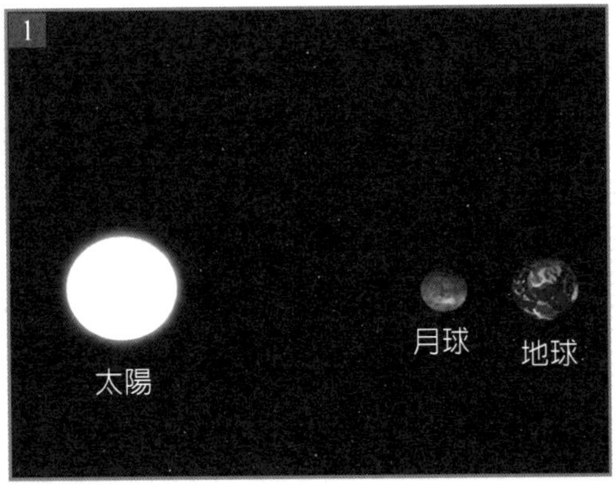

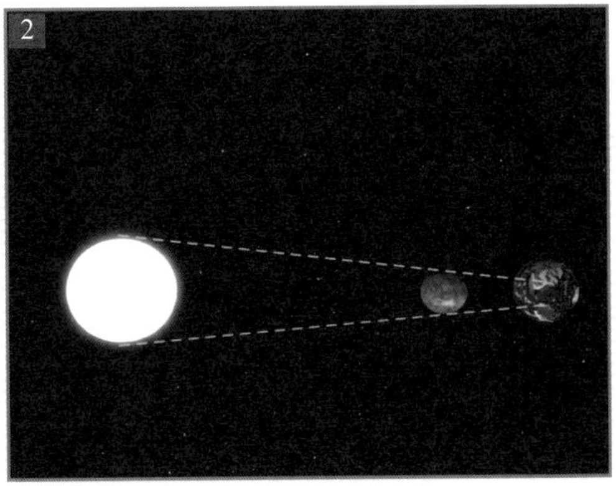

1. 當月球走到太陽與地球中間時，月球遮住了陽光，
2. 在月球後方形成了本影區與半影區，陽光完全照不到的區域稱為本影區。

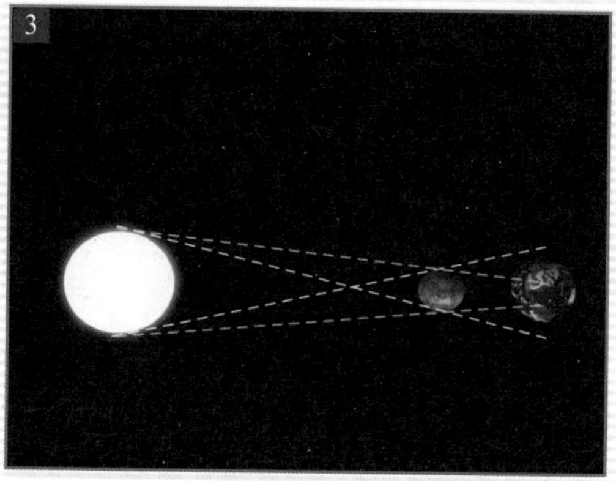

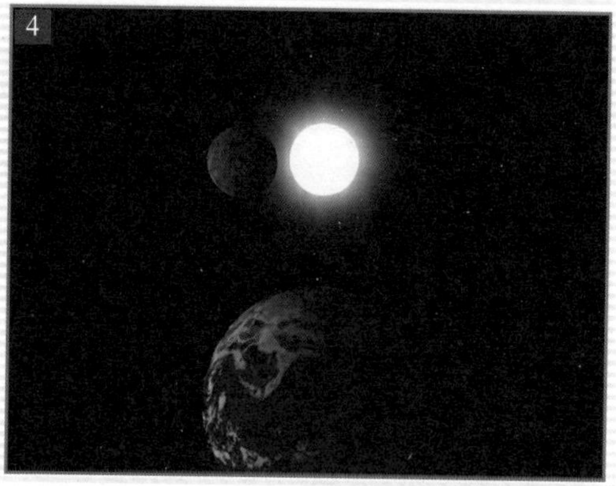

3. 只能照射到部分陽光的區域稱為半影區。
4. 月球會運轉到地球與太陽的中間。
5. 此時本影區的人，看到的太陽，被月球遮住了一部分。
6. 太陽逐漸被月球的黑影遮住。

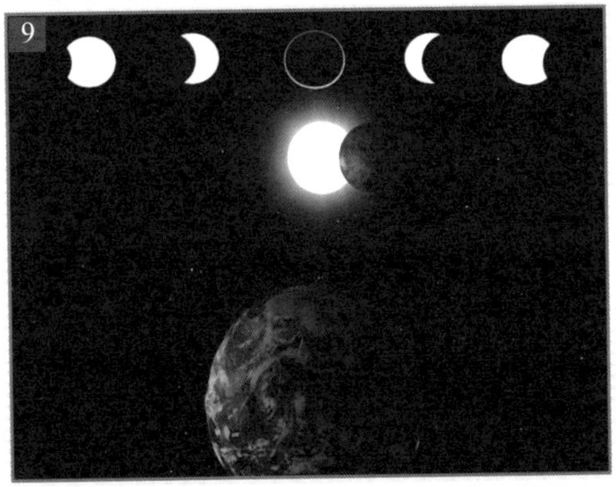

7. 當月球遮住太陽，只露出太陽外緣的光芒，這就是日全食的影像。
8. 月球逐漸離開，太陽又漸漸恢復完整。
9. 畫面上方是我們看到的影像，難怪古人會以為天狗把太陽吃掉了。
10. 相同的情況，會使在半影區的人看到月球的黑影遮住一部分的太陽，產生日偏食。

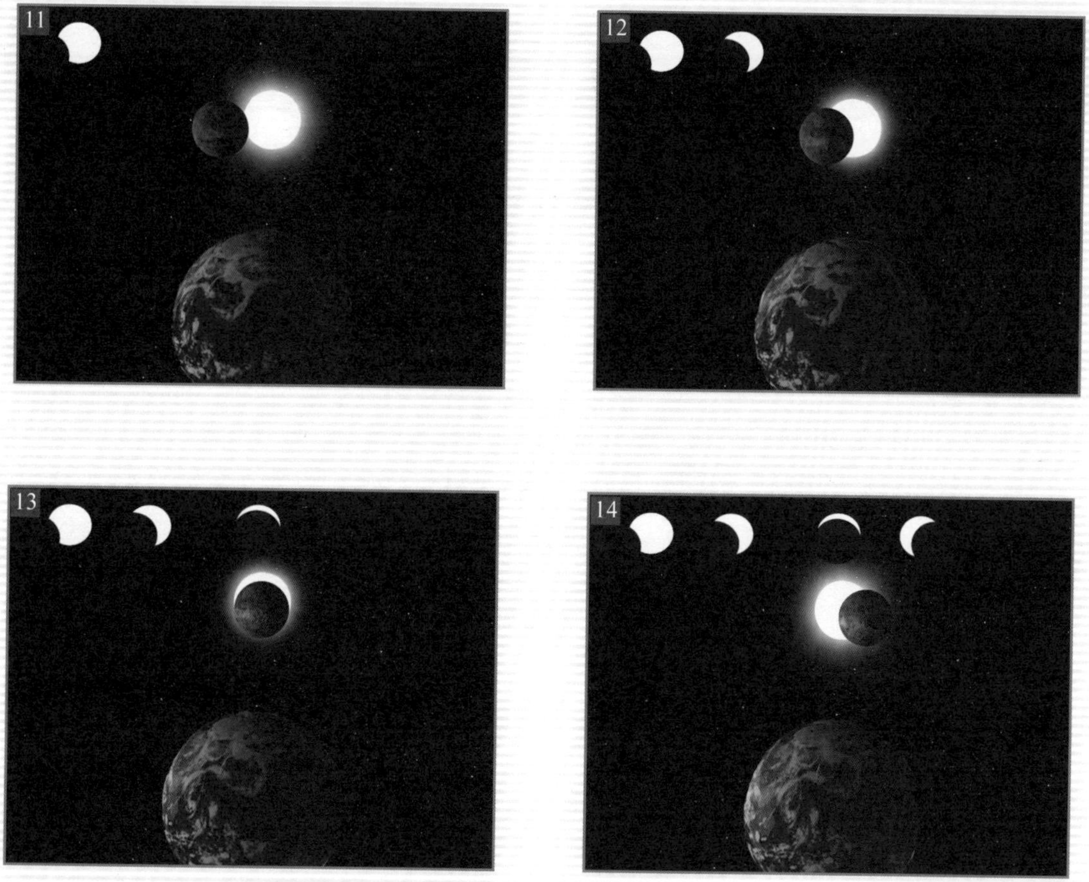

11～14. 在半影區的人所看到日偏食的情況。

當月球走到地球與太陽中間時，

位於本影區的人，

會看到太陽完全被月球遮住，

這就是日全食；

位於半影區的人，

看到太陽的一部分被月球遮住，

這就是日偏食。

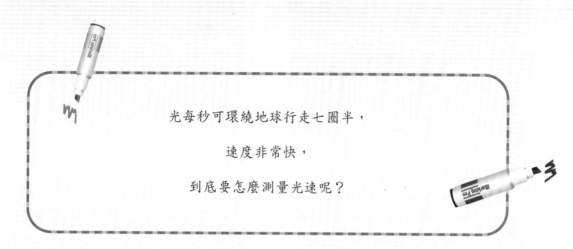

動畫14-4：光速的測定實驗

光每秒可環繞地球行走七圈半，

速度非常快，

到底要怎麼測量光速呢？

1. 這是模擬邁克生測量光速所用的方法。畫面中央是一個可轉動的八面反光鏡，底下的手電筒是光源，畫面的上方有一位觀測者。
2. 從光源發射的光射到八面鏡其中一面，反射出去。

3. 光線前進到35公里外的凹面鏡後，再反射回來。
4. 如果八面鏡轉動的角度太大，由凹面鏡反射回來的光線，會被八面鏡反射到其他方向，無法進入觀測者眼睛。
5. 如果八面鏡轉動的角度太小，由凹面鏡反射回來的光線，也會被八面鏡反射到其他方向，無法進入觀測者眼睛。
6. 只有當八面鏡正好轉動1／8圈的整數倍時，才能把八面鏡折射出的光源，不偏不倚的反射回觀測者的眼中。

當邁克生把轉速調整到可以讓閃光進入觀測者眼睛時，

他就知道八面鏡旋轉1／8圈整數倍的時間，

讓光線走了70公里的距離。

最後邁克生只要把距離除以時間，

就可以計算出光速，

他所計算出的光速約每秒29萬9千公里。

動動手・動動腦

先動手

器材：不透明橡皮水管一段（至少1公尺以上）、手電筒1個、朋友1名

步驟：

1. 把橡皮水管弄彎，請朋友持手電筒把光線由水管一頭射入，你本人的眼睛靠近水管的另一頭，你是否能看到手電筒的光線？
2. 把彎曲的水管逐漸拉直，現在是否能看到手電筒的光線？

再動腦

1. 水管彎曲時，你能看到手電筒的光線嗎？爲什麼？
2. 水管拉直時，你能看到手電筒的光線嗎？爲什麼？
3. 由以上兩個問題的答案，你能解釋潛水艇的船員，爲何透過潛望鏡可以看到水面上的船隻嗎？（如果你目前還回答不出這個問題，可等研讀完第15章〈哈哈鏡〉後再回答。）
4. 在活動注意事項中提到不能直視太陽，爲什麼？

注意

絕不能用拉直的水管直視太陽。

再動腦參考答案

1. 光在均勻介質中不能彎曲。
2. 光在均勻介質中以直線前進。
3. 潛望鏡是曲折的，所以要借助轉角處的平面鏡，才能把水面上的光線反射至水底下觀察者的眼中。
4. 太陽光的亮度大，而且含有大量的紫外線，直接射入眼睛的話，對眼球中的視神經細胞，傷害很大。

第 15 章

哈哈鏡

── 光學儀器

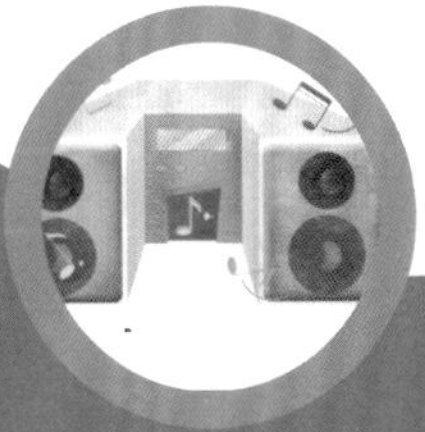

站在哈哈鏡前，

每個人的身材都會變得很可笑，

忽而變成瘦長的高個兒，忽而變成肥短的矮胖子，

哈哈鏡究竟對我們施了什麼魔法？

咦？哈哈鏡的身材也很可笑，

有的凹，有的凸，

這是哈哈鏡有魔法的祕密嗎？

數數看，你一天要照幾次鏡子？你認識的朋友有多少人戴近視眼鏡？有多少人戴遠視眼鏡？長輩中有多少人要戴老花眼鏡？到野外賞鳥，夜晚觀星，都需要望遠鏡。生物課觀察細胞，需要顯微鏡。這些東西都是光學儀器，它們的運作原理都與光的性質有關。

15-1 光的反射與平面鏡

當光線行進到兩種不同介質的交界處時，如果有部分光線折返回原來的介質中，這個現象稱爲反射。我們能從鏡子裡看見自己，是光線反射的結果；金、銀等金屬會閃閃發亮，也是光線反射造成的。

光線的反射，與拍皮球的狀況很類似。垂直拍球時，球會從地面上垂直彈起；如果球斜向落地，會向另一方向斜向彈起。在地面上平放一面鏡子，鏡子對光的反射，就像地面對球的反彈一樣。爲了找出光線反射的法則，我們可以想像有一條與地上鏡面垂直的線，稱爲法線。光的入射線與法線所夾的角度（即入射角），必等於反射線與法線所夾的角度（即反射角），且入射線、法線與反射線必在同一個平面上，這稱爲反射定律。

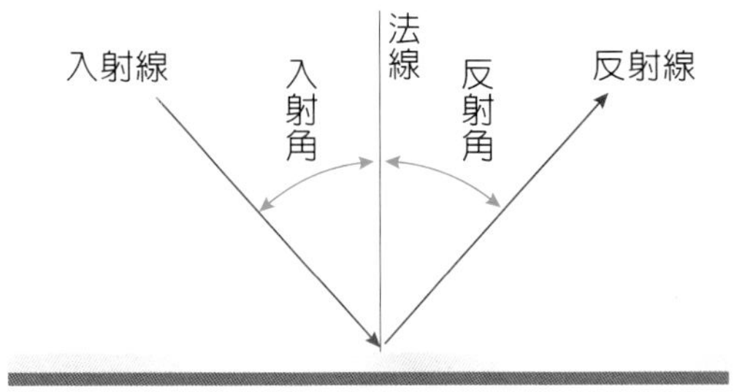

圖15-1 ▶
光線照射到鏡子，會產生反射。圖中與鏡面垂直的線稱為法線，入射線與法線的夾角，等於反射線與法線的夾角。

平行光遇到表面平滑的物體（如平面鏡）產生反射時，入射角等於反射角，而且反射後，每條光線仍互相平行，這種反射稱為單向反射。如果反射面凹凸不平，各法線互相不平行，雖然每一道光的入射角仍等於反射角，但是反射光四處分散，這種反射稱為漫射。

平面鏡成像

我們在牆上掛一面平面鏡，並在平面鏡前放一盞燈。經過鏡面的反射後，我們會看到鏡子裡好像有一盞燈，也在散發著光線，可是鏡子背後明明是不透光的牆壁啊！平面鏡的背後那一盞燈，稱為虛像，因為實際上並沒有光線來自我們看到的像。

平面鏡中的虛像與實際物體的大小完全一樣，且鏡面到物體的距離（稱為物距），與虛像到鏡面的距離（稱為像距）一定會相等。或者你也可以站在平面鏡前，看看你自己的虛像。當你站在鏡前舉起左手時，鏡中的你舉起的是右手；當你向鏡面前進，鏡中人亦向鏡面前進；你向右移動，鏡中的你向左移動。這些鏡裡鏡外的物體與虛像大小完全相等，只是左右恰好相反（動畫的定格解說，見第121頁的「看動畫．學理化」）。

▲光碟動畫〈哈哈鏡〉
平面鏡的成像實驗

服裝店中常備有平面鏡，供客人試穿衣服使用，這些平面鏡必須能使客人看到自己的全身。假設某人的身高為h公分，想要站在平面鏡前看到全身的像時，鏡面長度應多少？

假設AB代表客人的身高，ab代表虛像高度，E代表眼睛的位置，e代表虛像眼睛位置，鏡面長度為CD（見下一頁的動畫圖解）。客人要透過平面鏡看到全身的條件是：腳底B點的光線可反射至E，且頭頂A點的光線也反射至E時。因為光是直線行進，所以從眼睛E經過鏡子的C點到鏡後的a點，是一直線；同樣的，E點、D點、b點也成一直線。物與像互相對應的兩點，例如A與a、E與e、B與b，它們之間的連線必與鏡面CD垂直。

根據前述，平面鏡的物距等於像距，所以C、D分別爲線段Ea、Eb的中點，再依據等腰三角形原理，$CD = \frac{1}{2}ab = \frac{1}{2}AB$，所以鏡面的長度須爲身高的$\frac{1}{2}$。

依照反射定律，鏡子最高點C位於爲AE高度的一半，同理可知鏡子最低點D位於在EB高度的一半。所以要看到全身時，鏡長至少要爲客人身高的一半，也就是$\frac{1}{2}h$，且鏡子最高點在頭頂與眼之間的中點，鏡子最低點在眼睛與腳底之間的中點（動畫的定格解說，見第124頁的「看動畫．學理化」）。

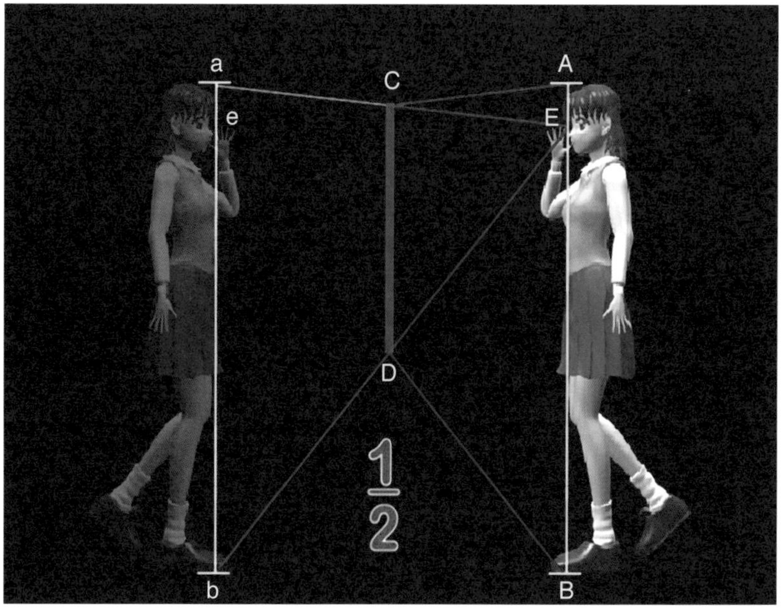

光碟動畫〈哈哈鏡〉▶
平面鏡照全身實驗

Question 想一想

1. 如果你的身高180公分，眼高170公分，你想要買一面鏡子，希望能一次看到自己的全身。那麼應該要買多長的平面鏡呢？
2. 有朋友看了上一題的問題後說：「何必傷腦筋，如果鏡子太小，看不到全身，只要我向後退，讓像變小，不就可以看到全身了嗎？」你認為，他說的對嗎？

Answer 參考答案

1. 只要買身高的一半長度——90公分長的鏡子，就可以看到全身。但掛鏡子時，要把鏡子的最高點掛在頭頂與眼睛的中間高度——175公分處。
2. 不對，平面鏡的像長等於物長，並不因靠近或遠離鏡面而改變像的大小，所以要在鏡中看到自己的全身，鏡長至少要有身高的一半。

15-2 凸面鏡與凹面鏡

如果鏡面有凹凸變化的話，那麼成像效果會不同嗎？

鏡面如果凸起，屬於凸面鏡，物體置於凸面鏡前，會生成正立縮小的虛像，而且從凸面鏡看到的景象範圍，比平面鏡來得大。汽車的後視鏡、彎道上映出對向來車的鏡子，這些需要擴大視野的地方，都會用到凸面鏡。

鏡面內凹的凹面鏡，可以把平行光線聚集在一點上。你若把平行的光線射入凹面鏡，會發現經鏡面反射後，光線在鏡前聚焦，聚焦的這個點稱爲焦點。而如果反過來，把光源放在焦點，凹面鏡會把光線平行射出。

把手電筒拆開，可以看到燈泡置於凹形反光罩的焦點。這就是利用凹面鏡的特性，把從焦點發散的光線平行射出，增長手電筒光線的射程（見第127頁的「看動畫．學理化」）。

耳鼻喉科醫生戴在頭上的反射鏡也是凹面鏡，可以聚集光線、加強照射亮度，利於醫生檢查病患的上呼吸道。奧運聖火在希臘點燃時，也是利用凹面鏡把陽光聚集在焦點處，以點燃聖火。

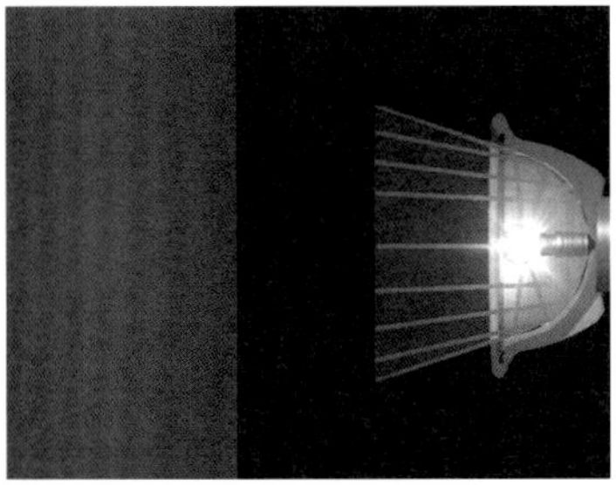

▲光碟動畫〈哈哈鏡〉

凹面鏡反射原理及焦點實驗

鏡的組合

如果同一面鏡子，部分是凹面，部分是凸面，這樣將使物體在鏡子裡，呈現出不規則的放大、縮小虛像，這就是遊樂場裡哈哈鏡的原理。

若把兩個平面鏡平行、面對面放置，置於這兩面鏡子之間的任何物體，都會產生無限多個虛像。若把兩平面鏡以90°垂直放置，會形成3個像；以60°的夾角放置時可形成5個像，這些都是因光線多次反射所造成的。善用平面鏡的多次反射，可造成娛樂效果，例如當你走入一座鏡宮，發現有無數個自己，做著一模一樣的動作，是不是會覺得既驚訝又欣喜？萬花筒也是用相同的原理，讓一個圖樣重複出現，排列成一圈，達到繁複美麗的效果。

另外，把數個平面鏡置於彎管的轉角處，便可經由彎管的一端看到另一端的景象，潛水艇的潛望鏡就是利用這個原理製成的。

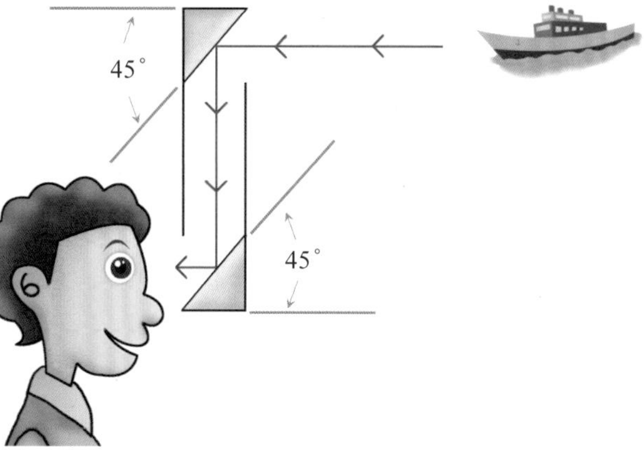

◀圖15-2
利用兩個鏡子在彎管的轉角處，以45°角面對面放置，即可製成潛望鏡。

15-3 光的折射與透鏡

把一根筷子放入水中，會看到插入水中的筷子好像折了一個角度，但實際上筷子仍然完好如初。這就是光的折射作用在作祟。

什麼是光的折射？我們在第13章〈音響館〉中曾提到，光在不同的介質中，傳播速度會不一樣。當光線從一種介質中「斜向」進入另一介質時，前進的方向也會改變，換句話說，光線在兩種不同的介質間會因爲速度改變而轉向。

假想有一排鋼珠在玻璃上前進，途中遇到斜向的細砂紙，因有些鋼珠先進入細砂紙，速度會慢下來，但有些鋼珠仍在玻璃上，速度不變，於是造成這一排鋼珠前進方向偏折。光的折射與這個情況非常相似（見第130頁的「看動畫．學理化」）。

光的折射也像反射一樣，可以假設有一條與界面垂直的法線，入射線、折射線與法線都會在同一平面上。入射線與折射線各在法線的不同側。光線由傳播速度快的介質，進入傳播速度慢的介質

▲光碟動畫〈哈哈鏡〉
折射成因模擬實驗

時，例如由空氣進入水，折射角會小於入射角，使得折射線偏向法線。相反的，當光由傳播速度慢的介質，進入傳播速度快的介質時，例如由水進入空氣，折射角會大於入射角，使得折射線偏離法線。如果光線進入不同的介質時，行進方向與界面垂直，就不會產生折射現象，因爲此時入射角與折射角都是0°。

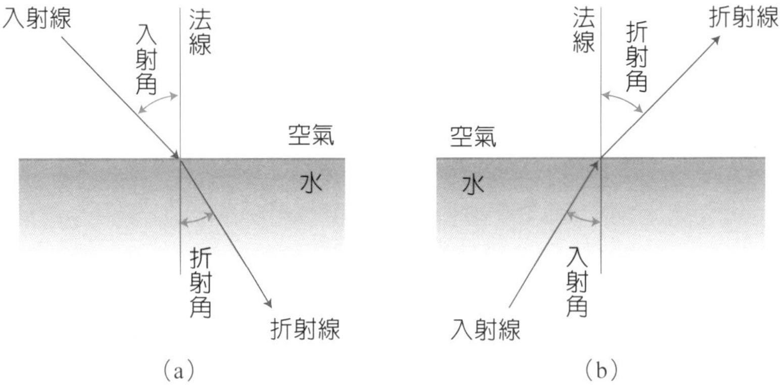

圖15-3 ▶
(a) 光由空氣進入水中時，速度變慢，折射線靠近法線；(b) 光由水進入空氣中，速度變快，折射線偏離法線。

▲光碟動畫〈哈哈鏡〉
光的折射與水中虛像實驗

光的折射除了會讓伸入水中的筷子看起來像折成兩截，也會讓水裡的東西產生虛像，使得看起來的位置比眞正的位置高，也就是視深＜實深。

把一枚硬幣放入裝滿水的碗中，硬幣看起來不是沉在碗底，而是好像浮在水中。這是因爲光線從硬幣表面反射到眼睛，要通過空氣與水這兩種介質，因而發生折射現象。我們的眼睛總感覺光線是直線前進的，所以會產生「東西看起來比實際的位置來得高」的錯覺。亞馬遜河流域原住民在射魚時，會熟練的瞄準所看到的魚的下方，就是這個道理（見第133頁的「看動畫‧學理化」）。

相反的，如果是從光傳播速度慢的介質，來看光傳播速度快的介質裡的東西，那麼眼睛所看到的會比實際的距離遠（也就是視深＞實深）。所以如果青蛙從水中看水面上飛舞的小蟲，並且想要以舌獵捕，牠就要瞄準比看到的虛像再近一點的地方。

知識補充

光學纖維知多少

由於光在不同介質中的傳播速度不同，光線在通過不同介質時，行進方向可能偏轉。若能善用這種性質，我們就能讓光線在一條纖維中前進，隨著纖維轉彎，光線也跟著轉，這種神奇的纖維稱為光學纖維，簡稱光纖。

光纖是由數種不同的材料，以同心圓方式一層一層包裹起來製成的，光在這些材料中的傳播速度也不相同。光傳播速度慢的材料製成軸心，光傳播速度愈快的材料包覆在愈外圍，由於光由傳播速度慢的介質走向傳播速度快的介質時，會偏離法線，光愈往外走就愈偏離法線，所以無論如何跑不出光纖外，於是光不斷在光纖中前進。如果利用光纖內的光來攜帶訊息，就可以達到通訊的目的。光纖現在廣泛應用於醫療內視鏡、電信線路及電腦網路上，可以傳輸影像、聲音或資訊。

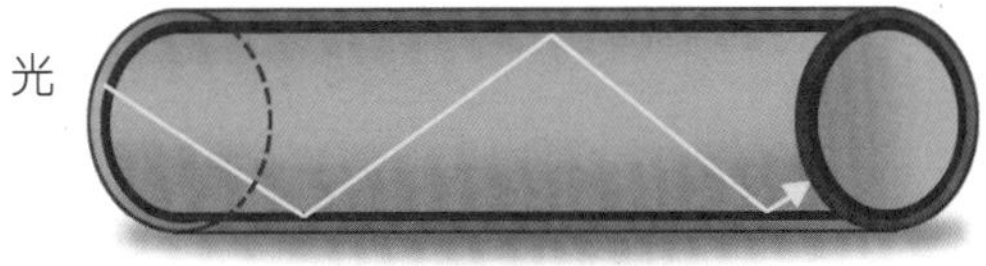

光纖纜線的資料傳輸距離遠、傳輸率高，未來傳輸率更可達100 Gbps（每秒傳遞1千億個位元）。而且重量輕、不易腐蝕、不怕電波干擾、使用時間長，但缺點是成本及維修費用高。

表15-1 ▶
光在常見介質中的行進速度
（由慢到快排列）

介質	光在其中的傳播速度
玻璃	200,000（公里／秒）
水	225,000（公里／秒）
空氣	300,000（公里／秒）

同一種介質在不同溫度下，傳播光的速度也不同。例如在夏天時，遠遠看柏油路面上方，彷彿有一灘水在晃動，這是因爲柏油路面受太陽曝曬，溫度升高，使得接近地面的空氣溫度比上方空氣高，光線通過溫度不同的空氣時會產生折射，所以看起來會覺得影像在晃動。當然，海面上與沙漠裡產生的海市蜃樓現象，同樣是因爲傳播介質（空氣）的光傳播速度不同，引發折射現象。

15-4 透鏡成像

透鏡有兩種：凸透鏡與凹透鏡。凸透鏡的中央厚、邊緣薄，又叫會聚透鏡，放大鏡就是典型的凸透鏡。凹透鏡中央薄、邊緣厚，又叫發散透鏡，近視眼鏡就是一種凹透鏡。

面鏡有焦點，透鏡也有焦點。由於透鏡對左右兩個方向的光線有相同的效應，所以透鏡有兩個焦點。凸透鏡可以使正向入射的平行光線聚焦於一點，這一點就是凸透鏡的焦點（圖15-4）。凹透鏡可以使正向入射的平行光線發散，但是如果發散的光線在反方向延長，還是可以交會於一點，這一點就是凹透鏡的焦點（見第117頁的圖15-5），由於凹透鏡的焦點並不是光線實際匯集的點，所以又稱爲虛焦點。焦點與透鏡中心的距離稱爲焦距，通常以F表示。

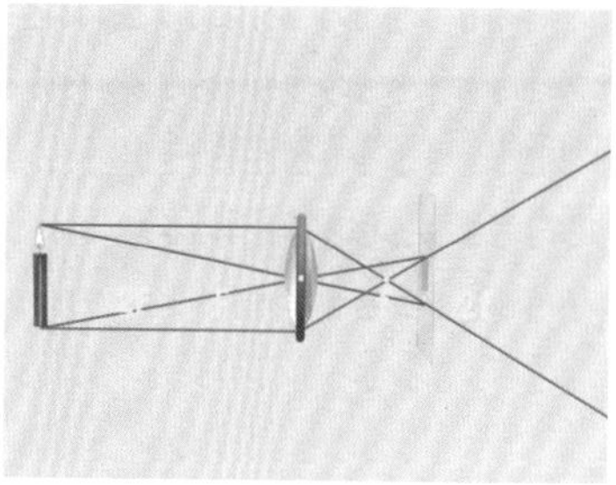

▲光碟動畫〈哈哈鏡〉
凸透鏡的成像實驗

凸透鏡成像

透鏡的成像，就是利用光的折射原理。形成的像是實像或虛像、是倒立的或正立的像、像會放大或縮小、成像的位置在哪裡，這些都隨著透鏡種類，及物體到透鏡的距離而改變。

圖15-4是凸透鏡成像的圖解（動畫實驗的解說，見第135頁的「看動畫．學理化」）。大寫F代表透鏡前的焦距，f代表透鏡後的焦距。

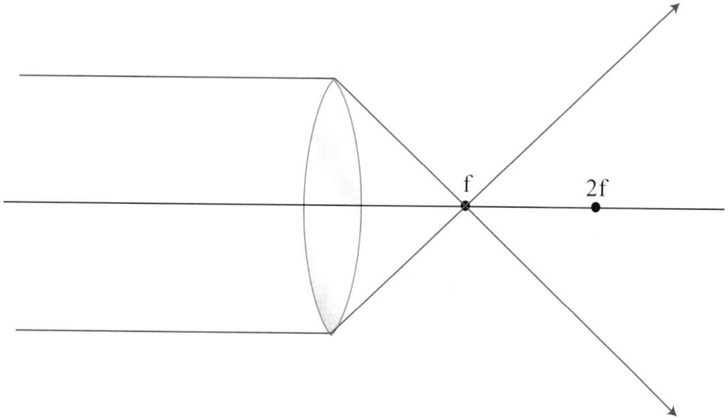

物的位置：無窮遠處
像的位置：與透鏡的距離為f（在焦點上）
像的大小：僅為一點

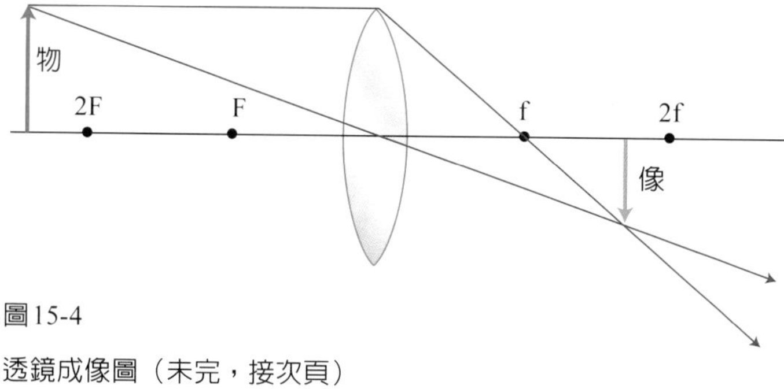

物的位置：與透鏡距離大於2F
像的位置：與透鏡的距離介於f至2f之間
像的大小：縮小

▲圖15-4
凸透鏡成像圖（未完，接次頁）

物的位置：與透鏡距離為2F

像的位置：與透鏡的距離為2f

像的大小：與物相同

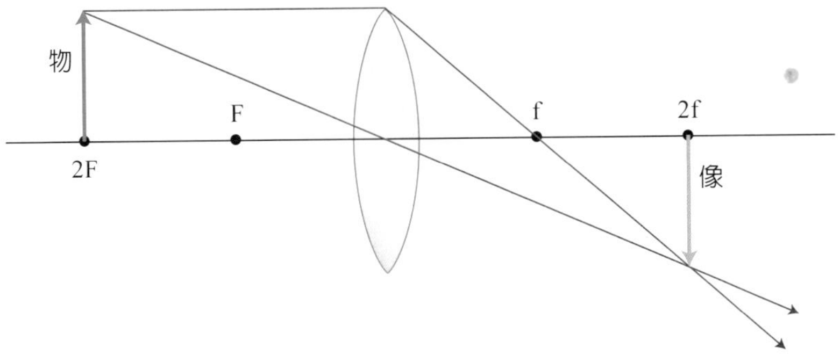

物的位置：與透鏡距離為介於F
與2F之間

像的位置：與透鏡的距離大於2f

像的大小：放大

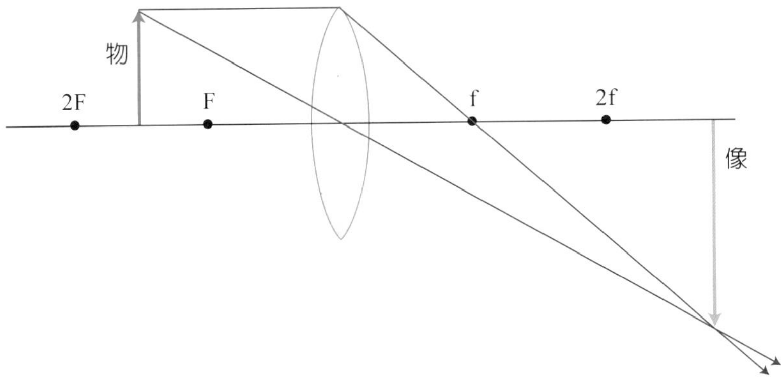

物的位置：與透鏡的距離為F
（位於焦點上）

像的位置：無窮遠處

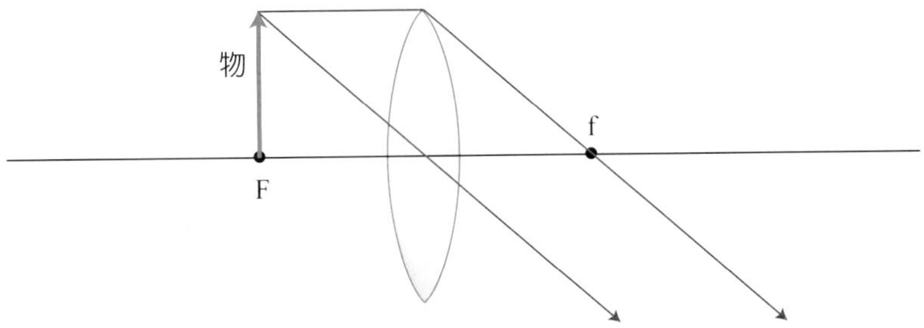

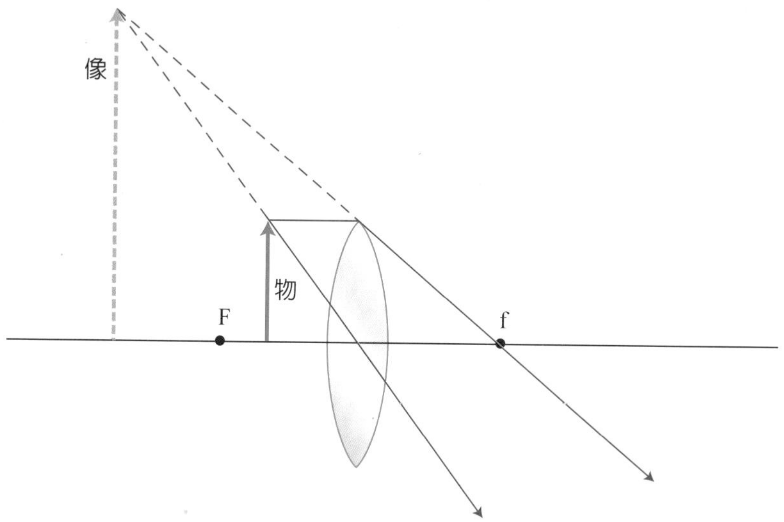

物的位置：與透鏡的距離小於F

像的位置：透鏡前

像的大小：放大

◀▲（續）圖15-4

凸透鏡成像圖

像的性質 實物位置	成像位置	正立或倒立	大小（與實物比較）	實像或虛像
無窮遠處	透鏡後焦點上	僅一光點	僅一光點	實像
兩倍焦距外	透鏡後焦點與兩倍焦距間	倒立	縮小	實像
兩倍焦距上	透鏡後兩倍焦距上	倒立	大小與實物相同	實像
焦點與兩倍焦距間	透鏡後兩倍焦距外	倒立	放大	實像
焦點上	無窮遠處			
焦點內	在透鏡前	正立	放大	虛像

▲表15-2

凸透鏡成像的歸納結果

凹透鏡成像

接著，我們來看看凹透鏡成像的情形：

物的位置：無窮遠處

像的位置：與透鏡的距離為F

（在焦點上）

像的大小：僅為一點

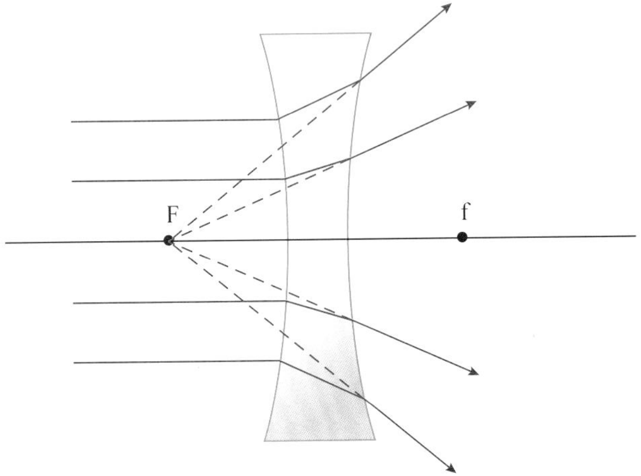

物的位置：透鏡前

像的位置：與物在同一側

像的大小：縮小

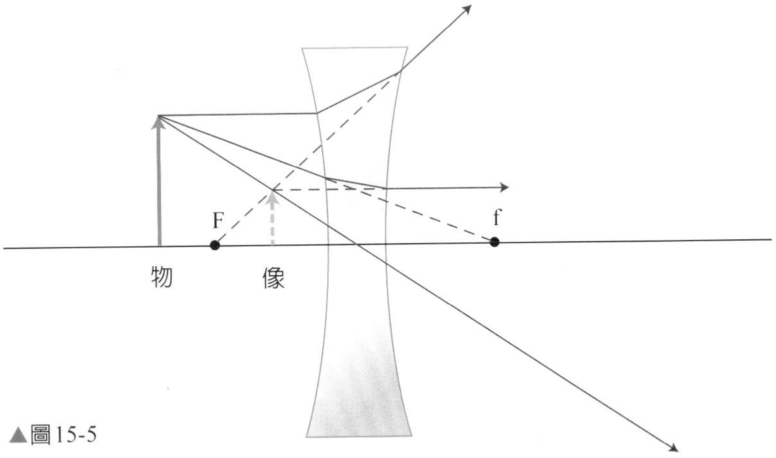

▲圖15-5

凹透鏡成像圖

實物位置 \ 像的性質	成像位置	正立或倒立	大小（與實物比較）	實像或虛像
無窮遠處	透鏡前焦點上	正立	一光點	虛像
透鏡前	透鏡前	正立	縮小	虛像

▲表15-3

凹透鏡成像的歸納結果

從動畫實驗（定格解說見第138頁的「看動畫・學理化」），也可看到凹透鏡成像的動態實驗解說。

從表15-2與表15-3中，你是否可以整理出透鏡成像的規則呢？試著把它們寫出來，再與以下我們所歸納的規則對照一下，你是不是有更多獨到的心得呢？

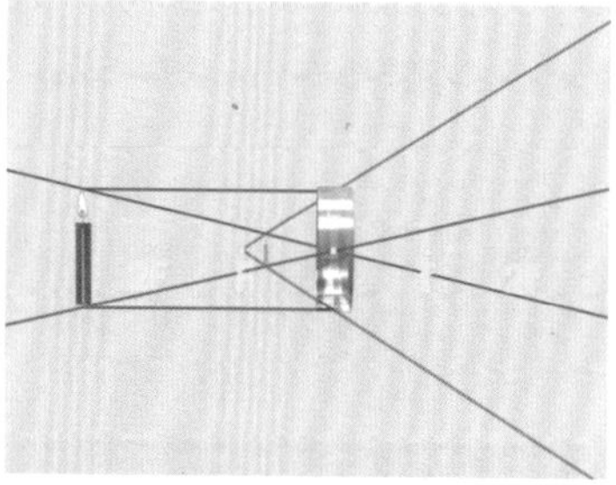

▲光碟動畫〈哈哈鏡〉

凹透鏡的成像實驗

- 單一透鏡所形成的虛像必為正立，實像必為倒立。
- 凸透鏡的虛像較原物大，也就是放大的效果。
- 凹透鏡的虛像較原物小，也就是縮小的效果。

15-5 透鏡的應用

透鏡的應用很廣。放大鏡的構造是凸透鏡，它的焦距很小。參照第116頁的表15-2，可以知道，用放大鏡看物體時，如果把物體置於放大鏡的焦距內，就可以看到放大的物體虛像。

顯微鏡是凸透鏡的組合，第一片凸透鏡產生倒立放大的實像，再由第二片凸透鏡產生正立放大虛像。由於經過兩次放大，因此顯微鏡可以看清楚細微的物體。與原物體相較，顯微鏡生成的像是顚倒的。

折射式天文望遠鏡也是凸透鏡的組合，第一片凸透鏡（物鏡）把無窮遠處的物體成像在第二片凸透鏡（目鏡）的焦距內，形成倒立的縮小實像，然後再經目鏡把倒立縮小實像變成正立放大虛像（「正立」的意思是指，原來的像爲倒立的，經過第二片透鏡再形成的像也是倒立的；若原來的像爲正立的，後來的像也是正立的），且移到較近的位置，這樣就可以看清遠方的物體。在折射式天文望遠鏡中所看到的是倒立的像。

人類眼睛的水晶體相當於凸透鏡，不過正常人的眼睛可以自動調整焦距，所以看遠看近都沒問題。但是近視眼的人，因爲水晶體太厚或眼球太長，所以焦距太小，因而遠處的物體會成像於視網膜之前，造成視覺模糊。如果要矯正近視眼的視力，必須先讓光線稍稍發散，再由水晶體聚集於視網膜上，以產生清晰的視覺。而近視眼鏡的構造是凹透鏡，具備了讓光線發散的功能，所以近視眼的人必須配戴凹透鏡。

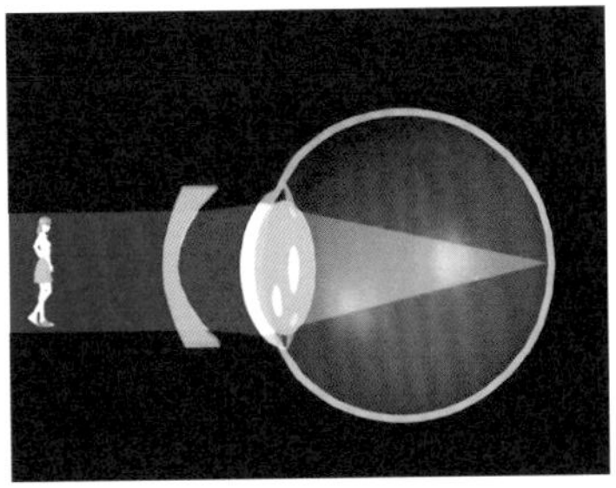

▲光碟動畫〈哈哈鏡〉
近視眼與遠視眼的矯正

遠視的人剛好相反，必須配戴凸透鏡來矯正視力。遠視因水晶體太薄或眼球太短，所以焦距太大，因而在看近的東西時，成像會落在視網膜的後方，造成視覺模糊。矯正的方法是利用凸透鏡讓光線稍稍往前聚焦，再由水晶體聚集於視網膜上，以產生清晰的視覺。（見第140頁的「看動畫．學理化」。）

Question 想一想

有些老人家視力不好，會用放大鏡看報紙。想想看，放大鏡是用何種透鏡製成的？

Answer 參考答案

凸透鏡。當報紙的字落在凸透鏡的焦距內，透過凸透鏡可以看到正立放大虛像。

看動畫・學理化

動畫15-1：平面鏡的成像實驗

你以為鏡中的人和你一模一樣嗎？

不，鏡中人和你左右相反，

做個簡單的實驗，你就會完全明瞭了。

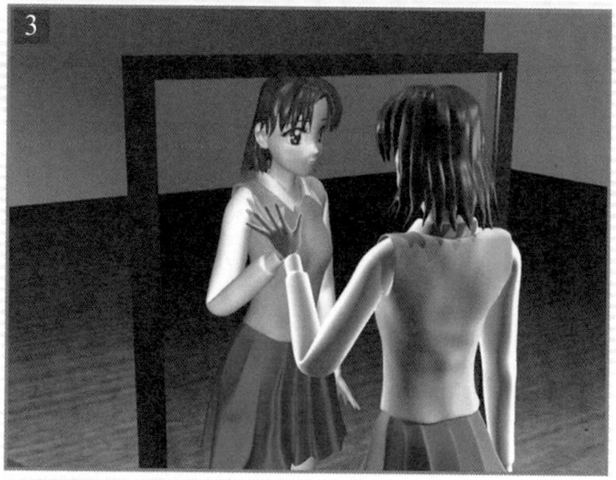

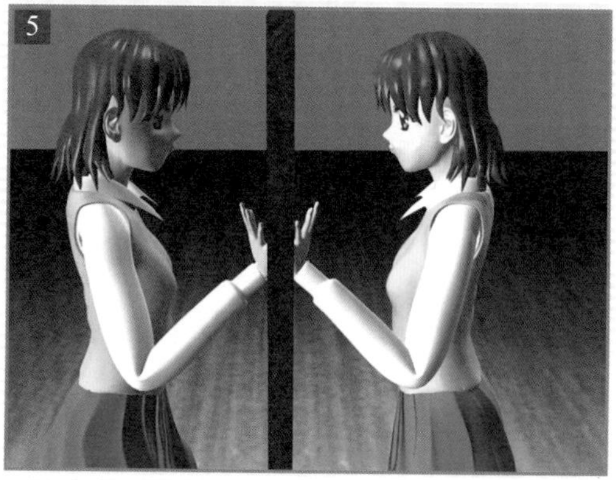

1. 鏡子中的世界，總是讓人好奇。
2. 你在鏡前做一個動作，鏡中的人似乎也跟你做了一模一樣的動作。
3. 當你在鏡前伸出左手，鏡中人似乎也伸出了同一隻手。
4. 鏡前與鏡後的世界，到底有什麼分別呢？
5. 來到鏡後瞧一瞧。
6. 如果鏡中真是一個人的話，她伸出的可是右手喔！

當我們在照鏡子時，

經由平面鏡的反射，

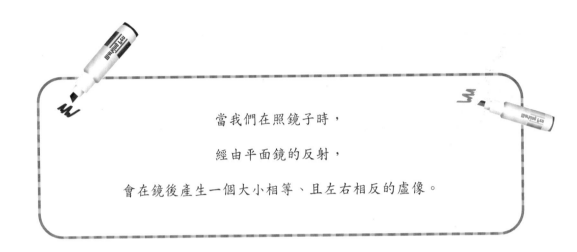

會在鏡後產生一個大小相等、且左右相反的虛像。

動畫15-2：平面鏡照全身實驗

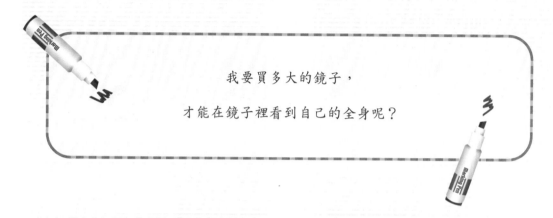

我要買多大的鏡子，

才能在鏡子裡看到自己的全身呢？

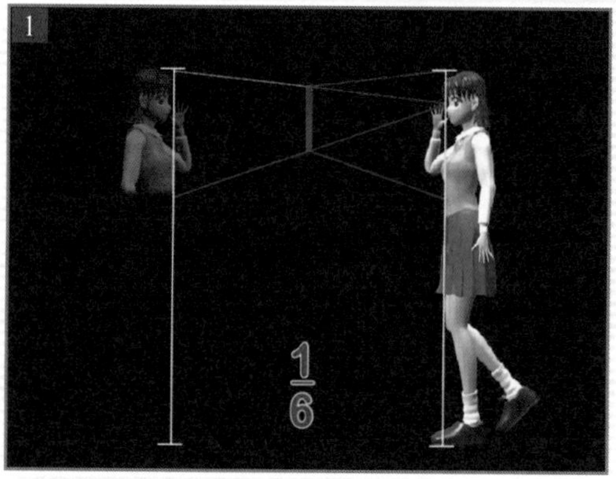

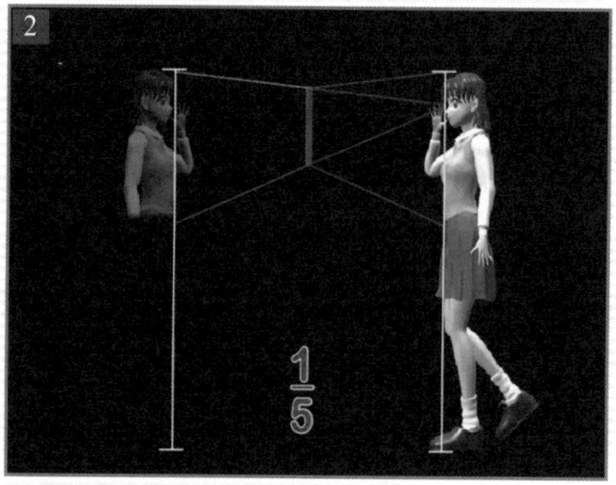

1. 如果鏡子的長度只有身高的$\frac{1}{6}$，大概只能看全身的$\frac{2}{6}$，也就是$\frac{1}{3}$。
2. 如果鏡子的長度只有身高的$\frac{1}{5}$，大概只能看到全身的$\frac{2}{5}$。

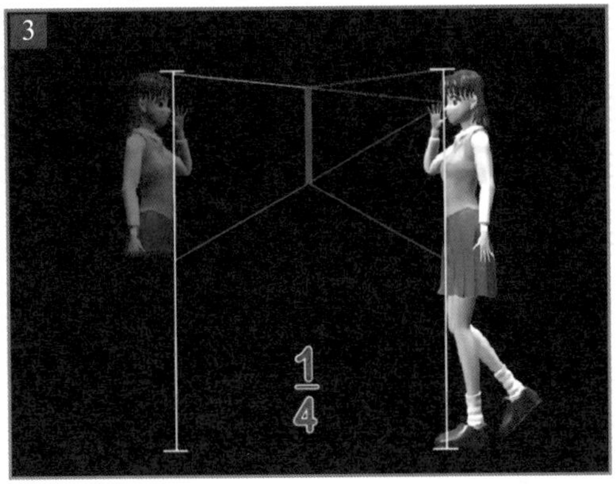

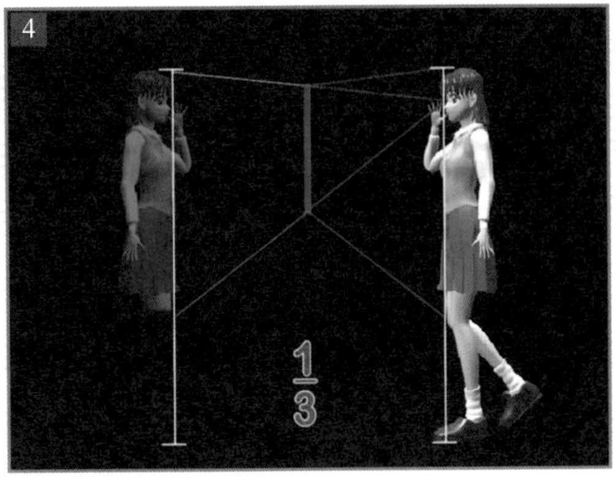

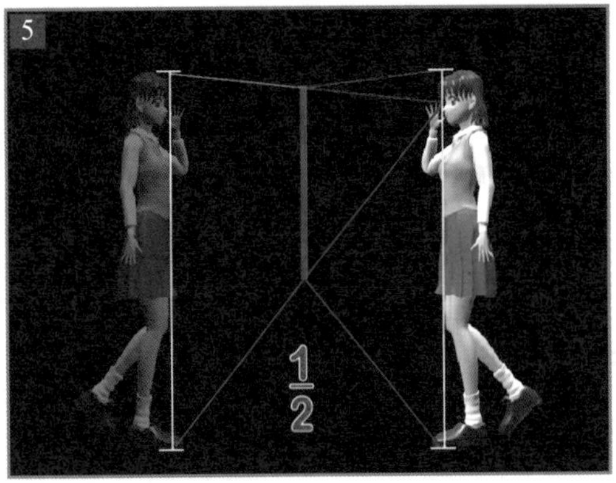

3. 如果鏡子的長度只有身高的$\frac{1}{4}$，大概只能看全身的$\frac{2}{4}$，也就是只能看到身高的一半。

4. 如果鏡子的長度只有身高的$\frac{1}{3}$，大概只能看到全身的$\frac{2}{3}$。

5. 如果鏡子的長度有身高的$\frac{1}{2}$，哇！終於可以在鏡中看到全身了。

鏡長最少需要身高的一半，

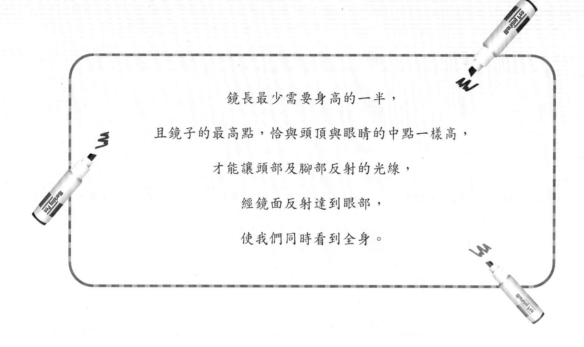

且鏡子的最高點，恰與頭頂與眼睛的中點一樣高，

才能讓頭部及腳部反射的光線，

經鏡面反射達到眼部，

使我們同時看到全身。

動畫15-3：凹面鏡反射原理及焦點實驗

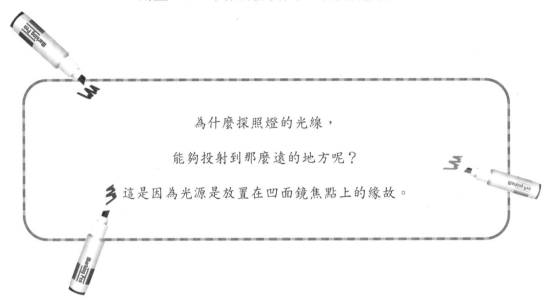

為什麼探照燈的光線，

能夠投射到那麼遠的地方呢？

這是因為光源是放置在凹面鏡焦點上的緣故。

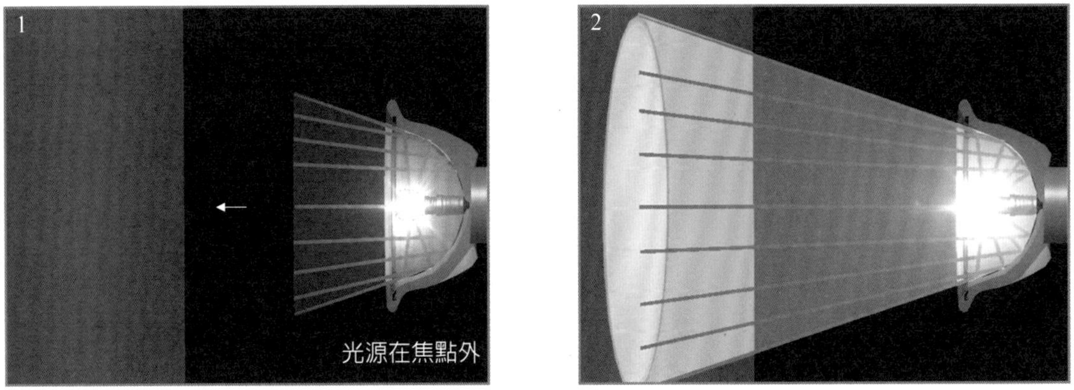

1. 燈泡若不是放在焦點上，經凹面鏡反射的光線，互相不平行。
2. 光線射出去後，逐漸分散，所以無法照明很遠之外的物體。

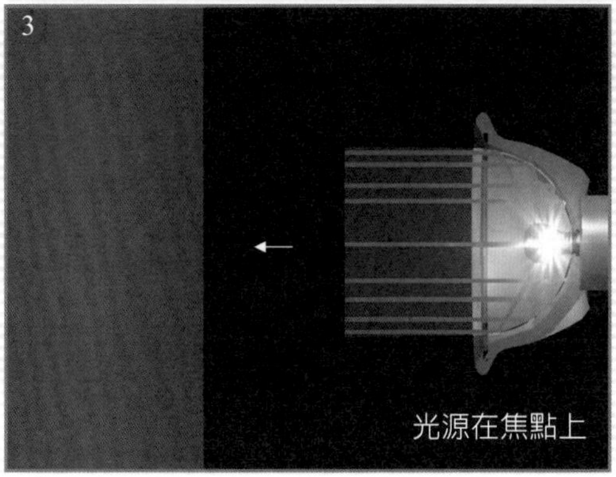

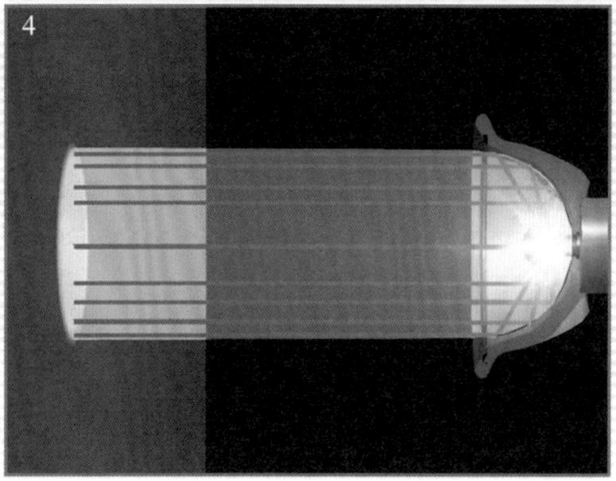

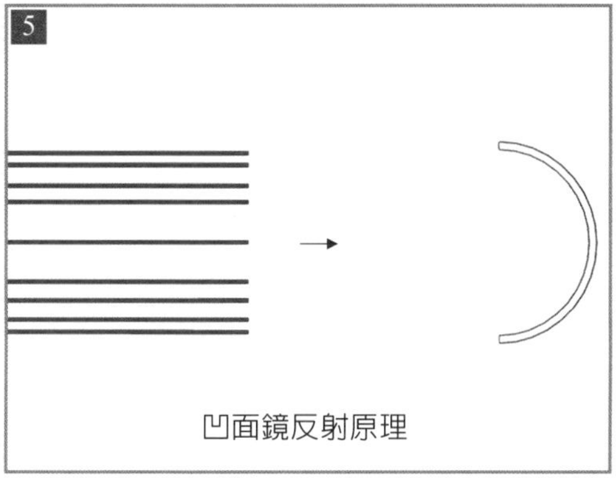

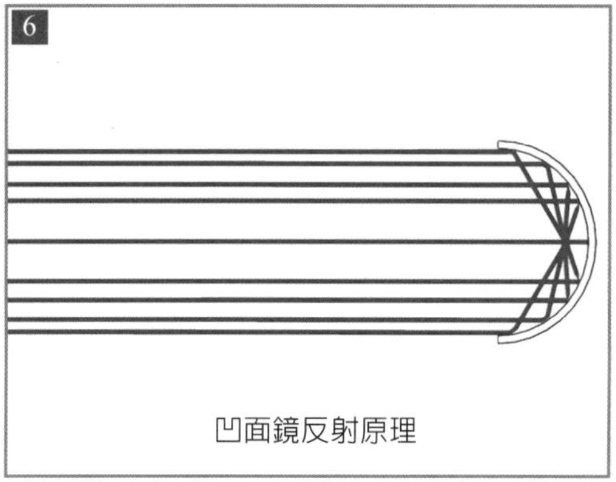

3. 當燈泡放在凹面鏡的焦點時，燈泡發出的光經凹面鏡反射，會平行射出……

4. 光線因為平行，所以不易散開，能射到很遠的地方。

5. 如果有平行光射入凹面鏡……

6. 經反射後，光線會集中在凹面鏡的焦點。

當我們把燈泡放在凹面鏡的焦點上時，

鏡面會把所有的光線反射成平行光束，投射至遠處，

利用這個原理，

可使探照燈或手電筒的燈光照射到很遠的地方。

相反的，當一道平行光束射入凹面鏡時，

鏡面會把光束反射到同一點，

這一點就是凹面鏡的焦點，

利用這個原理，可集中太陽光。

動畫15-4：折射成因模擬實驗

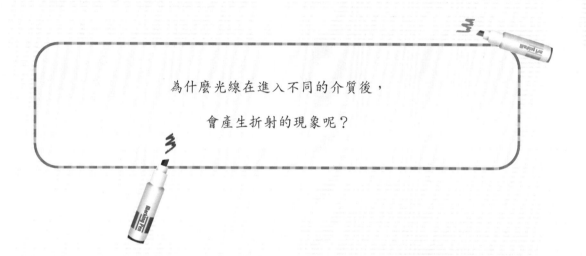

為什麼光線在進入不同的介質後，

會產生折射的現象呢？

1. 我們用鋼珠來模擬折射的發生原因。
2. 這排鋼珠由斜面滑下後，在桌面上等速前進。

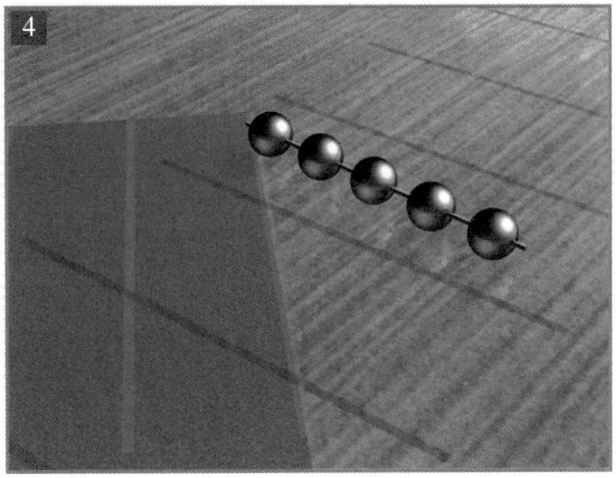

3. 鋼珠由平滑的桌面，即將滾進不同的介質中。
4. 最上方的鋼珠先滾進粗糙的砂紙上，速度第一個慢下來，而其他的鋼珠仍以原來的速度前進。
5. 同樣的，當第二顆鋼珠也滾到砂紙上以後，速度也會慢下來；鋼珠都進入砂紙後，整排鋼珠的前進方向，已經發生了頗大的偏折。

由於鋼珠進入砂紙（不同介質）的時間不同，

每一顆鋼珠受砂紙影響而延遲的程度不同，

使得原來並肩齊速前進的鋼珠，

方向發生了偏折，

光線的折射也是類似的情形。

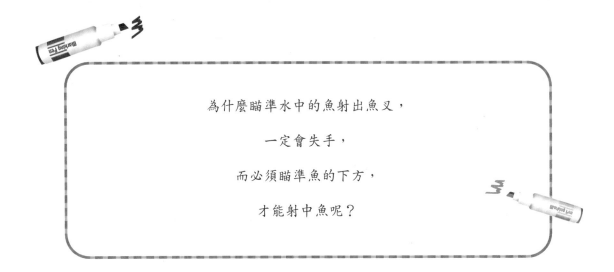

動畫15-5：光的折射與水中虛像實驗

為什麼瞄準水中的魚射出魚叉，

一定會失手，

而必須瞄準魚的下方，

才能射中魚呢？

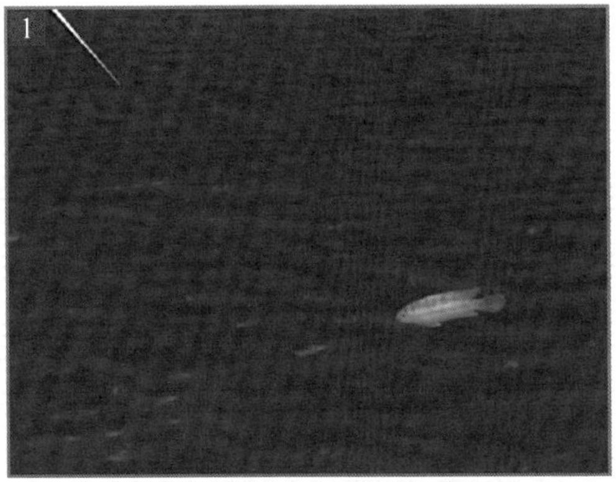

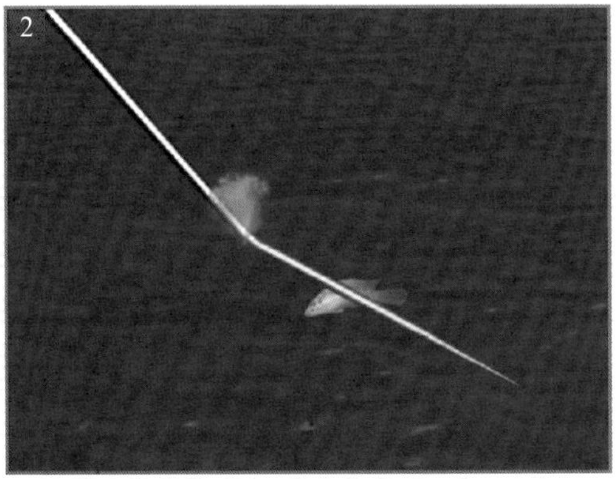

1. 瞄準水底的魚，直直射去⋯⋯
2. 結果沒射到。

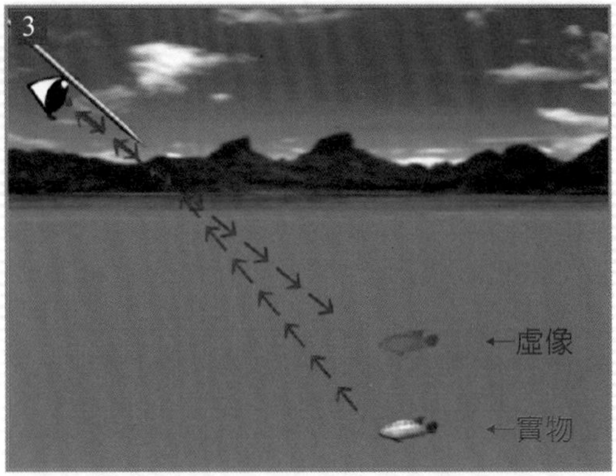

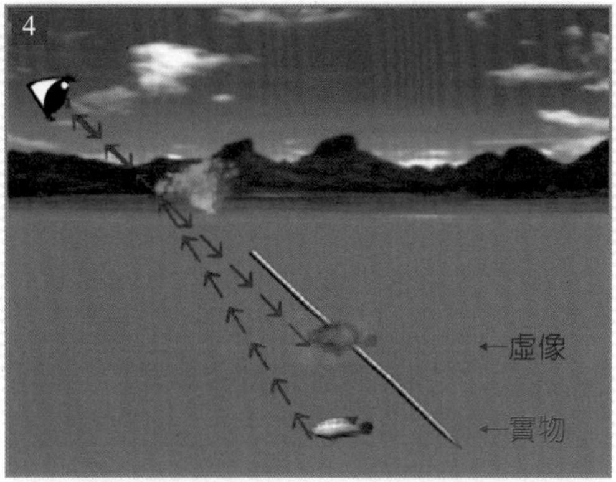

3. 魚反射的光線沿紅色箭頭，經折射進入人的眼睛。但我們仍認為光是直線前進的，因此沿著藍色箭頭倒推回去，在魚的上方形成虛像。
4. 而瞄準虛像擲出魚叉，會射在魚的上方（現在我們所畫的是魚叉真實的行進方向）。

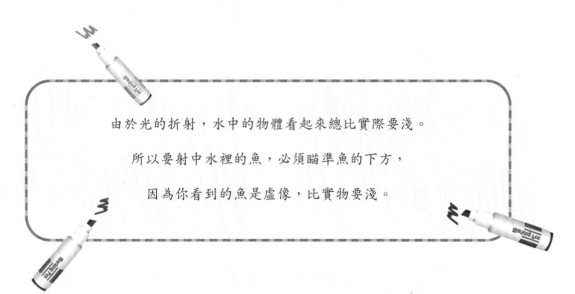

由於光的折射，水中的物體看起來總比實際要淺。

所以要射中水裡的魚，必須瞄準魚的下方，

因為你看到的魚是虛像，比實物要淺。

動畫15-6：凸透鏡的成像實驗

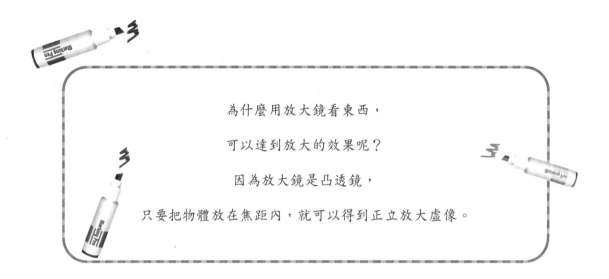

為什麼用放大鏡看東西，

可以達到放大的效果呢？

因為放大鏡是凸透鏡，

只要把物體放在焦距內，就可以得到正立放大虛像。

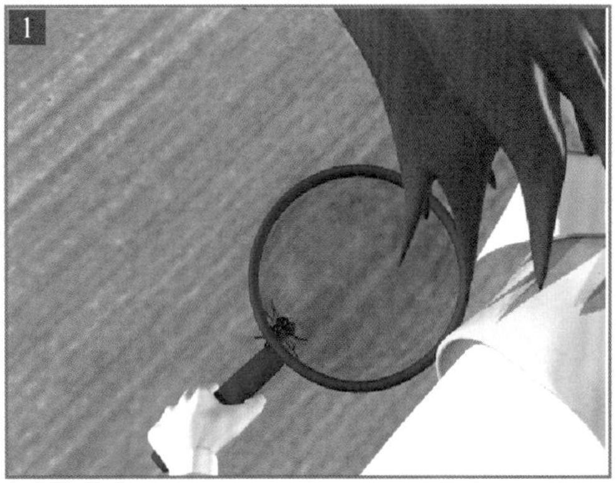

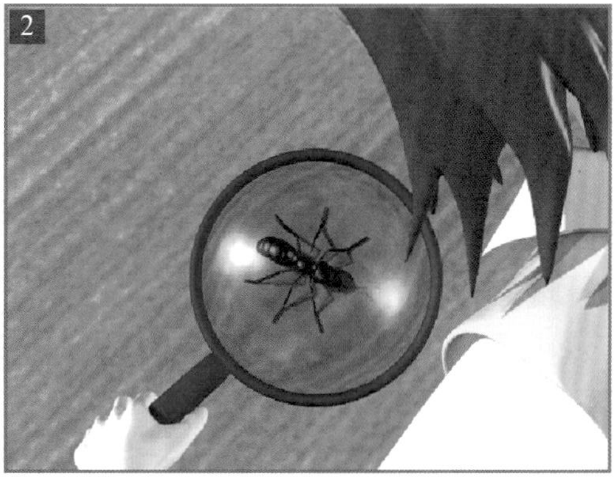

1. 用放大鏡看螞蟻時……
2. 要使螞蟻位於放大鏡的焦距內，才會得到正立放大虛像。

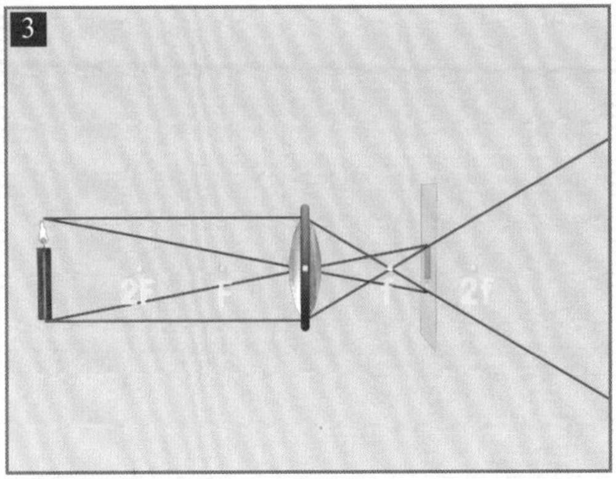

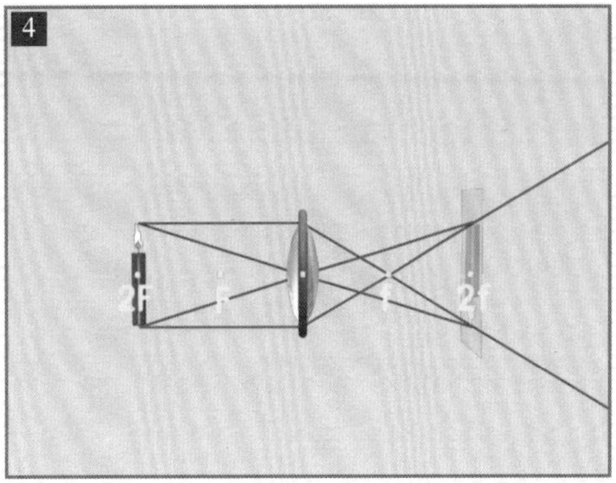

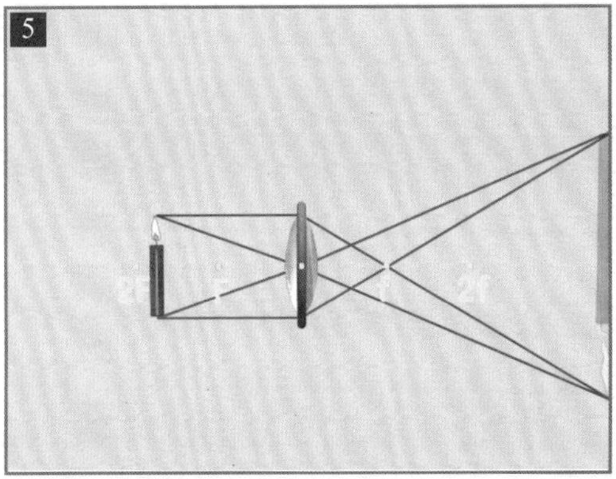

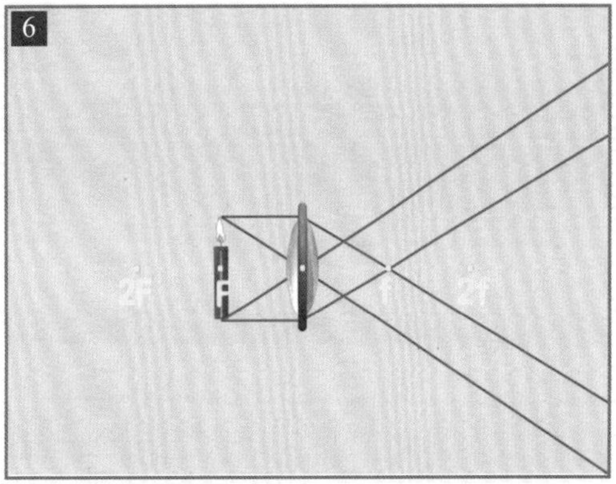

3. 當物在兩倍焦距外，像在另一側的焦距與兩倍焦距之間。像比物體小，為倒立縮小實像。
4. 當物在兩倍焦距處，像在另一側的兩倍焦距處。像與物體一樣大，為倒立實像。
5. 當物在焦距與兩倍焦距之間，像在另一側的兩倍焦距外。像比物體大，為倒立放大實像。
6. 當物在焦距上，像在無窮遠，也可以說不成像。

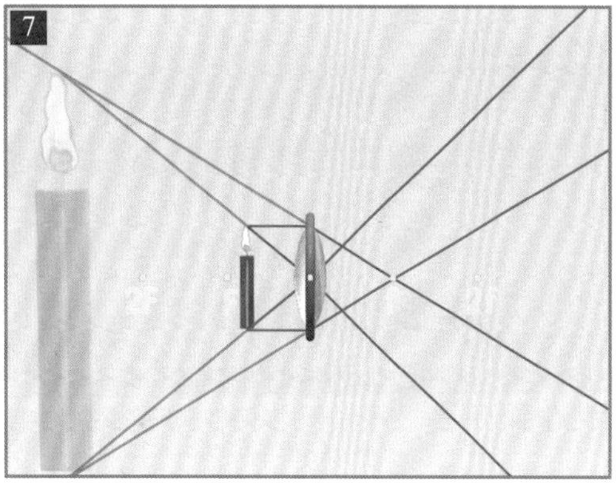

7. 當物在焦距內，像與物同側，是正立放大虛像。剛才用放大鏡看螞蟻時，就是這種情況。

當物在凸透鏡焦距外時，

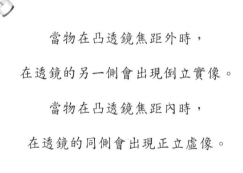

在透鏡的另一側會出現倒立實像。

當物在凸透鏡焦距內時，

在透鏡的同側會出現正立虛像。

動畫15-7：凹透鏡的成像實驗

為什麼手拿著近視眼鏡看東西，

會有縮小物體的效果呢？

我們來觀察一下凹透鏡成像的實驗。

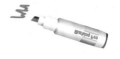

1

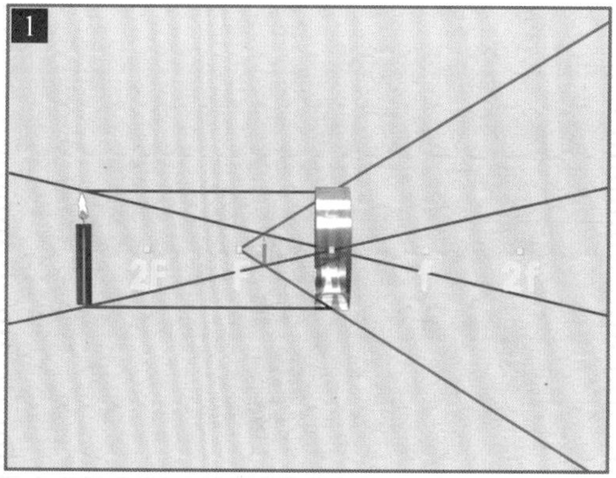

2

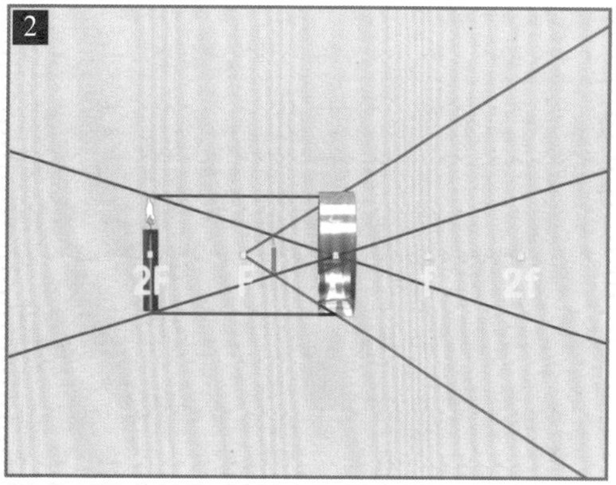

1～4. 物在凸透鏡前，像與物同側，為正立縮小虛像（圖3與圖4見次頁）。

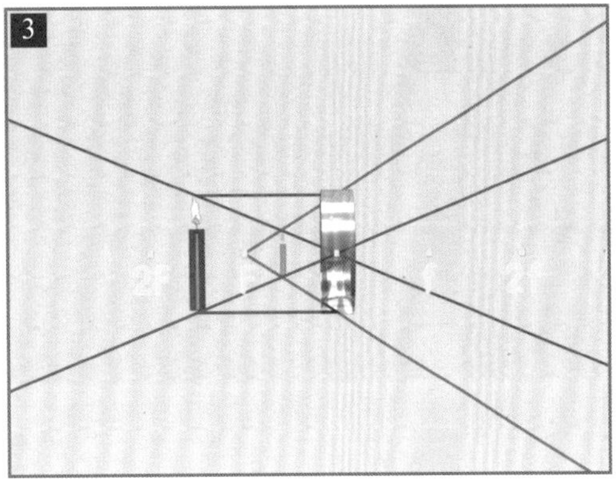

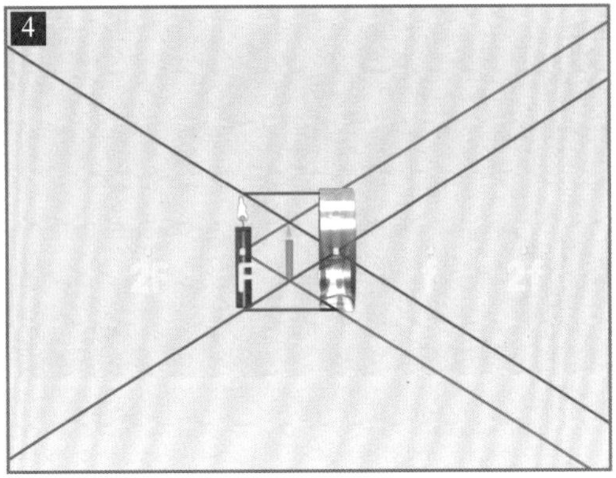

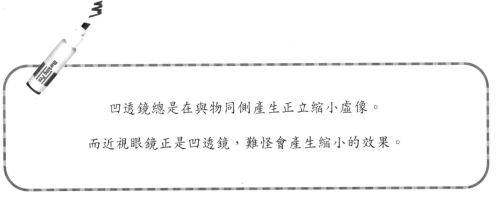

凹透鏡總是在與物同側產生正立縮小虛像。

而近視眼鏡正是凹透鏡，難怪會產生縮小的效果。

動畫15-8：近視眼與遠視眼的矯正

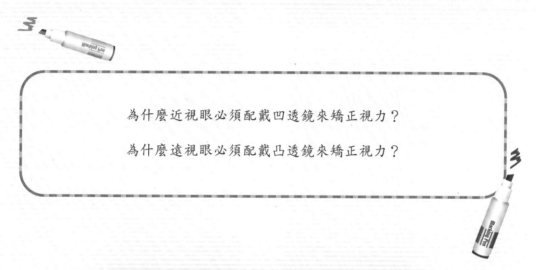

為什麼近視眼必須配戴凹透鏡來矯正視力？

為什麼遠視眼必須配戴凸透鏡來矯正視力？

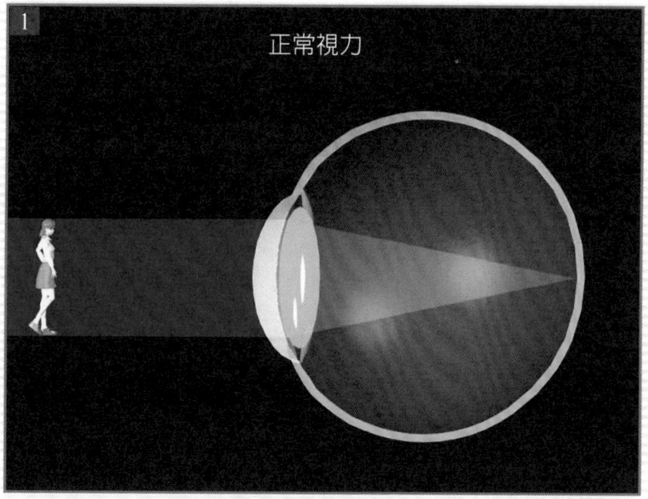

1. 視力正常的人看東西時，物可以成像在視網膜上，所以看到的影像很清晰。

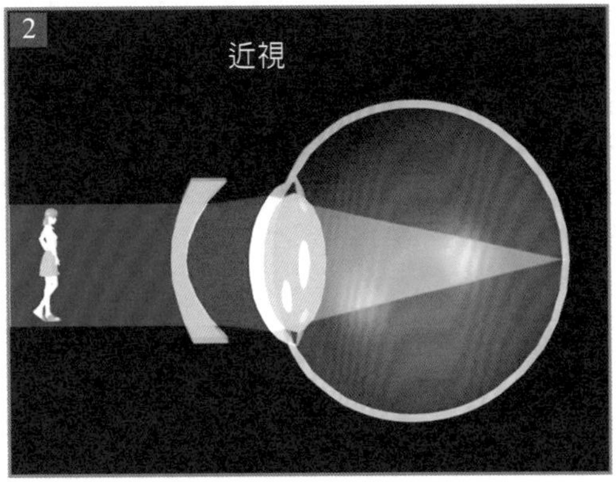

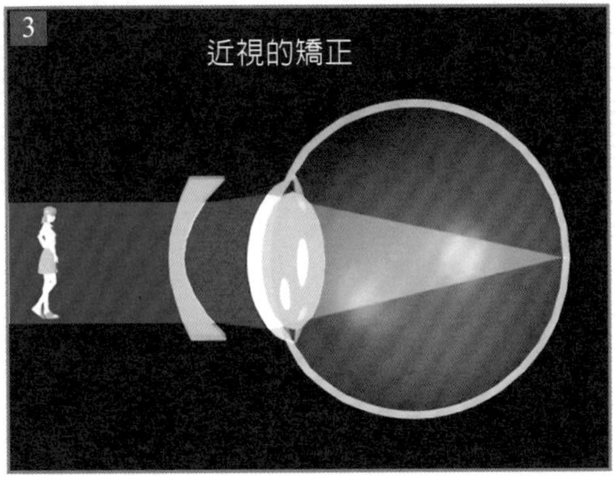

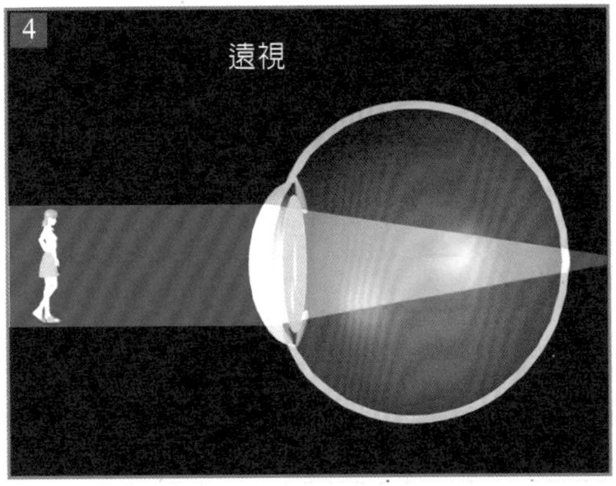

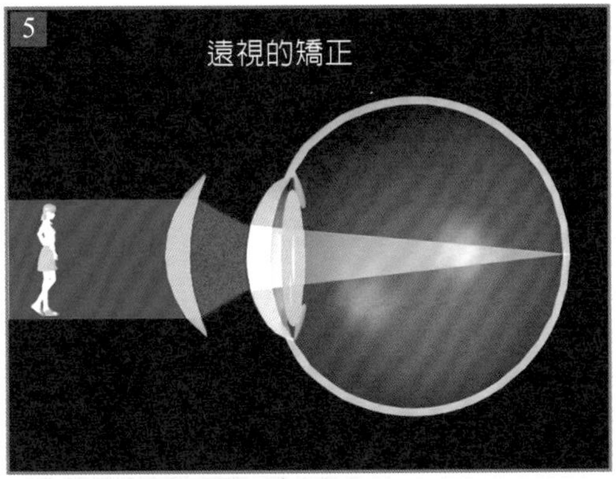

2. 近視眼的人可能眼球過長或水晶體焦距太短，所見之物會成像在視網膜前方，因此視網膜上看到的影像十分模糊。
3. 利用凹透鏡發散光線的特性，可使光線延後會聚，使所見之物成像在視網膜上，得到清晰的影像。
4. 遠視眼的人可能眼球過短或水晶體焦距太長，所見之物會成像在視網膜後方，因此視網膜上看到的影像十分模糊。
5. 利用凸透鏡會聚光線的特性，可使光線提早會聚，使所見之物成像在視網膜上，得到清晰的影像。

近視眼會使物體成像於視網膜之前，

而使得影像模糊，

我們可以利用凹透鏡發散的功能，

使物體成像於視網膜上。

遠視眼會使物體成像於視網膜之後，

所以應該利用凸透鏡的會聚功能，

使物體成像在視網膜上，產生清晰的視覺。

動動手・動動腦

先動手

器材： 透明玻璃杯（或水晶杯）、水、深色食用油（如苦茶油、橄欖油等）、液態奶精、雷射筆

步驟：

1. 杯中加入約半杯的水。然後滴加奶精1滴到水中，以雷射筆照射，是否能看見光在水中的路徑？如果看不見，可以再加1滴奶精，加到恰可見到光的路徑即可。
2. 在同一杯中緩緩加入食用油，油層厚度約3公分。
3. 以雷射筆照射油面，使光經由油面進入水面。調整雷射光線的入射方向，觀察光在油面與水面間的入射角與折射角，何者的角度較大？
4. 除了折射的光線外，你可以看到反射的光線嗎？觀察入射角與反射角，何者角度較大？

注意

雷射光對眼睛有害，請勿拿雷射筆照射自己或他人的眼睛。

再動腦

1. 入射角與折射角的角度，何者較大？由此推測光在哪一種介質中的速度比較大？

2. 入射角與反射角的角度，何者較大？是否符合反射定律？
3. 入射光、反射光與折射光，何者最亮？為什麼？

再動腦參考答案

1. 以實際觀察結果作答即可。
2. 入射角與反射角相等。符合反射定律。
3. 入射光。因入射光在界面會發生吸收、反射、折射三種現象，所以反射與折射的光都已較原來的入射光微弱。

第 16 章

電氣館

—— 電與生活

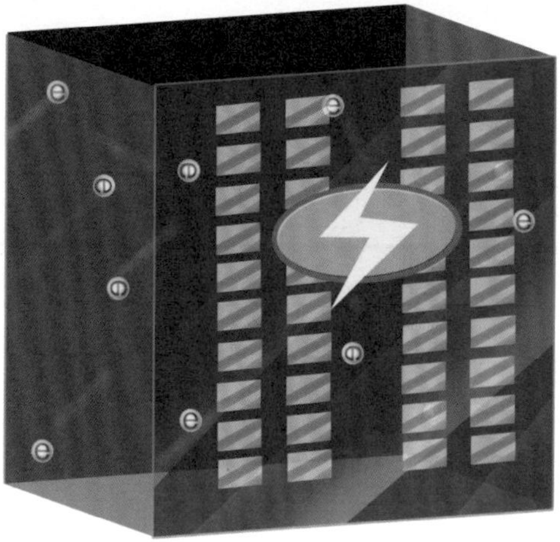

遊樂場裡推動摩天輪運轉、播放音樂、供給廚房烹飪，

這些統統需要電能才行。

每一所學校、大樓、遊樂場一定會有供應電氣的館室，

通常電氣館門口畫有閃電的符號，

上面還寫著：「高壓電危險，請勿靠近！」

什麼是高壓電？為什麼高壓電危險？電是什麼？

電池輸出的電與插座輸出的電，有沒有什麼不同？

電

我們生活在「電」的世界裡。家庭電器、航太儀器、新竹科學園區裡的高科技設備，一停電就全得停擺。帶電的雲會引發閃電、冬天開門容易被門把電到、手臂靠近電視機螢幕會汗毛直立。這個看不到的電，眞是威力無窮。

16-1 靜電

用塑膠梳子梳幾下頭髮後，塑膠梳子就有了吸起桌上小紙片的魔力。這種現象稱爲摩擦起電。在《3D理化遊樂場 I》第5章〈積木館〉中，我們學習到，原子內部帶正電的質子與帶負電的電子一樣多。如果物體帶的正電荷與負電荷一樣多，物體會呈電中性。兩個絕緣體相互摩擦後，其中一個絕緣體會帶正電，另一個會帶負電，而且所帶的電量必定相等。因爲摩擦時，其中一個物體的電子會轉移到另一個物體。例如塑膠尺與毛皮摩擦後，塑膠尺帶負電、毛皮帶正電，可知電子由毛皮移到塑膠尺上了。

因爲毛皮與塑膠尺都是不易導電的絕緣體，所以經由摩擦產生的電荷不易流動，稱爲靜電。帶靜電的物體之間相互吸引或排斥的作用力，稱爲靜電力。同性的電（「正電與正電」或「負電與負電」）

會互相排斥，不同性的電（正電與負電）則會互相吸引。所以若用毛皮摩擦兩個氣球，摩擦後，這兩個氣球因帶同性電，會互相排斥；而毛皮與氣球間則會吸引。

用帶負電的塑膠尺靠近電中性的小紙片時，小紙片上的負電荷會略為偏離原來的位置，造成正電荷略偏向塑膠尺。塑膠尺與小紙片之間的吸引力大於排斥力，所以紙片向塑膠尺移動。除了帶電物體間有靜電力外，帶電物體對電中性的物體也有靜電吸引力。動畫的定格解說，請見第171頁的「看動畫・學理化」。

▲ 光碟動畫〈電氣館〉
氣球帶靜電實驗

16-2 靜電感應

當帶電體靠近不帶電的電中性導體時，由於同性電相斥、異性電相吸的性質，原本不帶電的導體，會在靠近帶電體那端產生異性電荷，而同性電荷則出現在遠端，這種現象稱為靜電感應。

由靜電感應所得的感應電荷，正負電量必定相等，且同時產生。當帶電體離開時，已分離的正負電荷會互相吸引而恢復成不帶電狀態。

感應起電

如果把兩個不帶電的金屬球緊靠在一起，再用帶電的塑膠棒靠近，由於靜電感應，靠近帶電體的金屬球，會出現異性電，另一個金屬球則出現同性電。如果此時把兩個金屬球分開，這兩個金屬球將分別帶不同性的電荷，縱然我們後來把帶電體移走，兩個金屬球仍然帶有靜電荷。這種利用靜電感應而使物體帶有某一種電荷的過程，稱為感應起電（見第173頁的「看動畫・學理化」）。

▲光碟動畫〈電氣館〉
感應起電實驗

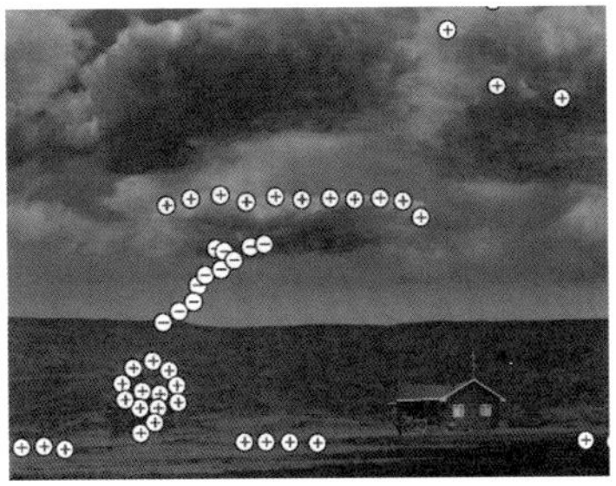

▲光碟動畫〈電氣館〉
雷擊發生的原因

夏日常見的午后雷陣雨，其實就是靜電中和的現象。

當烏雲密布，雲層甚低時，雲層的底部若帶有負電，對地面產生靜電感應，使得地表上的負電受到排斥而成為帶正電的狀態，雲層與地表發生正負電荷相吸的現象。若雲層移動，地面的正電往往也隨之移動，若地面出現樹或高樓等凸出物體，造成正電密集，雲層中的電子很容易迅速移向地面，使正負電中和，釋放出巨大的能量及熱，使空氣急速加熱膨脹，發出火花與巨響，就是雷擊形成的過程，雷擊也可能發生在雲層之間。巨大的聲響經由雲層與地面的反射作用，才會有隆隆不絕的雷聲產生（見第175頁的「看動畫・學理化」）。

靜電力

法國科學家庫侖（Charles Coulomb, 1736-1806）在1785年發現同性電互相排斥、異性電相吸引的特性，並指出兩個體積很小的帶電體間的作用力「與各自所帶的電量的乘積成正比、與彼此距離的平方成反比」，這個關係式就是有名的庫侖定律。

電荷的多寡稱為電量。電量的最小自然單位，是1個電子所帶的電量，常以e表示；電子帶負電，而1個質子所帶的電量與1個電子相等，但質子帶正電。

電子所帶的電量太小，並不適合當作電量的單位。科學家使用的電量單位是庫侖，這個單位的名稱一見而知，是為了紀念科學家庫侖。1庫侖約等於6.25×10^{18}個電子的電量，因此可以計算出1個電子的電量約為$1/(6.25 \times 10^{18}) = 1.6 \times 10^{-19}$庫侖。因為1莫耳電子的數目為$6 \times 10^{23}$個，所以1莫耳電子的電量約等於96,500庫侖。

知識補充

關於打雷，你瞭解多少？

小時候大人告訴我們，雷公與電母專打壞人。長大後數學家告訴我們，中樂透的機率比被雷打到還小。看到每週樂透開獎數次，每次都有好幾個人中大獎，害我們對打雷這件事更加害怕。這裡，告訴你幾件有關打雷的事實。

閃電是正負電中和的現象，可能發生在兩朵雲之間，也可能發生在雲與周圍空氣之間，或雲與地面之間。閃電發生時，會放出大量的熱，把周圍的空氣加熱到30,000℃，使空氣急速膨脹，產生很大的聲響，這就是雷聲的成因。

為什麼雲層會出現正負電分離的現象呢？科學界普遍接受的理論是這樣的：當大大小小的冰雹向下墜落，穿越「過冷」的水滴及冰晶時，水滴與冰雹發生碰撞而使水滴凝固，同時放出熱量，造成冰雹表面溫度比附近的冰晶高。電子開始由低溫處移向高溫處，所以冰雹變成帶負電，小顆粒的冰晶帶正電。帶正電的小冰晶會隨上升氣流移到雲層的頂端；帶負電的大冰雹落到雲層的底端。所以你在動畫「雷擊發生的原因」(見第175頁的「看動畫‧學理化」)中，看到雲層的底端帶負電，而頂端帶正電。

庫侖定律以數學式表示爲：

$$F=\frac{K\times Q_1\times Q_2}{R^2}$$

其中，F＝兩帶電體間的靜電力（以牛頓為單位）
Q＝帶電體的帶電量（以庫倫為單位）
R＝兩帶電體的距離（以公尺為單位）
K＝比例常數，在真空中的值為9×10^9

16-3 電路

▲光碟動畫〈電氣館〉
燈泡的通路與短路實驗

如果我們連接電池、導線和燈泡，使燈泡發光，這些電池、導線和燈泡等零件的組合，就構成一簡單的電路。電路必須包含電源（供給電能的裝置，例如電池）、導線（傳遞電流的媒介，如金屬線），以及耗費電能的電器（如燈泡、馬達）等部分。

電路的狀況可分爲通路、斷路及短路等三種（見第178頁的「看動畫．學理化」）：

- 通路：電流可流通的電路。
- 斷路：電路中沒有電流通過，形成中斷。
- 短路：電路中雖有電流通過，但並未通過電器，這種情形可能造成電器沒有作用或電路燒毀。

16-4 電壓

在圖16-1（a）中，A處是頂樓的水塔，B處是地面的水龍頭，由於A、B兩處的高度不同，水位不相等，造成壓力，推動水流，水會由水位高的A處流向水位低的B處。同樣在圖16-1（b）中，當電路接通時，電池兩側的電位不相等，或者說電池兩側有電壓（又稱電位差），因此會推動電流。電壓的單位爲伏特（volt，簡稱爲V），測量電壓的儀器稱爲伏特計。

電池會產生電壓，在圖16-1（b）中，電流自電位較高的正極流出後，經燈泡耗去能量，流回至電位較低的負極，再經由電池內部的化學變化，又提高電位，自正極流出。這種情形就如同大樓的

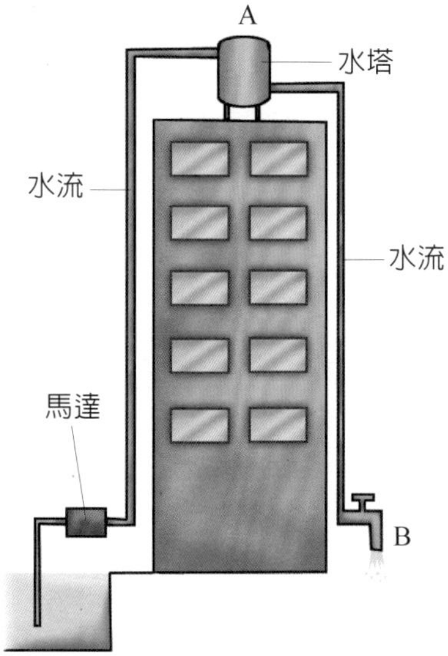

(a)

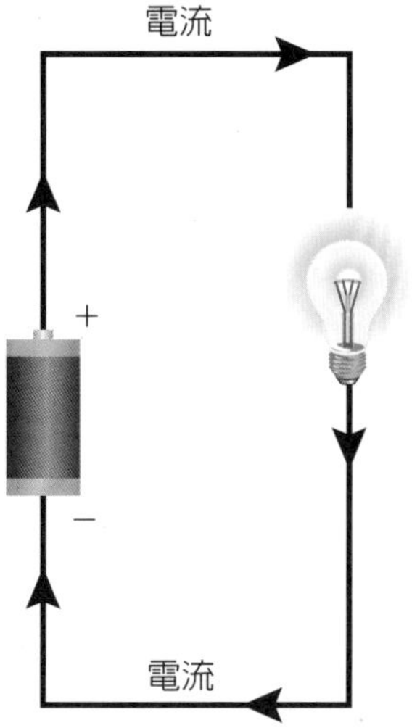

(b)

◀圖16-1
電壓與水壓一樣，都是從位能高的地方流到位能低的地方。

抽水馬達，可以把水打至屋頂的水塔，提高水位，再讓水由水塔向下流至水位較低的水龍頭處，然後馬達再把乾淨的水打至水塔，如此週而復始。

如果我們用導線把數個電池的電極依正、負、正、負的順序相接，這種連接方式稱為串聯，串聯時總電壓等於全部電池的電壓總和。例如3個1.5V的電池串聯後，$V = V_1 + V_2 + V_3$，總電壓為$1.5V \times 3 = 4.5V$。

如果用導線把數個電池的正極與正極相接、負極與負極相接，這種連接方式稱為並聯，電壓相等的電池並聯時，總電壓等於單一個電池的電壓。例如3個1.5V的電池並聯後，$V = V_1 = V_2 =$

▲光碟動畫〈電氣館〉
電池串聯與並聯的實驗

V_3，總電壓仍然爲1.5V（見第180頁的「看動畫・學理化」）。

燈泡與數個電池連成電路時，如果電池採用串聯，會增大電壓，因而增加燈泡亮度，不過需注意電壓不可以超過燈泡的負荷，否則燈絲會燒斷。如果電池採用並聯，燈泡會較黯淡，但是電池的使用時間會較長。

16-5 電流

電流就是「單位時間內通過導線截面的電量」。電流強度的計算式爲

$$I=\frac{Q}{t}$$

其中，I＝電流強度（單位：安培）
Q＝電量（單位：庫侖）
t＝通電時間（單位：秒）

由上式得知，1安培＝1庫侖／秒，也就是說電流爲1安培時，每秒會流過6.25×10^{18}個電子。而測量電流強度的儀器，稱爲電流計或安培計。

如果其他條件相同，數個電池串聯時，總電壓會比一個電池的電壓大，通過導線的電流強度也會變大。如果其他條件相同，數個電池並聯時，總電壓並未改變，電路中的總電流強度不變。

電流與水流

當數段電路串聯時，每段電路的電流均會相等，總電流也與各段電路中的電流相等。這種情形就像河流的河道有的地方寬，有的地方窄，但河道寬處水流緩，河道窄處水流急，各段河道在同一時間流過的水量幾乎都相等。

當數段電路並聯時，各電路的電流卻不一定相等，此時總電流等於各分支電路電流的總和。這就像數條小河匯集成大河，在單位時間內，每條小河的流量不一定會相等，但匯集後的大河流量，約等於各條小河流量的總和。

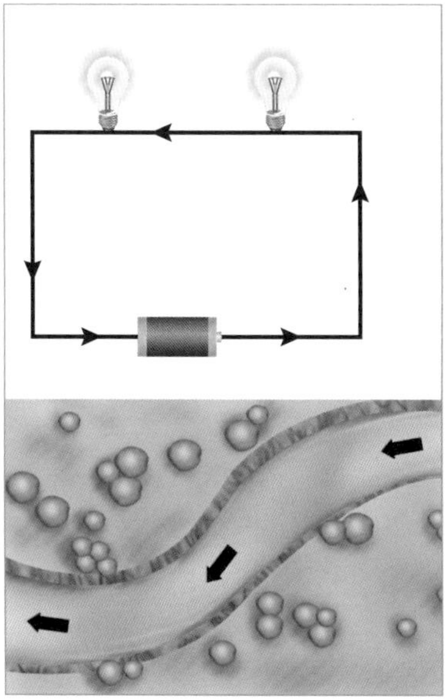

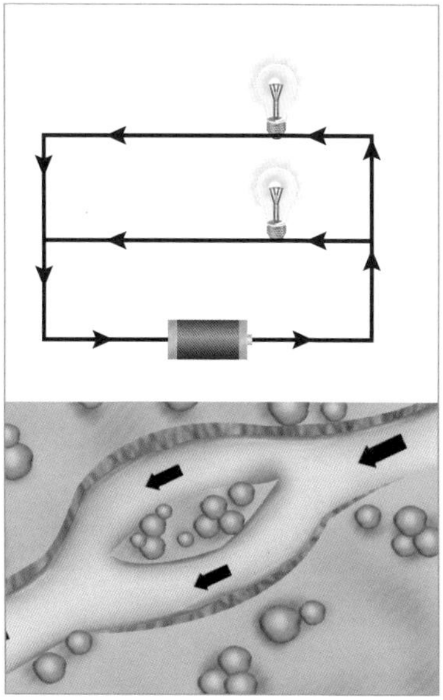

◀圖16-2

電流與河流的情況很類似：（左圖）沒有分支的河流，各段河道在同一時間流過的水，水量大約相等；電路串聯時，在電路上任何一點，電流也都相等。（右圖）電路並聯時，情況就像河流有了分支，每條小河的流量不一定相等，但匯集後的流量，等於每條小河流量的總和。

16-6 電阻與歐姆定律

電子在導體中流動時，會與導體中的原子發生碰撞，使能量損耗、電位改變，而「導體兩端的電壓」與「通過導體的電流」的比值，就稱爲該導體的電阻。

$$導體的電阻=\frac{導體兩端的電壓}{通過導體的電流}$$

影響電阻大小的因素有：

- 材料：材料本身的性質對電阻的影響最大，例如銀、銅傳導電流容易，而石英、硫等非金屬的導電不易。在相同條件時，良好導體與不良導體的電阻可相差10^{20}以上。
- 溫度：對金屬導體而言，溫度愈高，導體內原子擾動愈大，對電流的阻礙愈大。所以若發現家中的電線在使用過程中溫度升高，代表電阻也隨之升高，不但浪費能量而且危險。
- 長度：同一種材料製成的導線，如果粗細相同，則長度愈長時，電阻愈大。
- 截面積（粗細）：同一種材料的導線，如果長度相等，則導線截面積愈大，電阻愈小。就像比起管徑狹窄的細水管，水在管徑大的粗水管中，較容易流通。

歐姆定律

德國科學家歐姆（Georg Simon Ohm, 1789-1854）在1826年經實

驗發現，在定溫下金屬導體導電時，兩端的電壓（V）與通過的電流（I）的比值爲定值，稱爲歐姆定律，可用下列式子表示：

$$R = V / I \quad 或 \quad I = V / R \quad 或 \quad V = I \times R \quad (R為定值)$$

V為導體兩端的電位差，單位為伏特（V）
I為導體上流過的電流，單位為安培（A）
R為導體的電阻，單位為歐姆（Ω）

根據歐姆定律可知，金屬導體導電時，電阻維持定值，不隨外加電壓的改變而改變。

電器的連接法

電器串聯時

1. 電器串聯時，流經各電器的電流I_1、I_2、I_3……均相等，總電流也等於各電器的電流。

$$I = I_1 = I_2 = I_3 \cdots\cdots$$

2. 電器串聯時，各電器兩端的電壓可能不相等，總電壓V等於各電器兩端電壓V_1、V_2、V_3…….的和。

$$V = V_1 + V_2 + V_3 + \cdots\cdots$$

3. 電器串聯時，總電阻R等於各電器電阻R_1、R_2、R_3……的和（見第182頁的「看動畫・學理化」）。

$$R = R_1 + R_2 + R_3 + \cdots\cdots$$

▲光碟動畫〈電氣館〉
電阻的串聯

電器並聯時

1. 電器並聯時，流經各電器之電流I_1、I_2、I_3……可能不相等，總電流I等於流經各電器的電流I_1、I_2、I_3……之和。

$$I = I_1 + I_2 + I_3 \cdots\cdots$$

2. 電器並聯時，各電器兩端的電壓V_1、V_2、V_3均相等，總電壓V也等於各電器兩端的電壓。

$$V = V_1 = V_2 = V_3 \cdots\cdots$$

3. 電器並聯時，總電阻R的倒數1／R等於各電器電阻R_1、R_2、R_3……的倒數1／R_1、1／R_2、1／R_3……之和（見第185頁的「看動畫・學理化」）。

$$\frac{1}{R} = \frac{1}{R_1} + \frac{1}{R_2} + \frac{1}{R_3} \cdots\cdots$$

▲光碟動畫〈電氣館〉
電阻的並聯

使用電器的常識

以燈泡串聯的電路為例，在這個電路中，只要有一個燈泡損壞，就會導致整個電路形成斷路，使電路上的所有燈泡熄滅。而在供電電壓不變時，串聯的燈泡愈多，電阻愈大，每個電器兩端的電壓愈小，最後造成燈泡亮度變小。但如果燈泡是並聯的話，電路上就算有燈泡損壞也不會造成斷路，各燈泡兩端都有正常電壓，可以維持亮度。所以家中各個電器，如電燈、收音機、洗衣機之間，均採用並聯而非串聯的方式聯接。

家庭用的多孔插座與延長線上的插孔，都是以並聯的方式連接。要注意並聯的電器愈多，總電阻會變小而使總電流變大，如果電路上的電流超過負載，線路會燒毀。所以要避免同時使用太多電器，以免發生危險。

使用電器時，也要考慮電器的適用電壓。你在電器上一定會找到寫著這個電器應在多少電壓才會正常工作的標示，例如在台灣出售的電器通常標示為110V或110～120V，因為這是台灣電力公司提供的電壓、家裡的插座供應的，都是這個電壓。但可能有些房子會有幾個插座是220V的，通常這是給冷氣機用的，如果你買來的冷氣機適用於220V，插在這些插座上，就可以正常工作。但如果你買回來的冷氣機是適用110V的，千萬不可以插在220V的插座上，否則會燒毀。如果適用220V的冷氣機插在110V的插座上，雖然不致於燒毀，但卻無法達成正常的冷卻功能。

各國供應的電壓不同，因此由國外買回來的電器，須注意電器的適用電壓是否與我國相同；出國旅遊時，也要注意攜帶的電器是否適用於國外的電壓，以免燒毀或發生危險。

電與生活

夜晚登高眺望都市，會看到一片燈海，這是人類用電力畫出的傑作。每天從早開始，出門過馬路看紅綠燈，到教室開燈上課，使用電腦，甚至連回家後開冰箱，用微波爐，都要用到電。電幾乎已經主宰人類的行爲與生活。

很難想像，如果沒有電，生活會變成什麼景況？人類用電的歷史才200年左右，但我們的生活已無法脫離電了。

自從1800年歷史上第一個電池（伏打電池）誕生，人類的生活方式就此徹底改變。

16-7 伏打電池

電池是利用化學反應產生電能的裝置。

如果你裝有金屬假牙，或是用銀粉（銀汞合金）來塡充牙齒的蛀洞，那麼你可能偶爾會有一些不愉快的經驗。例如當你使用不鏽鋼的筷子或牙醫用金屬鑷子碰觸你的牙齒時，是不是會有又酸又麻的感覺？你知道嗎？那是由於兩種不同的金屬接觸而產生的電流，換句話說，在你感到酸麻的同時，你的牙齒與金屬筷子（或鑷子）形成了伏打電池。

歷史故事

第一個電池

18世紀末，義大利醫生伽伐尼（Luigi Galvani, 1737-1798）在實驗室裡不經意的以銅製解剖刀接觸到鐵盤上的青蛙，發現青蛙的腿會抖動抽搐，通以電流時青蛙也有同樣的反應。他認為這是動物體內產生電流造成的；但義大利帕維亞（Pavia）大學的物理學教授伏打（Alessandro Volta, 1745-1827）有不同的看法，他認為電的產生與青蛙無關，而是由銅和鐵這兩種不同的金屬造成的。

為了驗證自己的假設，自1794年起，伏打開始動手做實驗，經由實驗證明：只要在兩種金屬片中，用鹽水或鹼水浸過的吸墨紙、麻布做間隔，再用金屬線連接起來，就會有電流通過。這種隔以鹽水的「金屬對」所產生的電流雖然微弱，但卻非常穩定。於是他把40到60對的銅片和鋅片相間堆疊，每一對銅、鋅片之間用鹽水淋濕的麻布片做間隔，然後只要用兩條金屬線把最上層與最下層的金屬片焊接起來，則兩金屬線兩端所產生的電壓足以讓人觸電，且金屬片的對數愈多，電力愈強。這就是「伏打電堆」，也是歷史上最早的電池。

物理學家伏打在製造出伏打電池之後，又發現在阻隔金屬片的濕布逐漸乾燥時，電流也會逐漸變弱。於是他改用一整排的杯子來貯裝鹽水或稀酸，並且把銅、鋅片浸入杯中，把杯子中的鋅片與另一杯中的銅片用金屬線連接，結果得到電流更強、更耐用的電池，這就是鋅銅電池的原型。

鋅銅電池

在伏打的鋅銅電池實驗中，鋅板與銅板有導線連接，放有鋅板的杯子與銅板的杯子之間，有鹽橋連接。

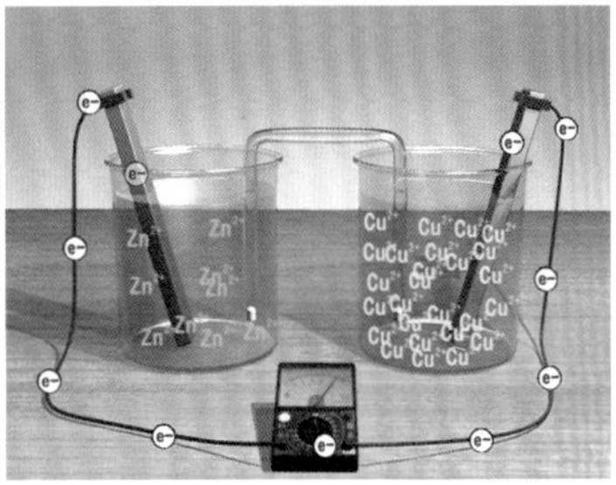

▲光碟動畫〈電氣館〉
鋅銅電池實驗

從實驗可以發現，隨著反應的進行，鋅板的重量會逐漸減輕，銅板的重量逐漸增加。這是因爲鋅的活性比銅大，鋅比較容易失去電子，鋅板會解離出鋅離子與自由電子（$Zn \rightarrow Zn^{2+} + 2e^-$），釋出的電子經由導線跑向銅板。流到銅板上的電子會吸引水溶液中帶正電的銅離子，在銅板上析出金屬銅（$Cu^{2+} + 2e^- \rightarrow Cu$）。

至於橫跨兩個燒杯的「鹽橋」，顧名思義就是內裝含硝酸鈉或硝酸鉀等鹽類的水溶液，用來充當兩燒杯溶液的橋樑。鹽橋的主要功能，在於避免兩燒杯溶液的混合，以溝通電路並保持溶液的電中性。（鋅銅電池動畫的解說，見第188頁的「看動畫．學理化」。）

因爲電池中兩個金屬的活性不同，連接兩個金屬的導線兩端就有電位差（電壓）。電池中，電子流出的那一端爲負極，電子流入的那一端爲正極，所以鋅銅電池中，鋅板是負極，銅板是正極。只要正負極採用兩種活性不同的金屬，用電解質隔開，就都可以形成電池，而兩種金屬的活性相差愈大，電池的電壓愈大。

當伏打電池放電時，活性的金屬做爲負極，放出電子，流至活性小的金屬。

16-8 實用電池

伏打電池的原理簡單易懂，但是因爲電壓與輸出電流都太小，而且電解質水溶液容易打翻等缺點，所以實用性不高。

爲了讓電池方便使用，有人用未上釉的隔離板取代鹽橋，有人利用硬化的石膏外框包住電解液，防止電解液濺出。科學家爲了讓電池更方便攜帶，可眞煞費苦心！

現行市售的碳鋅電池，把電解液製成糊狀，避免電解液濺出，所以稱為「乾電池」。另外，像汽機車使用的鉛蓄電池中的電解液，仍為水溶液態，因此要固定在車體上，避免酸液溢出。

碳鋅電池

市售乾電池中最便宜的是碳鋅電池。碳鋅電池是用碳棒做為正極，鋅殼當負極，氯化銨、氯化鋅水溶液當電解質水溶液，再加上二氧化錳、石墨粉、水與澱粉混合調成糊狀。

碳鋅電池雖然價格低廉，但因氯化銨容易腐蝕鋅，因此電池的壽命不長。近年來，市場銷售量逐漸為鹼性電池取代。

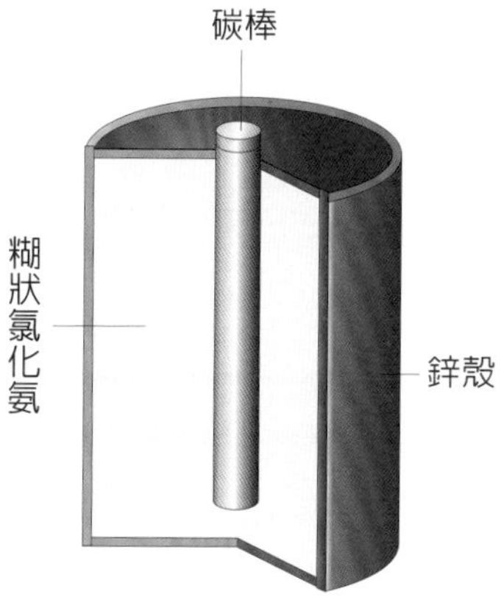

▲圖16-3

碳鋅電池的正極，是正中央的碳棒，負極是鋅殼，中央填充的是糊狀的電解質。

鹼性電池

目前鹼性乾電池已經愈來愈普遍。只要電池的電解液呈現鹼性，就屬於鹼性電池。碳鋅電池的電解質是氯化銨，鉛蓄電池的電解質是稀硫酸，這兩種電解質都是酸性，所以碳鋅電池與鉛蓄電池都是酸性電池。

一般市面上的鹼性電池是鹼錳電池，它與碳鋅電池在外形和電壓上相差無幾，但是它的電解液是鹼性的氫氧化鉀。鹼性電池的電壓穩定，壽命也比碳鋅電池長，但價格稍貴。

值得注意的是，為了要減少金屬受腐蝕，許多電池內部會添加少量的重金屬，所以用完的電池應全面回收處理，以免造成環境汙染。

充電電池

充電電池在放電後，可以充電再使用。常見的充電電池有：汽車內啓動馬達的鉛蓄電池，手機、隨身聽、電腦內的鋰電池與鎳鎘電池等。

以鉛蓄電池為例，鉛板為電池負極，二氧化鉛為正極，硫酸水溶液為電解質。當放電時，負極的鉛板釋出電子，正極的二氧化鉛接收來自負極的電子，除生成水之外，也在兩極產生硫酸鉛。化學反應式如下：

負極：$Pb + SO_4^{2-} \rightarrow PbSO_4 + 2e^-$

正極：$PbO_2 + SO_4^{2-} + 4H^+ + 2e^- \rightarrow PbSO_4 + 2H_2O$

總反應式為：$Pb + PbO_2 + 2H_2SO_4 \rightarrow 2PbSO_4 + 2H_2O$

充電時，反應會反向進行，負極的硫酸鉛接收電子變為鉛，正極的硫酸鉛則變成二氧化鉛。

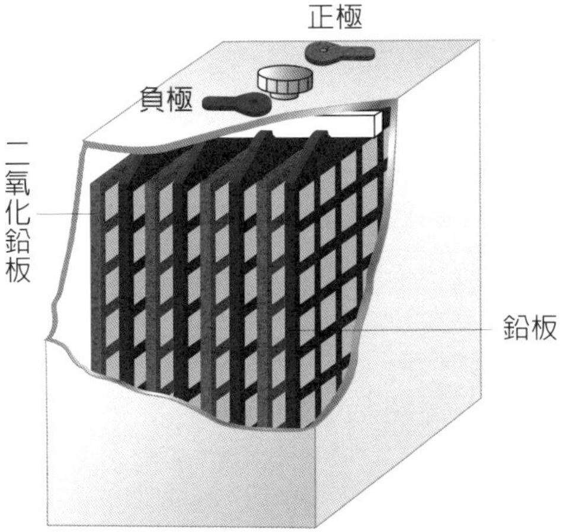

圖16-4 ▶
鉛蓄電池的正極是二氧化鉛板，負極是鉛板。左圖是鉛蓄電池的立體剖面圖。右圖是由上方俯視鉛板與二氧化鉛板相交錯的示意圖。

16-9 直流電與交流電

電源依輸出的電流方向是否變換，分爲直流電與交流電兩種。電池的正負極固定，電流方向不會隨時間變換，提供的電是直流電（簡稱DC）。《3D理化遊樂場 I》第6章〈魔術館〉提到的電解、電鍍等，通常都是通以直流電。如果電源的電流方向隨著時間而交替變換，正負極會不停改變，這種電即爲交流電（簡稱AC）。

電力公司送出的電流都是交流電，這是因爲交流電比直流電容易進行變壓，符合運送需要。由電廠到用戶的輸送過程中，爲了避免能量損失，電力公司輸送電流時，會把電壓提高到數十萬伏特，在進入用戶端之前再經由電線桿或地面的變壓器，把電壓變成110伏特。

交流電電源的一極由正而負，再由負而正，稱爲一次振動。一次振動所需時間，稱爲週期。每秒鐘來回振動數，叫做頻率，單位爲1／秒，又稱爲赫茲（Hz），目前台灣所用的交流電頻率爲60 Hz。以台灣的交流電（60 Hz）爲例，電流的變化如下圖：

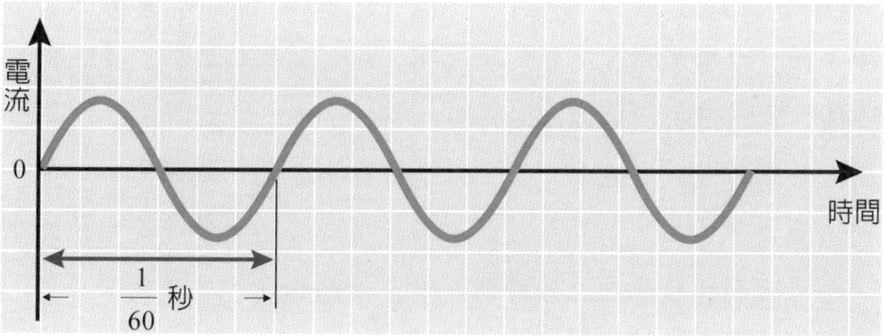

◀ 圖16-5
台灣所使用的交流電，頻率是60赫茲，也就是每秒來回振動60次。因此週期為1／60秒。

變壓器是藉由電磁感應改變電壓的儀器，而整流變壓器除了改變電壓外，還可把交流電轉換爲直流電，隨身聽使用外接電源時使用的變壓器，就屬於這一類。

歷史故事

愛迪生也失算？

大家都知道愛迪生（Thomas Alva Edison, 1847-1931）是發明家，一生中有許多了不起的發明，但愛迪生一生當中，最大的失算就是他頑固的堅持以直流電輸送電力。

在奧匈帝國出生的物理學家特斯拉（Nikola Tesla, 1856-1943）於1884年初抵美國，經人介紹至愛迪生的公司工作。當時愛迪生已發明了燈泡，需要建立電廠以供應電力。但他和特斯拉兩人，對電力輸送的方式，有截然不同的看法。愛迪生堅持用直流電輸送電力，並且建立了直流發電廠。

但是電流在導線中長途輸送，會損失大量電能，如此一來，直流電的輸送距離會很短。如果採用交流電輸送電力的話，可以在出廠時，以高壓電輸出，到了用户端才經由變壓器降為正常電壓，如此一來，可以減少能量損失，把電力輸送到很遠的地方。

變壓器是利用兩組匝數不同的線圈繞在一起組成的，當第一個線圈的電流大小或方向改變時，線圈內的磁場跟著改變，第二個線圈為對抗此一磁場變化，會產生感應電流，且感應電壓與匝數成正比。因此，控制線圈的匝數，就可以控制兩個線圈的電壓比，達到變壓的目的。直流電因為電流大小與方向都是固定的，所以不能使用變壓器改變電壓。

特斯拉建議愛迪生改用交流發電機，並動手裝設交流發電機，以實驗證明自己的建議可行，但愛迪生不肯接受，兩人發生了一些不愉快的爭執。特斯拉憤而辭職，並投靠西屋電氣公司，為西屋公司建立交流電廠。兩家公司經過激烈的競爭，最後證明交流電的輸送優於直流電，可以把電力輸送到偏遠地區，現在全世界的電力系統都是用交流電輸送。

16-10 電流的熱效應

電流有三大效應，分別為：（一）磁效應（如電磁鐵的應用，參見第17章〈魅力館〉）、（二）化學效應（如電解、電鍍，參見《3D理化遊樂場 I》第6章〈魔術館〉），以及（三）熱效應。本節的重點就在解說電流熱效應的現象。

電能

你是否動過念頭，想伸手碰觸剛熄滅的電燈泡？小心，雖然燈熄滅了，但燈泡仍然非常燙，因為燈泡會發出明亮的燈光，是由於電流流經鎢絲時，把鎢絲的溫度提高到1,000℃以上，使鎢絲因高熱而發光。所以無論是亮著的燈泡或剛熄滅的燈泡，溫度都相當高。而輸入燈泡的電大都變成熱消耗掉，只有少量變成光，所以燈泡會比日光燈來得耗電。

燈泡這種把電能轉變為熱的現象，稱為電流的熱效應，除了燈泡外，電鍋和電爐都是利用電的熱效應來工作。

電能的單位，與其他形式的能量一樣，最常見的單位是焦耳，而電能是電量與電壓的乘積：

$$E = Q \times V$$

其中，E為電能（單位：焦耳）

Q為電量（單位：庫侖）

V為電壓（單位：伏特）

如果有一條通電的導線，電流大小爲 I 安培，那麼在 t 秒內一共有Q＝I×t 庫侖的電量通過導線。再假設導線頭尾間的電位差是V伏特，則Q庫侖的電量在經過導線後所減少的電位能△ E就是：

$$\triangle E = Q \times V = I \times t \times V$$

依據能量守恆定律，這些減少的電能，必然會以別種形式的能量出現，例如在電鍋、電爐、電烤箱中，電能會轉爲熱；在電燈泡中，電能轉成熱與光；在吹風機中，電能轉爲熱與動能。藉由種種能量的轉換，我們才能夠享用科技所帶來的便利。

▲圖16-6

電烤箱把電能轉換成熱能，來烘焙食物。

電功率

當我們說「這個燈泡好亮」的時候，其實是指它可以在一定的時間內釋出很多的能量。因此不僅牽涉釋出（消耗）電能的多寡，還有消耗這些電能的時間。

如果燈泡在 t 秒內一共消耗E焦耳的電能，那麼平均每秒鐘即釋出（E／t）焦耳的電能。每秒鐘消耗多少電能稱爲電功率，通常以P表示，單位爲「焦耳／秒」或「瓦特」（簡稱瓦，記爲W）。電功率的算法如下：

$$P = \frac{E}{t} = \frac{Q \times V}{t} = \frac{I \times t \times V}{t} = I \times V$$

因爲電阻R、電流 I 以及電壓V之間具有V＝I×R的關係（歐姆定律），所以功率P也可以表示如下：

$$P = I^2 \times R$$
$$= V^2 / R$$

家庭用的電器，上面多半會標示「電壓—功率」。如110V-60W的燈泡，代表的便是該燈泡適用110伏特的電壓，在這種大小的電壓下，燈泡的電功率爲60瓦特，也就是該燈泡每秒消耗60焦耳的電能。

Question 想一想

1. 假設燈泡的電壓與功率為110V-60W，也就是說燈泡接於110伏特電源上，電功率為60瓦特，那麼使用30分鐘後，會用去多少電能？
2. 上述110V-60W的燈泡，電阻是多少歐姆？

Answer 參考答案

1. 燈泡使用30分鐘消耗的電能

   $E = P \times t = 60 \times 30 \times 60 = 108{,}000$ 焦耳
2. 由 $P = V^2 / R$ 可以推知

   $R = V^2 / P = 110^2 / 60 \fallingdotseq 201.7$ 歐姆

我們平日用電，必須付電費。究竟我們付電費買的是什麼？

電費是按我們用了多少度電來計費的，1度等於1千瓦小時（kWh）。如果有一盞500W的燈泡，開啓2小時，恰用去1度電。

$$500\text{瓦}\times 2\text{小時}=1{,}000\text{瓦小時}=1\text{千瓦小時}$$

1度等於1千瓦小時，若以焦耳計，則爲

$$\begin{aligned}1\text{度}&=1{,}000\text{瓦小時}=1{,}000\text{焦耳／秒}\times 3{,}600\text{秒}\\&=3{,}600{,}000\text{焦耳}=3.6\times 10^{6}\text{焦耳}\end{aligned}$$

所以我們付的電費，並不是計算我們買了多少電子（電子是不用買的），而是以我們耗去多少電能來計算的。

16-11 家庭用電安全

▲圖16-7

拔插頭時，不可拉扯電線，以免電線鬆脫，造成短路，引發災害。

電器固然使現代人的生活無比便利，但是如果使用不愼，也會帶來極大的災難，如電擊、火災等，所以用電豈可不愼！

例如，拔插頭時拉扯電線，容易使電線鬆脫，兩條鬆脫的電線如果彼此碰觸，就會形成短路。

短路時，電流不流經電器，總電阻突然變小，使得電路中的總電流變大（還記得V＝IR的公式嗎？）導線的溫度在瞬間增大，進而使電線熔解，甚至起火燃燒，這是許多火災發生的原因。

如果電線短路，就要靠保險絲防災。傳統上，保險絲是與電路串聯的「低熔點」金屬線（例如鉛、錫、鎘、鉍這4種金屬的合金)，當電流異常增加時，保險絲會受熱熔化，造成電路中斷，以保護電器並防止災害。不過近年來大多改採無熔絲開關代替保險絲，無熔絲開關在電流異常增大時，會自動跳開，使電路形成斷路。待檢查線路、排除異常狀況後，再重新開啓開關即可。

人體不小心接觸裸露的電線時，會發生觸電。電對於人體的傷害，並不在於電壓的高低，而在於通過人體的電流大小以及電流通過人體的路線。通常電流愈大，對人體造成的傷害也愈大。此外，如果電流通過心臟，對生命的威脅相當大。

人體的電阻會隨著皮膚表面潮濕程度而改變，乾燥皮膚的電阻超過潮濕皮膚的100到600倍。因此在雙手潮濕時應避免接觸電器，以免發生危險。

看動畫・學理化

動畫16-1：氣球帶靜電實驗

為什麼用墊板在衣服上來回摩擦，就可以用來把頭髮吸起來呢？

我們用以下類似的實驗來討論。

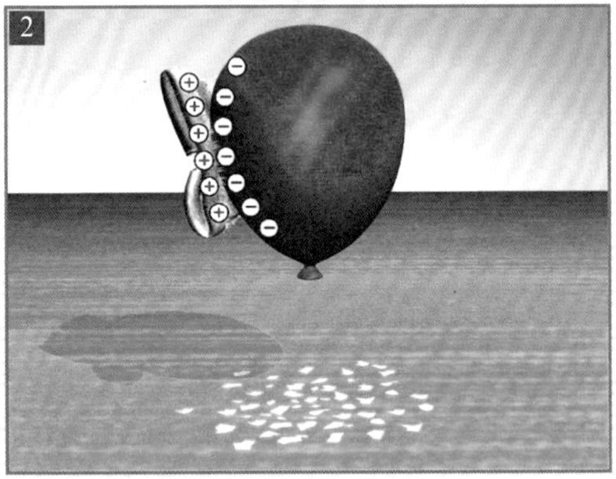

1. 原本是電中性的毛布與氣球摩擦後，會發生什麼事呢？
2. 毛布的表面會帶正電，而氣球的表面會帶負電。

3

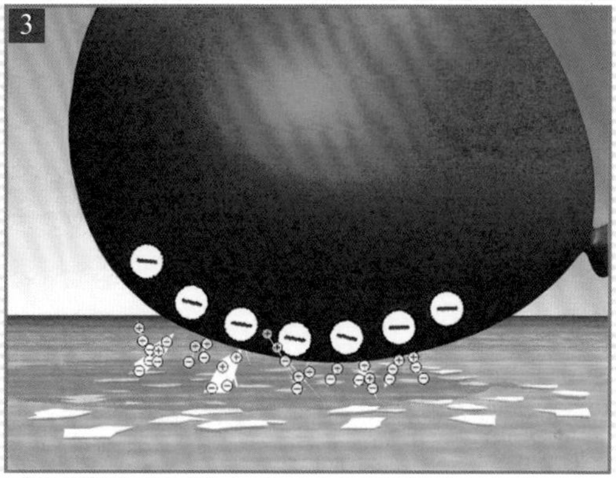

4

3. 帶負電的氣球表面靠近小紙片時，會使小紙片上的負電受斥而略遠離，造成正電荷較接近氣球。
4. 如此一來，氣球就可以輕鬆吸起小紙片了。

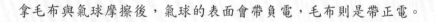

拿毛布與氣球摩擦後，氣球的表面會帶負電，毛布則是帶正電。

由於氣球表面帶有負電，當氣球靠近小紙片時，

小紙片上的負電會排斥而略為遠離，造成正電荷較為接近氣球，

因吸引力大於排斥力，氣球可以把小紙片吸引起來。

動畫16-2：感應起電實驗

用「感應起電」的方法，

可以使兩個電中性金屬球分別帶正負電。

1. 兩個相碰觸的金屬球上，有等量的正電荷與負電荷，呈電中性。金屬球下方為絕緣底座。
2. 當一個帶負電的塑膠棒靠近右邊的金屬球時，右邊金屬球上的電子會受排斥而移到左邊金屬球，使左邊金屬球帶負電；而右邊金屬球因失去電子而帶正電。

3. 不移動塑膠棒的位置，而把兩個金屬球分開。

4. 最後把塑膠棒移開，左右兩金屬球會分別帶負電與正電。

利用帶電塑膠棒使兩金屬球上的正負電荷分離，

然後趁塑膠棒尚未移走前，把兩金屬球分開，

使它們各帶正負電，這就是感應起電的方法之一。

動畫16-3：雷擊發生的原因

為什麼烏雲密布的時候容易打雷呢？

其實打雷是一種激烈的靜電中和現象。

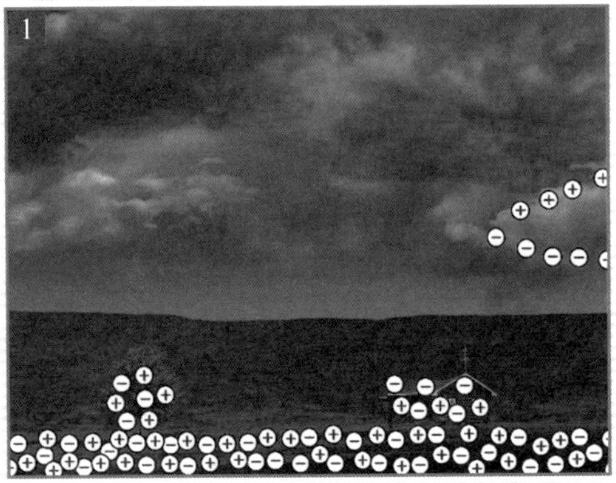

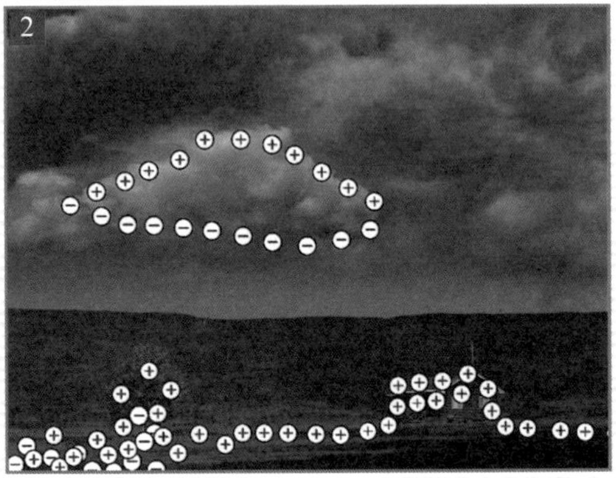

1. 當天上的烏雲靠近地面時，烏雲的底部帶負電，而地面原本是電中性的。
2. 由於烏雲底部帶負電，使地面產生感應，出現正電。

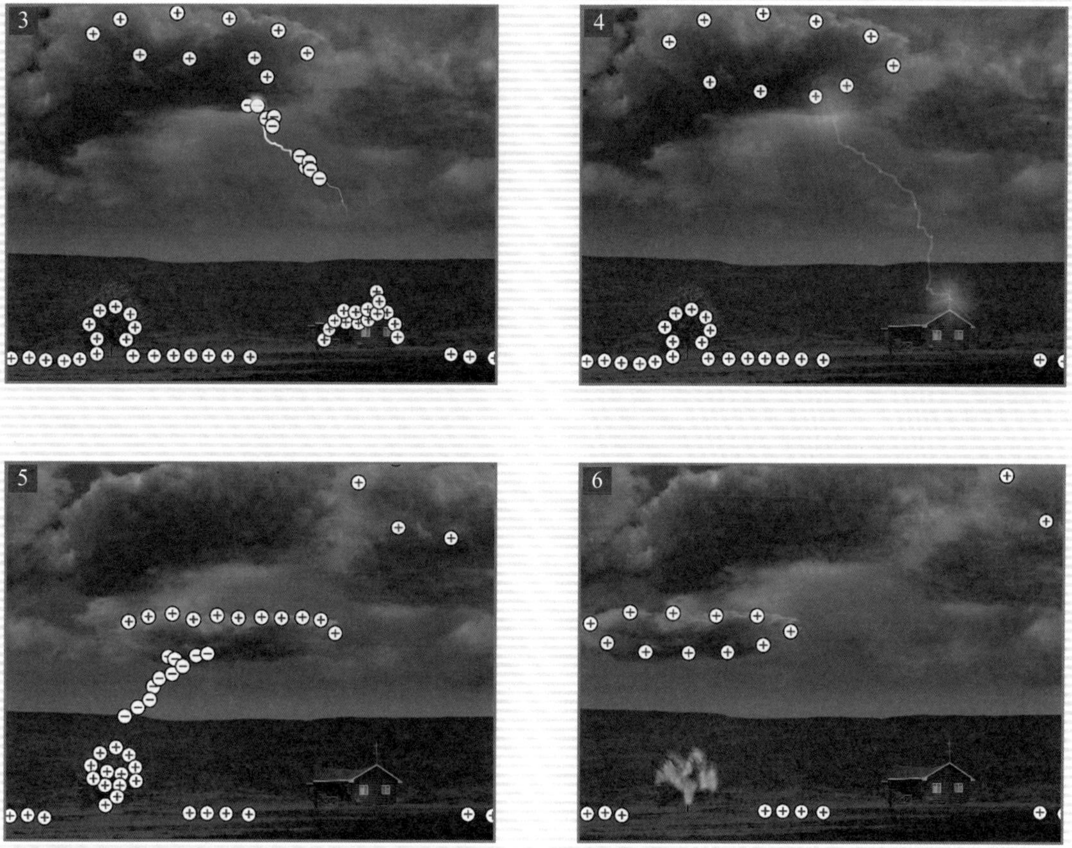

3. 當烏雲愈來愈密時，會使地面的正電愈強。
4. 此時，房屋透過屋頂的避雷針產生尖端放電，而避免雷擊。
5. 但是，沒有避雷針的樹木，無法陸續釋放靜電。
6. 終於，靜電累積到一定程度，樹木遭閃電擊中時會起火燃燒。打雷時不可站立於樹旁，就是這個道理。

當地面的正電與烏雲的負電累積達到一定的程度，

且彼此相吸引、迅速接近時，就會產生導電的路徑，

並瞬間釋放出巨大的能量及熱，而形成雷擊。

動畫16-4：燈泡的通路與短路實驗

為什麼我們罵一個人腦袋有問題時，會說他「秀逗」(short) 呢？

其實「秀逗」是電流發生短路的現象呢！

短路可能造成電器沒有作用，或者是電路燒毀。

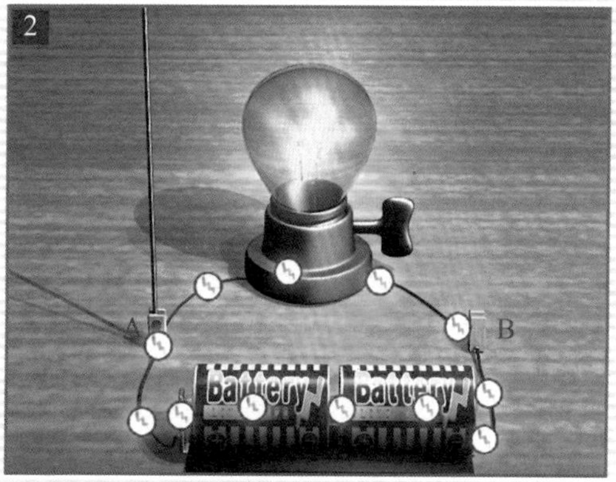

1. 實驗的裝置是在燈泡與電池串成的電路上，選取A、B兩點，加上保險絲引線的基座。
2. 打開燈泡開關，使電路成為通路。圖中有小圈圈的地方代表有電流通過，現在整個電路是通路的狀態，燈泡工作正常。

3. 把A、B兩點間以引線接通，電流會改走AB間的引線而不經過燈泡，這就是短路現象，會造成燈泡熄滅（沒有作用）。
4. 由於電流沒有通過燈泡，大量電流通過AB間的引線，造成導線溫度升高，終於燒斷電路。

電路中雖有電流通過，但並未通過電器，這種情形稱為短路。

以本實驗而言，

由於導線直接正負極，電流極大，造成電路燒毀。

動畫16-5：電池串聯與並聯的實驗

如果同樣的燈泡與兩個電池構成電路時，

這兩個電池要串聯還是並聯，燈泡亮度會比較大？

1. 一般市售的乾電池，兩端電壓約為1.5伏特。如果兩個電池串聯，總電壓會變成3伏特，此時燈泡會比只用一個乾電池、電壓為1.5伏特時來得亮。
2. 如果兩個1.5伏特的電池並聯，總電壓仍為1.5伏特，燈泡的亮度，比兩個1.5伏特的電池串聯時，暗了不少。

3

3. 把串聯的電路與並聯的電路擺在一起比較，很明顯可以看出並聯時燈泡亮度比較大。

當數個電池串聯時，總電壓等於各個電池兩端的電壓相加；

然而當數個乾電池並聯時，總電壓等於各個電池兩端的電壓。

動畫16-6：電阻的串聯

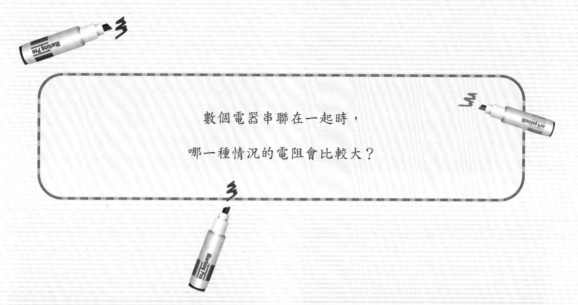

數個電器串聯在一起時，

哪一種情況的電阻會比較大？

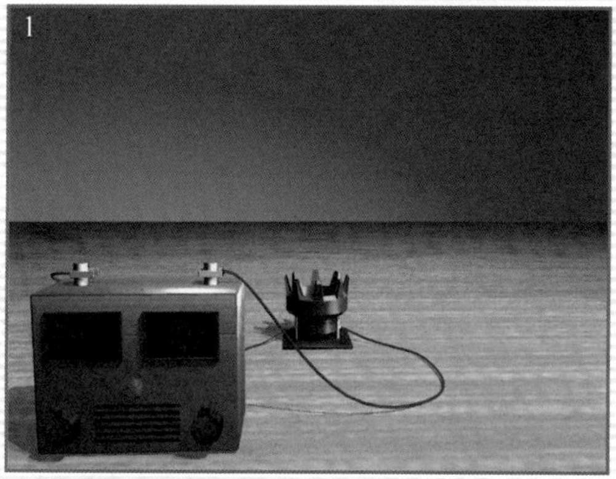

1. 燈泡還沒裝上去之前，電路形成斷路，所以雖然供應電壓達24伏特，但電流為零。
2. 當接上一個燈泡時，顯示電流為6安培。

3

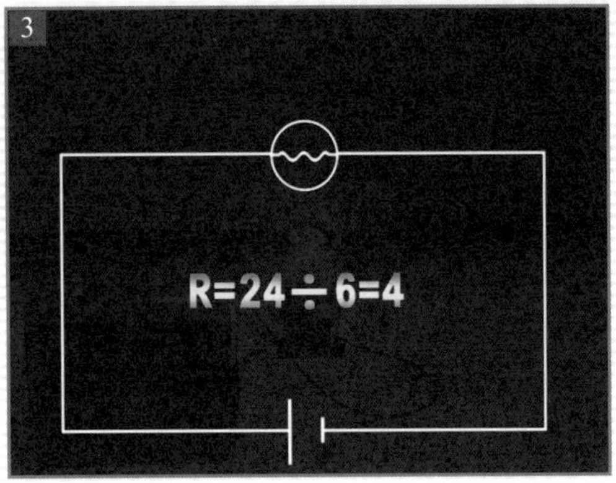

4

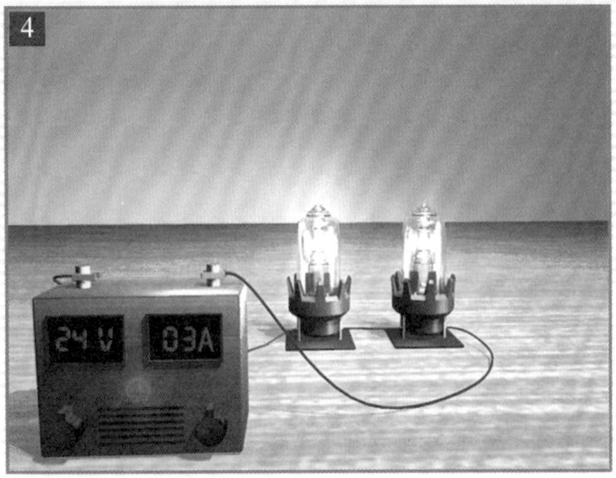

5

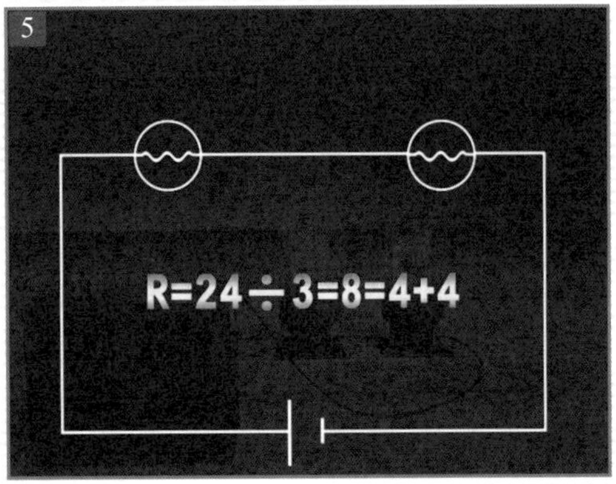

6

3. 經由計算，可知一個燈泡的電阻為4歐姆。
4. 當兩個燈泡串聯在一起時，顯示電流為3安培。
5. 經由計算，可知兩個燈泡串聯的總電阻為8歐姆，恰為一個燈泡電阻的兩倍。
6. 當三個燈泡串聯在一起時，顯示電流為2安培。

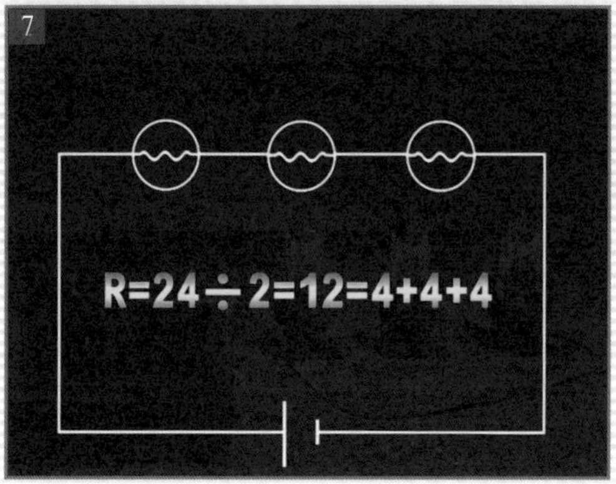

7. 經由計算，可知三個燈泡串聯的總電阻為12歐姆，恰為一個燈泡電阻的三倍。
8. 如果我們任意取走串聯中的任何一個燈泡，電流就流不過去，電路將形成斷路，電流變為零，其他串聯的燈泡也不亮。就像一座很長的大橋拆掉中間一段，雖然橋的兩端還是好的，但是整座橋的交通將被迫中斷。

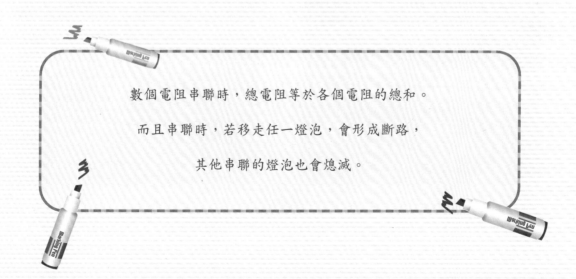

數個電阻串聯時，總電阻等於各個電阻的總和。

而且串聯時，若移走任一燈泡，會形成斷路，

其他串聯的燈泡也會熄滅。

動畫16-7：電阻的並聯

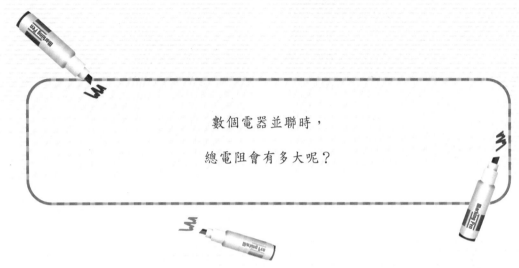

數個電器並聯時，

總電阻會有多大呢？

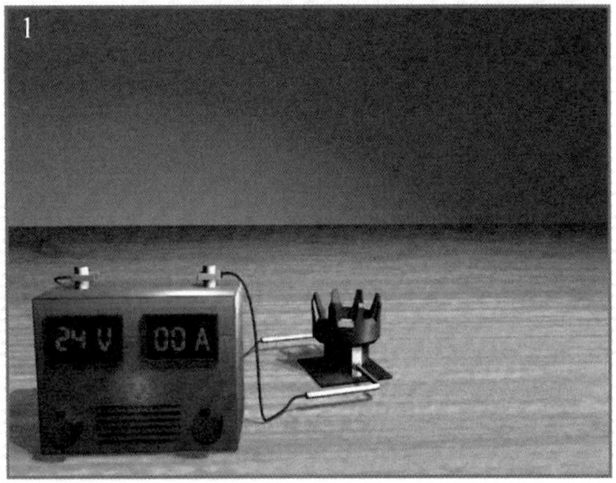

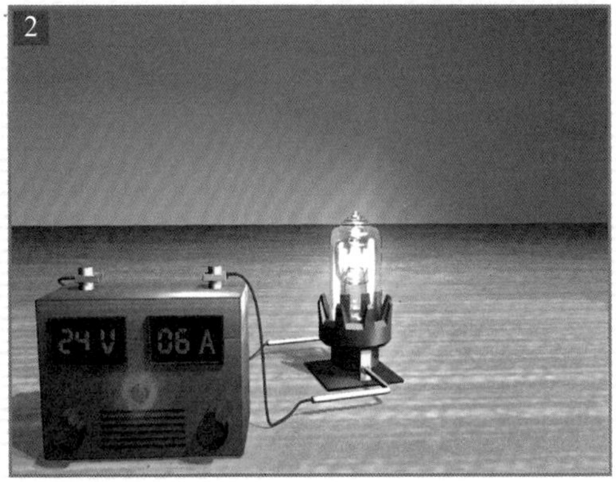

1. 燈泡還沒裝上去之前，電路形成斷路，所以雖然供應電壓達24伏特，但電流為零。
2. 當接上一個燈泡時，顯示電流為6安培。

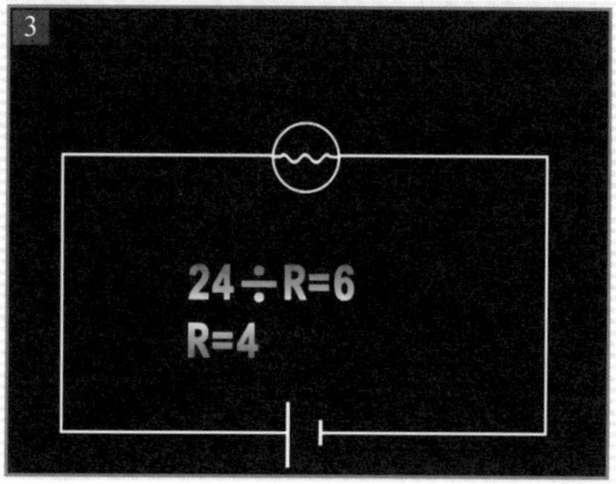

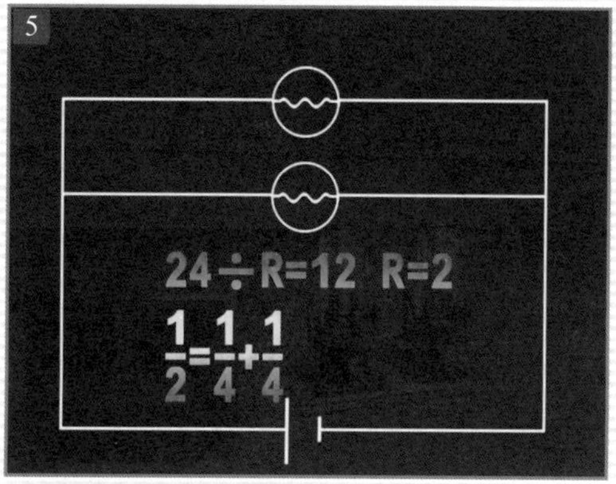

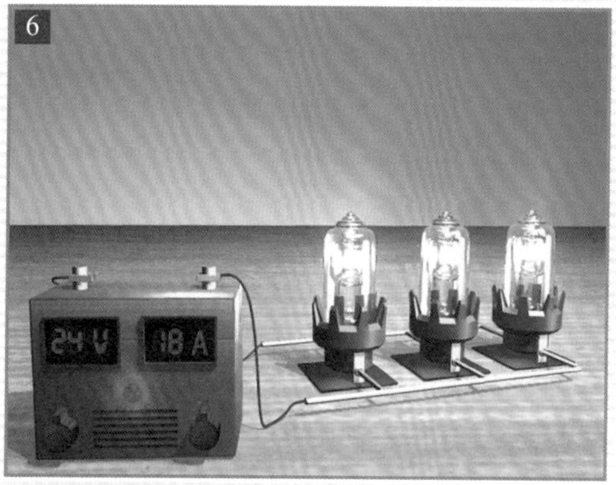

3. 經由計算，可知一個燈泡的電阻為4歐姆。

4. 當兩個燈泡並聯在一起時，顯示總電流為12安培。

5. 經由計算，可知兩個燈泡並聯的總電阻為2歐姆，恰為一個燈泡電阻的一半，符合「並聯時，總電阻的倒數恰為各電阻倒數之和」的推論。

6 當三個燈泡並聯在一起時，顯示電流為18安培。

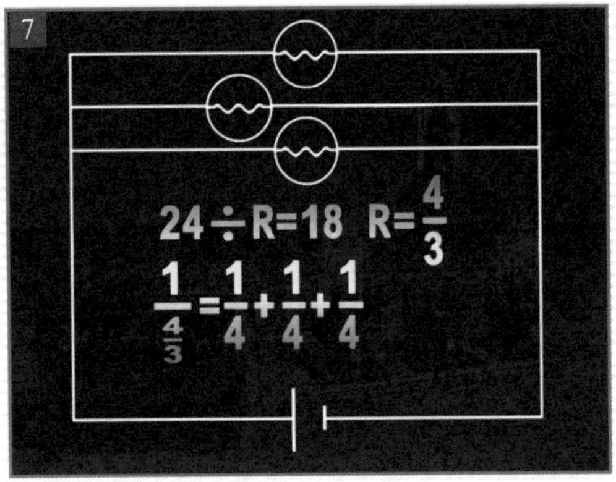

7. 經由計算，可知三個燈泡串聯的總電阻為4／3歐姆，恰為一個燈泡電阻的1／3。
8. 如果取走並聯中的任何一個燈泡，對其他兩個燈泡並不會有影響，電流顯示為12安培，與兩個燈泡並聯時，情況相同。

數個電阻並聯時，各電阻兩端的電壓都是一樣的，

且並聯總電阻的倒數1／R

等於各電器電阻倒數1／R_1、1／R_2、1／R_3……的總和。

若把並聯中的任一個燈泡移去，其他的燈泡依舊會發光。

動畫16-8：鋅銅電池實驗

把活性不同的金屬組合起來，可以構成電池，

這就是伏打電池的原理。

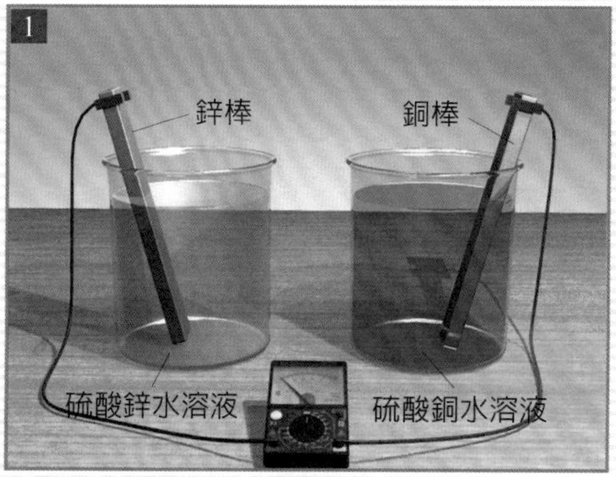

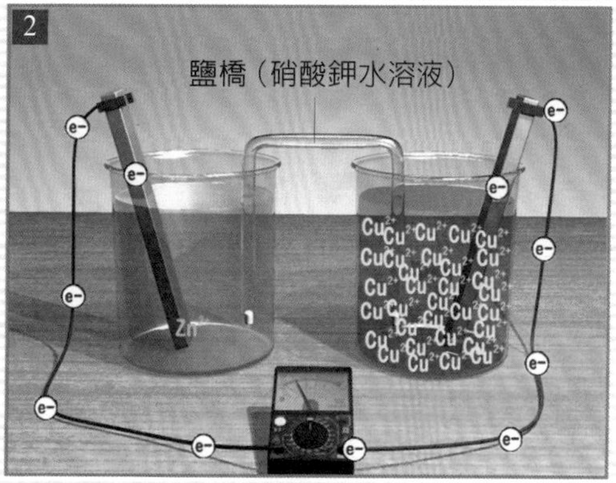

1. 左邊的燒杯中裝的是硫酸鋅水溶液與鋅棒，右邊的燒杯中裝的是硫酸銅水溶液與銅棒，擺在中間的電流計，靈敏度為毫安培。由於目前鹽橋還沒有放進來，整個電路呈現斷路，電流計的讀數為零。
2. 鹽橋內裝的是硝酸鉀水溶液，可以溝通電路，使電路成為通路。所以鹽橋放進來，電流計的指針就動了。

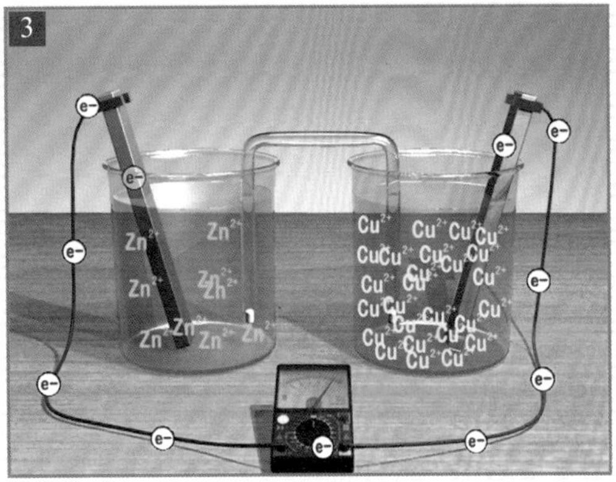

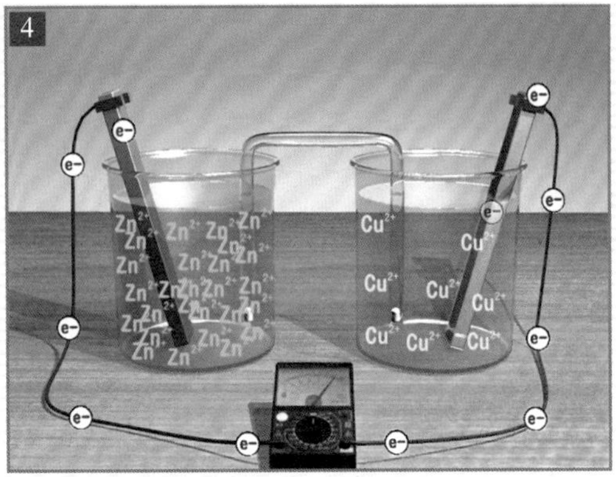

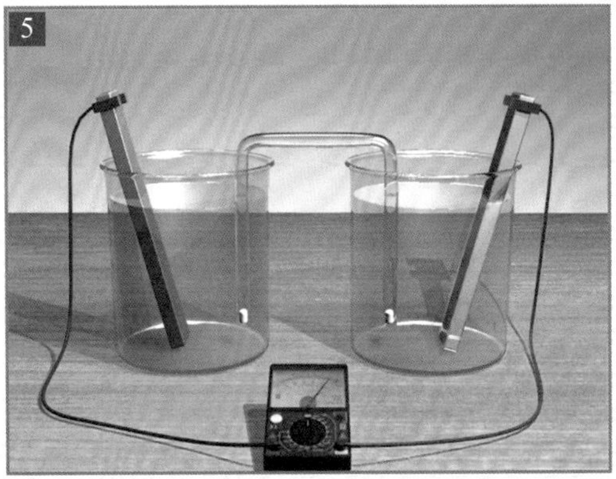

3. 反應時，鋅棒的鋅會失去電子，成為鋅離子釋入溶液中。電子沿導線移至銅棒後，與硫酸銅水溶液中的銅離子結合，變成銅附著在銅棒上。
4. 鋅棒的重量減輕，而硫酸鋅溶液中的鋅離子濃度漸漸變大；銅棒的重量變重，硫酸銅水溶液中的銅離子濃度會變小。
5. 反應持續進行時，硫酸銅水溶液中的銅離子濃度漸漸變小，溶液的藍色會愈來愈淡，銅棒重量漸漸增加。

鋅棒會輸出帶負電的電子，電子經由導線流入銅棒。

電池中，輸出電子的那一端為負極，電子流入的那一端為正極。

鋅銅電池正、負極的反應如下：

負極：$Zn \rightarrow Zn^{2+} + 2e^{-}$

正極：$Cu^{2+} + 2e^{-} \rightarrow Cu$

動動手・動動腦

活動 1

先動手

器材：空鋁罐（可樂或啤酒空罐）、氣球、毛皮（或毛料）、光滑的水平桌面

步驟：

1. 把橡皮氣球吹脹後打結。
2. 把空鋁罐放倒在桌面，輕推使其滾動，檢驗桌面是否平坦。
3. 取吹脹的氣球在毛皮上摩擦數下。
4. 把氣球摩擦過的一面靠近（但不接觸）鋁罐，觀察有何現象發生。

再動腦

1. 摩擦後的氣球與毛皮，電性是否相同？電量是否相等？
2. 如果摩擦後氣球帶負電，試問在摩擦過程中，氣球得到或失去電子？
3. 在氣球靠近鋁罐時，鋁罐的電荷如何移動？這是何種現象？
4. 鋁罐的兩側與氣球均有靜電力，分別爲吸引力與排斥力，爲什麼鋁罐會移動？
5. 如果鋁罐未移動，可能是什麼原因？

再動腦參考答案

1. 電性不同，電量相等。
2. 得到電子。
3. 鋁罐上的負電荷受氣球靜電排斥而遠離氣球，這是靜電感應的現象。
4. 鋁罐在靠近氣球的一端出現正電荷，在遠離氣球的一端出現負電荷。因爲異性電較近，吸力大，同性電較遠，斥力小，所以鋁罐受到氣球的吸力大於斥力，鋁罐會向氣球滾動過去。
5. 可能原因很多，例如：天氣潮濕時，靜電荷易流失，靜電現象不明顯；桌面粗糙，摩擦力大；鋁罐已變形，不易滾動等。

動動手．動動腦

活動 2

先動手

注意

使用美工刀時請小心，以免割傷手指或身體。

器材：附有測電條的1.5伏特金頂鹼性電池1個、美工刀1把、鑷子1個、杯子1個

步驟：

1. 取1.5伏特金頂鹼性電池1個，依照電池上的指示，用手指壓住測電條兩端的白點，然後以鼻子與嘴唇中間的人中，碰觸測電條，這時會有何感覺？
2. 觀察測電條變色帶的顏色是否發生變化？由哪一端開始變色？
3. 先用美刀工沿測電條外緣切開一條細縫，然後用手小心剝下測電條，可看到測電條與電池筒身之間附有一張紙片，把紙片的形狀畫在次頁上方的空格中。

注：本活動取自《創意教學——理化篇》，陳偉民、祁明輝著，幼獅出版社出版。

4. 小心的撕去紙片，觀察測電條的形狀，並畫在以下空格中。

5. 把溫度約50℃的熱水，倒100毫升在杯中，用鑷子夾住測電條，把測電條的一端浸入熱水中，此時測電條是否有變色？由哪一端開始變色？

再動腦

1. 試討論「先動手」步驟2的紙片與步驟3的測電條，爲何有這些形狀？各有什麼用途？
2. 做了以上的實驗，你知不知道測電條的變色帶，會在何種情況下變色？
3. 測電條的形狀爲何一端較窄而至另一端逐漸變寬？
4. 導線的粗細（截面積）、長短，與電阻大小的關係爲何？

再動腦參考答案

1. 金頂1.5伏特鹼性電池所附的測電條中，石墨電阻薄片與紙片的形狀如下圖所示。未用手指壓住測電條兩端的白色接點時，測電條與電池的電極之間有紙片與絕緣漆擋住，所以不會形成通路。當用手指用力壓住測電條兩端的白色接點時，其中一接點正好對著紙片上的小圓孔，而與電池筒身（正極）接觸，另一接點則與電池底部（負極）接觸，也就是說，電池與石墨電阻薄片形成串聯通路。

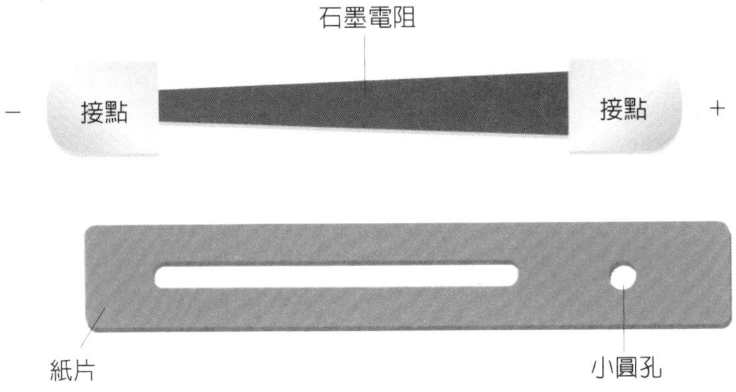

2. 測電條因高溫而變色。
3. 由於石墨電阻薄片較窄處（與電池負極接點端）的電阻較大，所以單位時間內產生的熱較多（$P = I^2R$），變色帶由這一端開始變色。若電池的電力充足，則石墨電阻薄片較寬處產生的熱，亦可使接觸到的變色帶變色。所以測電條的形狀製成一端較窄而至另一端逐漸變寬，可由變色的長度量出電池的電力。
4. 材質相同時，導體電阻與長度成正比，與截面積成反比。

第 17 章

魅力館

—— 電流與磁

哪位大俠這麼有魅力，隔空就把別人的兵器給吸過去？

哪位船長這麼有定力，縱橫七海也不會迷失方向？

哪位壯士這麼有臂力，把整個貨櫃輕鬆的舉起來？

哪位巫師這麼有法力，把聲音訊息在瞬間傳送到天涯海角？

全都是「磁」，它真是變化多端，法力無邊。

而且「磁」的另一個面貌竟然是「電」，它們是如何變身的？

在《3D理化遊樂場 I》第9章〈拔河館〉，我們曾探討過非接觸力。非接觸力是指物體不需相互接觸，就可以產生效應的力，磁力即為其中的一種。

地球是一個大磁鐵，磁針在地球表面上會受地磁影響，而呈南北方向，所以磁針可用來指引方向。整個人類文明的發展與磁有密切的關係，磁針與羅盤的發明，促進了航海技術的發展；發現電與磁的關係後，更促成了電報、電話、馬達、發電機的發明。隨著對磁的了解，人類的文明因而有長足的進展，而且磁已經深入我們的日常生活中了。

17-1 磁鐵的性質

輕輕闔上電冰箱門時，門似乎受到引力，「碰」的一聲緊緊關上。仔細觀察會發現，原來冰箱門的邊緣有數段磁鐵，我們可以用小鐵釘檢驗。有了磁鐵，難怪會有引力，這樣冰箱的門才能關得緊密，裡面的冷空氣才不會外洩。

物體吸引鐵器的性質，稱為磁性。可以吸引鐵器的物體，稱為磁鐵。會受磁鐵吸引的物質，則稱為磁性物質，磁性物質大都由鐵、鈷、鎳或這些金屬的合金構成。而不受磁鐵吸引的物質，就是非磁性物質了，例如塑膠、保麗龍、紙、橡皮，以及金、銅、銀、鋁等金屬都是非磁性物質。

磁鐵的磁性並不是平均分布在磁鐵的每一個部分，以一般棒狀磁鐵而言，通常中央的磁性最弱，兩端的磁性最強，稱為磁極。

為了觀察磁極，我們可以來做一個小小的實驗：把一塊棒狀磁鐵放入一盒鐵釘內，再拿起磁鐵，你會發現磁鐵兩端吸引的鐵釘最多，中間部分卻幾乎無法吸起鐵釘。從這個實驗，可以證明磁鐵兩端的磁性最強。（動畫的解說見第214頁的「看動畫・學理化」。）

如果把一般棒狀磁鐵用細繩綁好懸吊在空中，你會發現磁鐵總是一端指向北方，一端指向南方。指向北方的一極稱為指北極（又稱北極或N極）；指向南方的一極則稱為指南極（又稱南極或S極）。不論把磁鐵折成幾段，折出的每一段仍是具有N極與S極的磁鐵。

兩磁鐵的N極與N極或S極與S極靠近時，會發生互斥的現象，也就是同名極會互相排斥。相反的，磁鐵的N極靠近另一磁鐵的S極時，會發生相互吸引的作用，也就是異名極相吸。

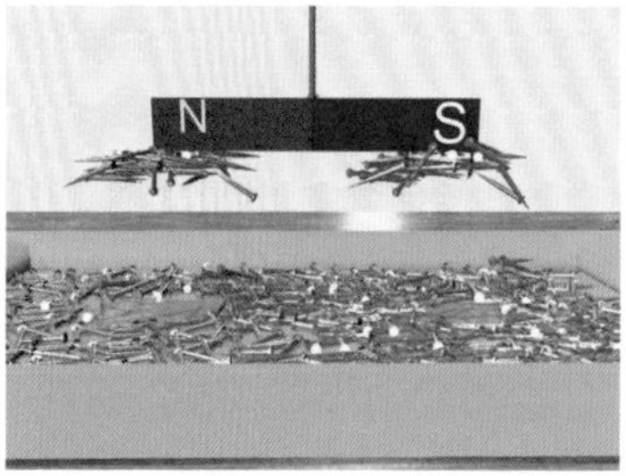

▲光碟動畫〈魅力館〉
磁鐵的吸附性

磁化與去磁

磁性物質（鐵、鈷、鎳）轉變為磁鐵的過程，稱為磁化。磁化的效果可能很短暫，也可能較持久，要看磁化的方法與被磁化的材質而定。例如軟鐵很容易被磁化，但磁性也很容易消失。

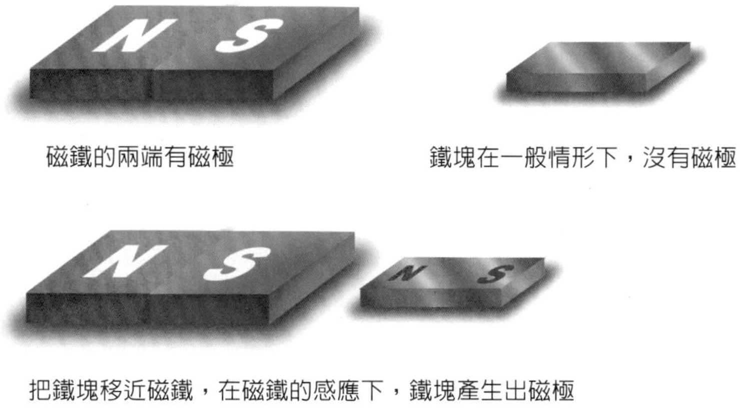

N S
磁鐵的兩端有磁極
鐵塊在一般情形下，沒有磁極
N S
N S
把鐵塊移近磁鐵，在磁鐵的感應下，鐵塊產生出磁極

◀圖17-1
磁性物質靠近磁鐵時，會出現暫時的磁化現象。

磁鐵靠近磁性物質時，靠近磁鐵的一端會產生異名極，遠端產生同名極，但這種磁化只是暫時的現象。磁鐵移開後，暫時受磁化的磁性物質就慢慢失去磁性了（見上一頁的圖17-1）。

另一種磁化的方法，是利用磁鐵在磁性物質上，依一定方向摩擦，就可以把磁性物質轉成磁鐵。

消除磁鐵的磁性，稱爲去磁。磁鐵受到高溫、敲擊或通入電流，都可能使磁性減弱或消失。

鐵如何被磁化？磁鐵如何被去磁？爲了解釋這些現象，科學家提出原子磁鐵群的觀念。什麼叫原子磁鐵群呢？我們在《3D理化遊樂場 I》第5章〈積木館〉學過，每個原子都有電子在外部運動；而在本章第3節中，我們即將學到電會產生磁。所以，每個原子都可以想像成一個小磁鐵，如果很多原子磁鐵集合在一起，且磁極方向一致，就會形成原子磁鐵群。

鐵的內部有許多原子磁鐵群，但這些原子磁鐵群的分布凌亂，N極與S極的磁性相互抵消，所以沒有磁性，無法吸引另一個鐵器。如果有一塊磁鐵靠近或摩擦這塊鐵，鐵塊內的原子磁鐵群會漸漸改變方向，漸漸與外加磁場一致，於是從一塊鐵變成磁鐵。這時它內部各個原子磁鐵群的N極與S極兩兩相接，內部磁性彼此抵消，但是兩端的磁性未抵消，因而產生磁性。這也就是爲什麼磁鐵

圖17-2 ▶
鐵塊磁化前，裡面的原子磁鐵群方向凌亂，所以沒有磁性。磁化後的鐵塊，原子磁鐵群方向變為一致，因此帶有磁性。

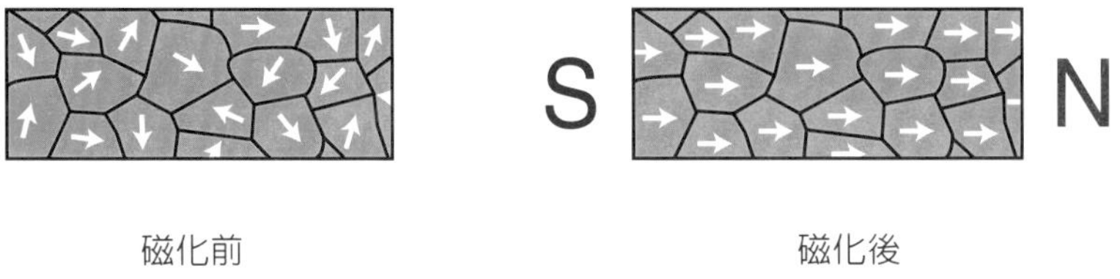

兩端的磁性最強，中央部位的磁性最弱。

當磁鐵受到高溫或敲擊影響，內部各個磁鐵群受到干擾，方向又變得凌亂，所以又從磁鐵變回普通的鐵了，這就是去磁的現象。

17-2 磁場

磁鐵的磁力是非接觸力，有一定的作用空間，也就是在一定距離內，磁鐵可吸引磁性物質，但是距離若太遠，即無法產生作用。磁力作用的空間稱為磁場。

磁場是看不見的，但我們可以藉由工具來觀察：把幾個磁針排成環狀，然後在環的中央放置一塊磁鐵，注意觀察磁針的方向變化。結果會發現磁針受磁場的作用，發生偏轉，磁針N極所受的磁力方向，我們稱為磁場方向，由此可以證實磁場的作用。（動畫的定格解說，見第216頁的「看動畫・學理化」。）

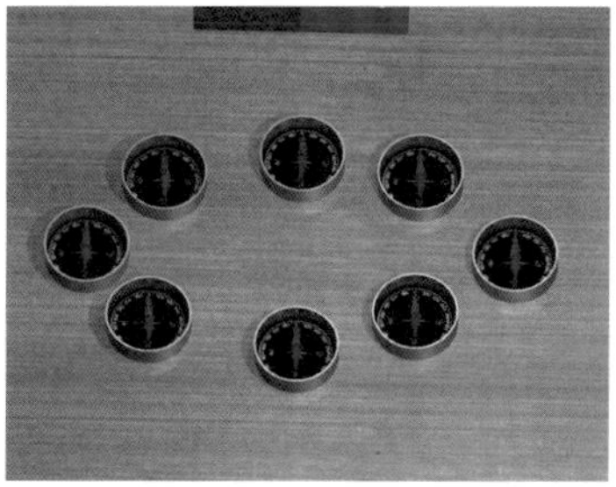

▲光碟動畫〈魅力館〉
磁場與磁力線實驗

仔細觀察每一個指針的變化，把每一個磁針的N極尖端作記號，再連接起每一個記號，可以畫出一條線，這種分布在磁鐵周圍的曲線稱為磁力線。如果我們把更多磁針散在磁鐵四周不同的位置，又可以畫出一條條不同的磁力線，每一條磁力線都是封閉曲線（具起點與終點的曲線）。在磁鐵外部，磁力線方向都是由N極射出，指向S極；在磁鐵內部則是從S極指向N極。

磁力線的重要性質

磁力線是三維空間中虛擬的線，我們藉助磁針的方向來摸擬磁力線，並非眞的看到磁力線。而地球的周邊空間中也存在一個磁場，我們稱為「地磁」，指南針之所以能在地球上指出南、北方向，就是因爲地磁的緣故。地磁的方向大約是由地理上的南方指向北方。磁力線的性質，詳述如下：

- 磁力線為假想的曲線，用來幫助我們了解磁針在磁場中的受力情形。
- 磁力線各點的切線方向即為該點的磁場方向，也就是磁針N極在該點所受磁力的方向。
- 每一條磁力線都是封閉的平滑曲線。在磁鐵外部是從N極指向S極；在磁鐵內部，則從S極指向N極。
- 在磁鐵兩極處，磁力線最密集；離兩極愈遠，磁力線愈疏鬆。磁力線的疏密程度，代表磁場的是強是弱。
- 磁力線不會分叉，任何兩條磁力線彼此不相交也不會合。

17-3 電流的磁效應

科學的演進過程，總是存在著許多的意外與故事。

在1820年丹麥物理學家厄斯特（Hans Christian Oersted, 1777-1851）發現電磁效應之前，沒有人知道電與磁有關係。

厄斯特當時在課堂上教授電學，無意間把一條通電的導線靠近磁針，發現磁針竟然會偏轉，然後他再試著讓電流反向流動，磁針也反向偏轉。這個現象顯示，導線通電後周圍會產生磁場，這個磁場的效果與磁鐵的磁場相同，這就是「電流的磁效應」。

我們可以用一個簡單的實驗觀察長直導線的磁效應：用一條導線垂直穿過厚紙板，並且在紙板上均勻灑上一層鐵屑，導線通電時就可以看到，鐵屑排列成以導線爲圓心的同心圓；距離圓心愈近，鐵屑的分布愈密，這表示靠近導線愈近、磁場愈強。

在厄斯特發現電流磁效應後，法國科學家安培（Andre Marie Ampere, 1775-1836）發現，通有電流的長直導線周圍會有磁場，導線上的電流愈大，磁場也愈強，而且離導線愈遠，磁場愈小。

安培也提出「安培右手定則」來判斷電流方向與產生的磁場方向的關係。假設以右手握住導線，當大拇指代表電流的方向時，其他手指的方向是磁場的方向（動畫的定格解說，見第219頁的「看動畫・學理化」）。

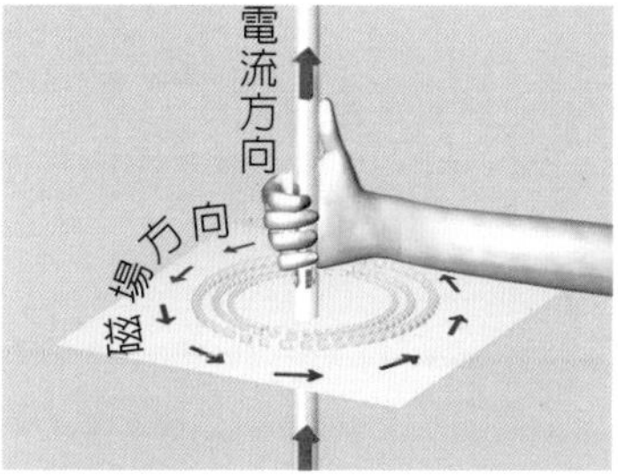

▲光碟動畫〈魅力館〉
安培右手定則

如果磁針僅受地球磁場的作用，磁針的N極應指向北方。然而，如果磁針受到電流磁效應的影響，地磁的作用力將與電流磁場的作用力合成，使指針N極偏離北方；若電流磁場愈大，指針的偏移程度也愈大（見第221頁的「看動畫・學理化」）。

17-4 電磁鐵

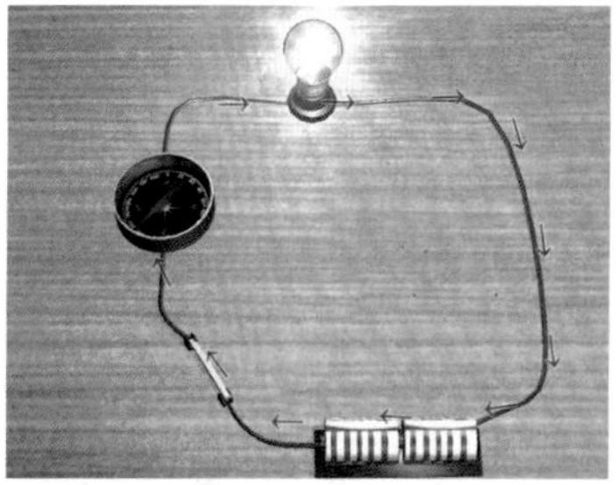

▲光碟動畫〈魅力館〉
電流磁場與地磁的合成實驗

長直導線通電後，附近會出現磁場，磁場方向可利用安培右手定則來判別。但如果導線是圓形線圈或螺旋形線圈，是否也會產生磁場呢？磁場的形狀、方向及強度又如何呢？

在硬紙板上剪出兩個小孔後水平放置，把繞成單匝圓形線圈的導線垂直穿過兩個小孔，然後在紙板上灑滿鐵屑。只要在圓形線圈通以電流，就會發現鐵屑排列成如次頁的圖17-3（a）；按照這個圖案，我們可以畫出此圓形線圈四周的磁力線，如圖17-3（b）。這樣的磁力線與一圓形的薄片磁鐵相似，我們不妨把這想像成一圓形片狀磁鐵。

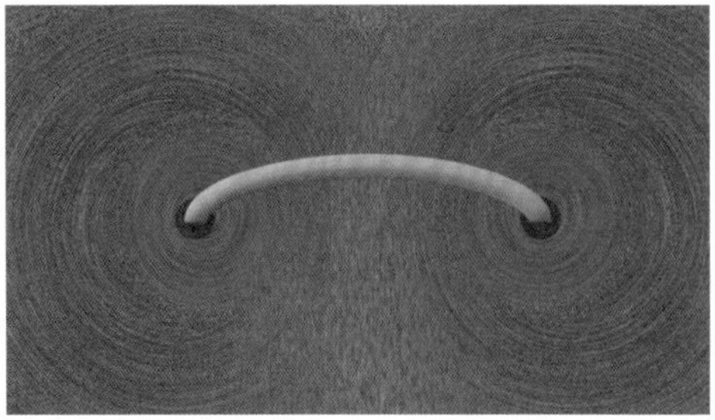

(a)

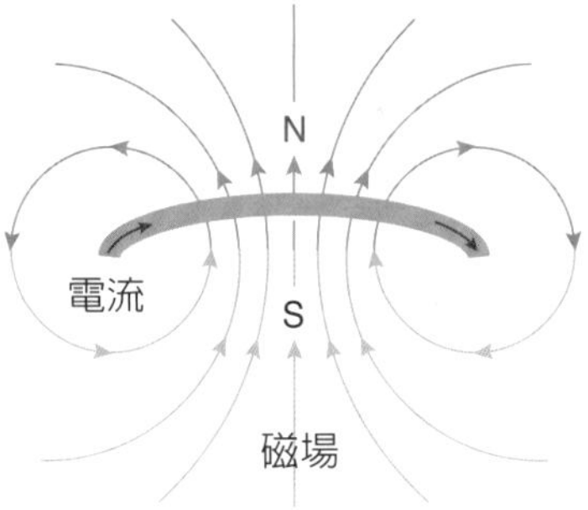

(b)

▲圖17-3

通電的圓形線圈讓鐵屑排列如圖(a);圖(b)是磁力線的示意圖。

爲什麼圓形線圈的磁力線分布會與圓形片狀磁鐵相似呢?我們不妨把線圈上每一小段導線視爲直線,由安培右手定則判定。以右手大拇指代表電流方向,彎曲的四指代表磁場方向,在大拇指繞線圈逐段前進的過程中,彎曲的四指始終穿過線圈內部指向同一方向,如同圓形片狀磁鐵內部的磁力線由S極指向N極。

當圓形線圈的匝數增多,形成螺旋形線圈時,每一匝都是一個圓形片狀磁鐵,堆疊在一起就成了圓柱形棒狀磁鐵,磁極方向仍與每一個圓形片狀磁鐵一致。通有電流的螺旋形線圈內,每一匝電流產生的磁場,在線圈內都指向同一方向,且磁力線密集,所以線圈內的磁場強度較線圈外大。(見第223頁的「看動畫・學理化」。)

如果讓螺旋形線圈穿過鋪滿鐵屑的硬紙板,鐵屑會排列成圖17-4(a);這個螺旋形磁鐵的磁場方向也可以用另一個更簡單的方法判別:以右手掌握住線圈,把右手拇指伸直,彎曲的四指代表電流方向,此時大拇指所指的方向即爲線圈內磁場的方向,也就是

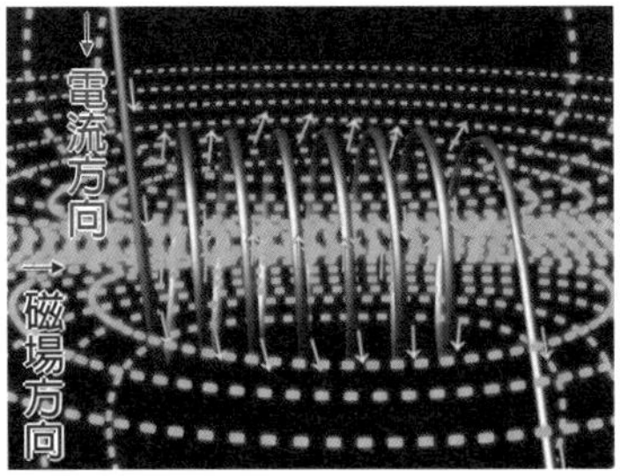

▲光碟動畫〈魅力館〉
線圈的電流方向與磁場方向

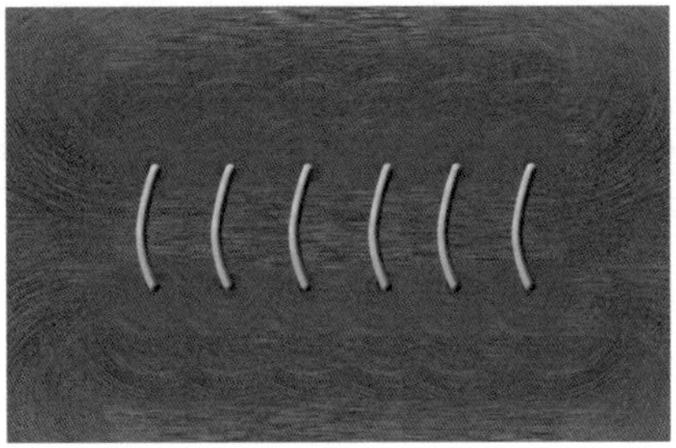

(a)

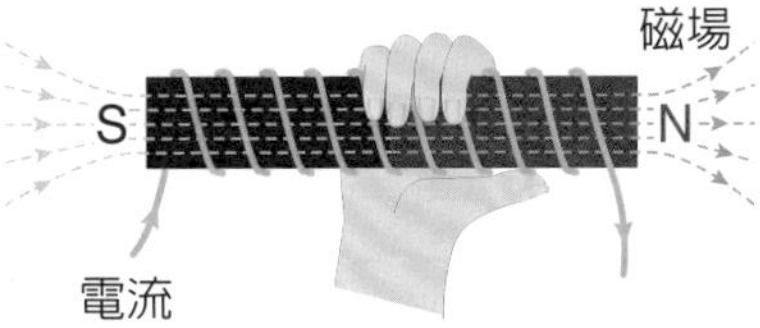

(b)

▲圖17-4

通電的螺旋形線圈讓鐵屑排列如圖(a);圖(b)繪出磁力線與電流的關係。

磁針N極的受力方向,見圖17-4(b)。

螺形線圈內磁場的強度與線圈上的電流,以及單位長度內線圈的匝數成正比。

利用電流的磁效應,可以製成電磁鐵,原理很簡單,電磁鐵是把螺線形線圈繞在軟鐵棒上,通電後軟鐵棒會磁化。

我們在第1節說過,軟鐵很容易磁化,但也很容易去磁。線圈內部的磁場讓軟鐵棒磁化成暫時磁鐵,當電流切斷時,線圈及軟鐵棒的磁性將隨之消失。通電的螺線形線圈磁性強弱與電流大小及線圈數成正比,也就是電流愈大、或線圈的圈數愈多,電磁鐵的磁場愈強。

電磁鐵的應用相當廣泛,例如工業用的強力電磁鐵,通上強大電流後,可用以吊運鋼板、貨櫃、廢鐵等重物。電磁鐵還可以應用於傳統的電報機、電話等。

此外,像測量電流大小用的安培計,內部就有一個電磁鐵與

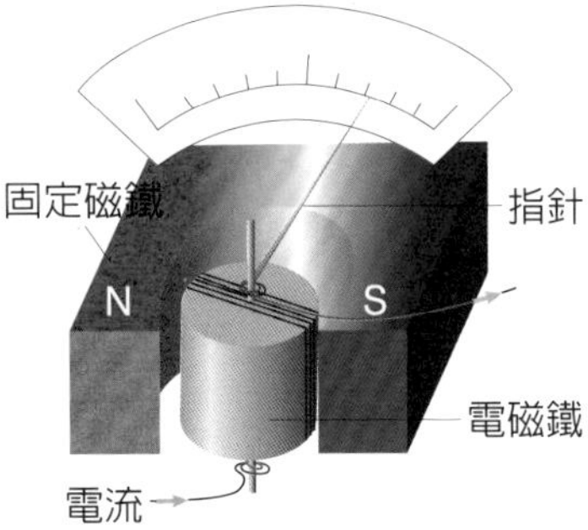

▲圖17-5

安培計內部構造的示意圖。當電流流經線圈，電磁鐵產生感應磁場，與固定磁鐵相斥，使得指針轉動。

固定的磁鐵。當安培計兩極輸入電流時，電流流入電磁鐵的線圈，產生感應磁場，與固定磁鐵相斥，線圈因而偏轉，帶動指針轉動。由指針轉動的角度可斷定電流的大小，這就是安培計的工作原理。測量電壓用的伏特計也是利用類似的原理，但因爲兩者使用目的不同，所以內部電阻大小與連接方法不同。

17-5 馬達與電話

馬達

馬達的原理是利用電磁鐵與固定的磁鐵互相吸引或排斥，讓固定磁鐵連續轉動，藉此把電能轉換成動能。

直流馬達的基本構造包括電樞、場磁鐵、集電環以及電刷等四部分，以下分別簡單介紹：

- 電樞：纏繞多圈漆包線的鐵芯，可繞轉軸運轉。
- 場磁鐵：產生磁場的永久磁鐵。
- 集電環：兩片不相連的半圓形金屬環，可以隨電樞轉動。因為是半圓形，每轉動半圈（180度），集電環會交換一次位置，與另一個電刷接觸，這樣集電環所輸入的電流方向就跟著改變一次。
- 電刷：可連接至電源正負極的固定裝置，用於與集電環接觸，通常由碳製成。

當直流馬達通入電流時，由於電流流經電樞時產生的磁場與場磁鐵相斥，會使電樞轉動。電樞帶動集電環轉動。轉動半圈後集電環與另一邊的電刷接觸，但是此時電樞中的電流與原來方向相反，但電樞也正好轉了半圈，電樞產生的磁場與場磁鐵仍排斥，電樞繼續原方向轉動。因此，馬達可不斷運轉。（動畫的定格解說，見第225頁的「看動畫・學理化」。）

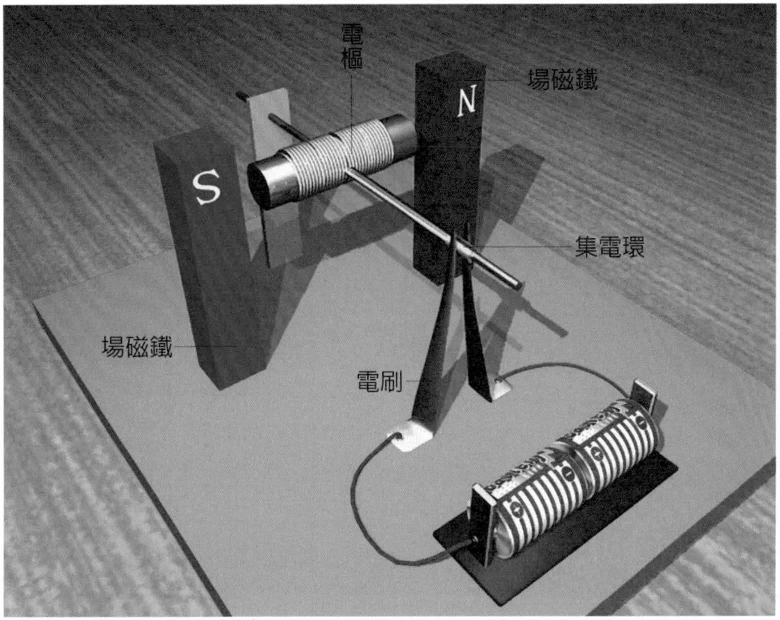

◀ 光碟動畫〈魅力館〉
馬達的運轉實驗

電話

電話，是現代人傳送訊息，與遠方通訊時最普遍的工具。電話是在西元1876年由蘇格蘭裔美國科學家貝爾（Alexander Graham Bell, 1847-1922）發明的。

貝爾的電話機內必須有電磁鐵，才能夠傳送聲音。對著話筒說話時發出的聲音，使金屬薄板產生振動。金屬薄板振動壓縮盒內的碳粉，因振動程度的不同，盒內碳粉忽鬆忽緊。碳粉壓縮得較緊密時，電阻較小，通過的電流較大，而碳粉壓縮程度較疏鬆時，電阻較大，通過的電流較小；於是說話者聲音的大小（響度）及音調的高低（頻率）就轉化成強弱變化的電流。電話機話筒的構造，請見圖17-6。

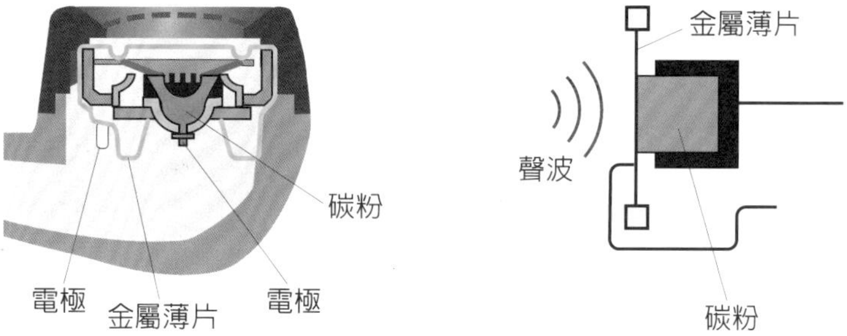

圖17-6 ▶
電話機話筒的構造，左邊為剖面圖，右邊為示意圖。金屬薄片因聲音而振動，壓縮碳粉。碳粉的疏密程度使得電流產生強弱變化，反應了聲波的變化。

這隨著聲音的振動幅度與頻率高低而改變的電流，會透過電纜傳送至另一支電話的聽筒端。

聽筒播放聲音的原理如下：聽筒內部有一個電磁鐵，傳送過來的電流經過線圈而產生磁場。靠近受話者耳朵的金屬薄片，會隨著電磁鐵的磁力強弱變化，產生不同振幅及頻率的振動。金屬薄片振動所發出來的聲音，可以複製出原來輸入話筒的聲音，讓聽者可以辨識出來電者的聲音。電話機聽筒的構造見圖17-7。透過以上的原理與機制，我們便可以利用電話與世界各地的人聯絡了。

不過，現在許多新型電話機因爲追求體積要輕薄短小，對於聲

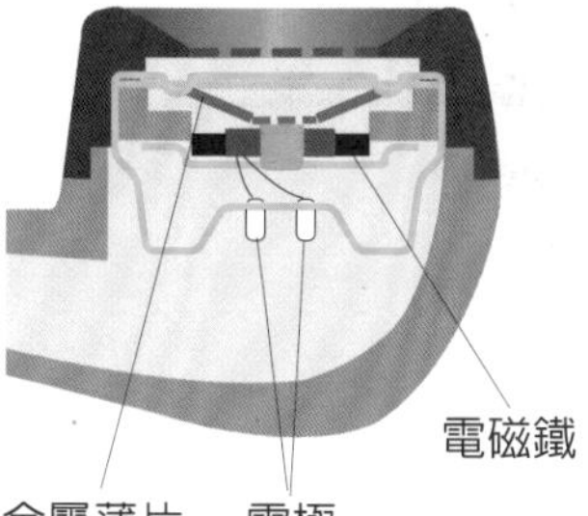

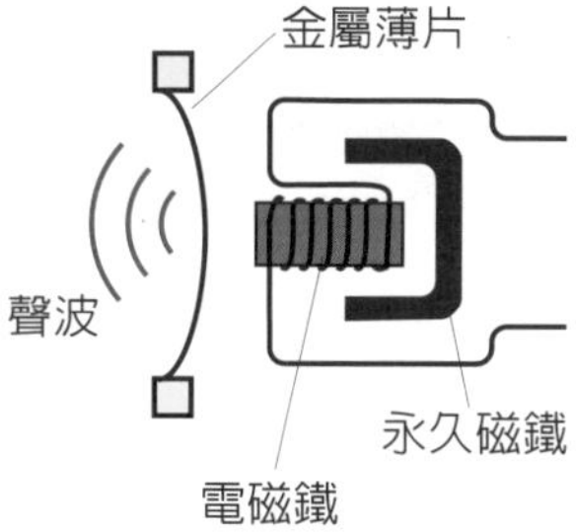

◀ 圖17-7
電話機聽筒的構造，左邊為剖面圖，右邊為示意圖。傳送過來的電流，讓電磁鐵產生磁性，吸引金屬薄片振動，發出聲音。

音品質的要求也更高，希望能更接近原來的聲音，因此新型電話機的內部構造與原理，已經與貝爾當年所發明的電話機大不相同了。

17-6 磁可以產生電嗎？

電會生磁，磁會不會生電？英國的科學家法拉第（Michael Faraday, 1791-1867）在1831年證實了電磁相生的現象。

電磁感應與感應電流

法拉第發現原先沒有電流的線圈，會因通過線圈的磁場發生變化而產生電流，這種現象稱爲電磁感應，而產生的電流叫做感應電流。這個發現使得電與磁的關係更加完整。

利用一個磁鐵棒與一個連有檢流計的線圈（檢流計是一種精密的電流計），進行電磁感應的實驗，可發現以下的現象：

- 當磁鐵棒位置不變時，檢流計指示的電流為零。
- 當磁鐵棒移向線圈時，檢流計指針就起了偏轉，表示線圈中已經產生電流。當磁鐵棒移離線圈時，檢流計指針會向另一方向偏轉，顯示產生的電流朝向相反的方向。

- 同一磁鐵接近或離開線圈時，磁鐵移動的速率愈大，線圈產生的電流愈大。
- 同樣條件下，磁鐵的磁性愈強，或線圈的匝數愈多，產生的感應電流也愈大。

依法拉第對電磁感應的研究結果，我們可歸納出一個簡單的結論：感應電流的大小，與線圈內磁場的變化速率成正比。

俄國物理學家冷次（Heinrich Lenz, 1804-1865）觀察線圈如何

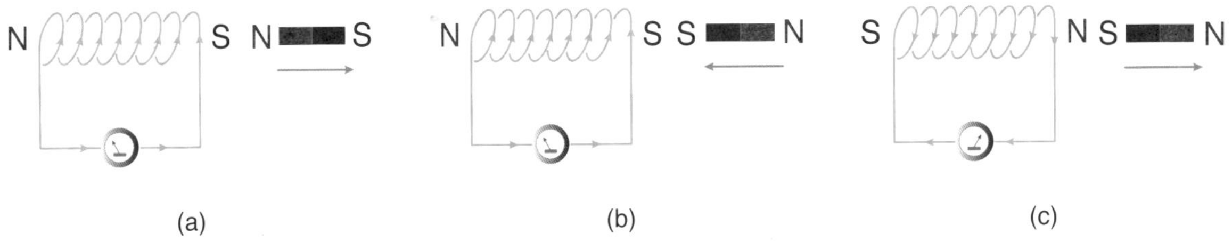

▲圖 17-8

(a) 當磁鐵的N極離開線圈一端時，線圈會產生感應電流，使靠近磁鐵的那一端成為電磁鐵的S極，以抗拒磁鐵的N極離開所造成的磁場變化。(b) 當磁鐵的S極接近線圈一端時，線圈會產生感應電流，使靠近磁鐵的那一端成為電磁鐵的S極，以抗拒磁鐵的S極接近所造成的磁場變化。(c) 當磁鐵的S極離開線圈一端時，線圈會產生感應電流，使靠近磁鐵的那一端成為電磁鐵的N極，以抗拒磁鐵的S極離開所造成的磁場變化。

產生感應電流，發現感應電流的方向，總是使感應電流產生的新磁場，抗拒原來磁場的變化（見左頁的圖17-8）。這個結論，稱為冷次定律。

發電機

發電機是利用電磁感應，讓線圈在磁極間轉動，產生感應電流。發電機可以把動能轉變為電能，可分為交流發電機與直流發電機兩類，基本構造如下：

- 電樞：可以自由轉動的多匝線圈。
- 場磁鐵：產生磁場的永久磁鐵。
- 集電環：連接線圈兩端的金屬。
- 電刷：通常用碳製成，連接導線，把電流輸出。

直流發電機

直流發電機的構造及原理如下：

線圈的圈面垂直於磁場方向時，通過線圈內的磁力線最多；線圈的圈面平行於磁場方向時，通過線圈內的磁力線數最少，線圈在轉動過程中，因通過線圈的磁力線數目改變，因而產生感應電流。

線圈的兩端分別連在兩個半圓形的集電環上，每一片集電環接觸不同的電刷。每轉動半圈之後，恰好交換所接觸的電刷。

線圈在磁場中轉動時，每轉動半圈（180度），線圈內的感應電流即改變方向一次，但因集電環也正好轉半圈，接觸的電刷互換，所以每個電刷輸出的電流方向不變，輸出的電流為直流電。（見第228頁的「看動畫・學理化」。）

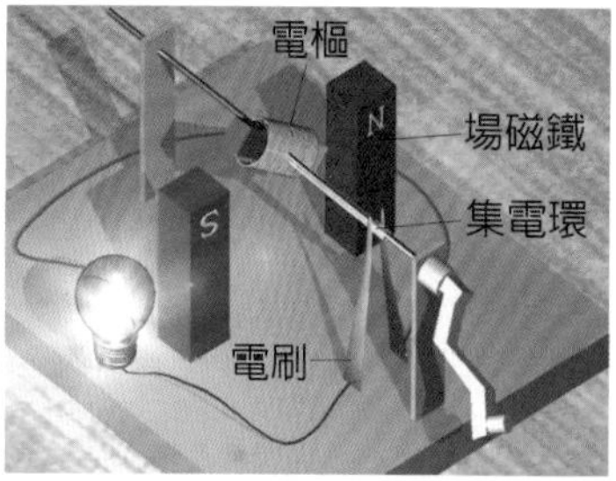

▲光碟動畫〈魅力館〉
發電機的構造

交流發電機

交流發電機的工作原理與直流發電機相同，不同的是輸出的電流形式。交流發電機使用兩個圓形集電環，無論電樞如何轉動，每個集電環都與固定的電刷接觸。電樞每轉動半圈，感應電流的方向會改變，由於集電環接觸的電刷固定不改變，因此電刷輸出的電流為不停變換方向的交流電。

看動畫・學理化

動畫17-1：磁鐵的吸附性

用磁鐵吸鐵釘時，

磁鐵的哪個部分會吸起比較多的鐵釘呢？

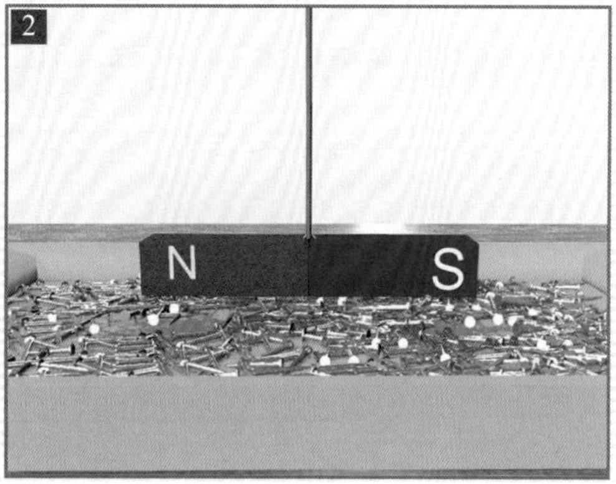

1. 把棒狀磁鐵，放進一盒小鐵釘內。
2. 讓棒狀磁鐵吸引鐵釘。

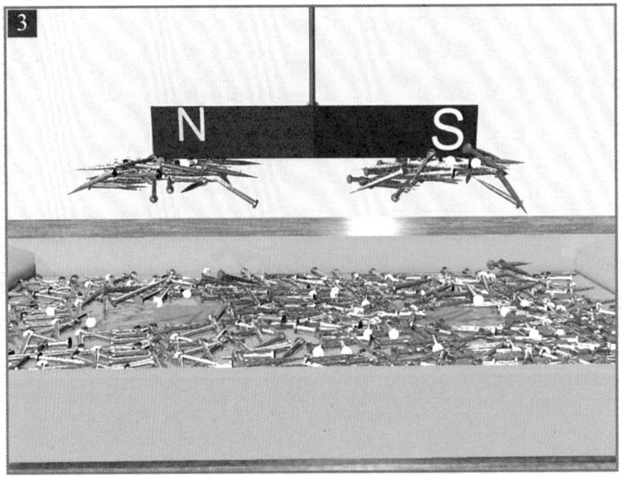

3. 結果發現棒狀磁鐵的中間部分，磁性最弱，幾乎無法吸起任何鐵釘。不同的磁鐵，磁極的分布位置也會不同，你不妨拿各種形狀的磁鐵來吸鐵釘，看看它們的磁極在哪裡？

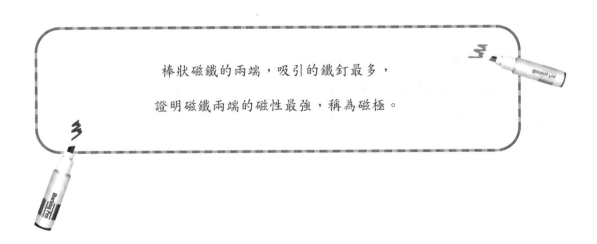

棒狀磁鐵的兩端，吸引的鐵釘最多，

證明磁鐵兩端的磁性最強，稱為磁極。

動畫17-2：磁場與磁力線實驗

磁鐵為什麼可以吸引鐵釘？

為什麼磁鐵的磁極部位磁性最強？

科學家提出「磁力線」的觀念來解釋磁鐵的各種性質。

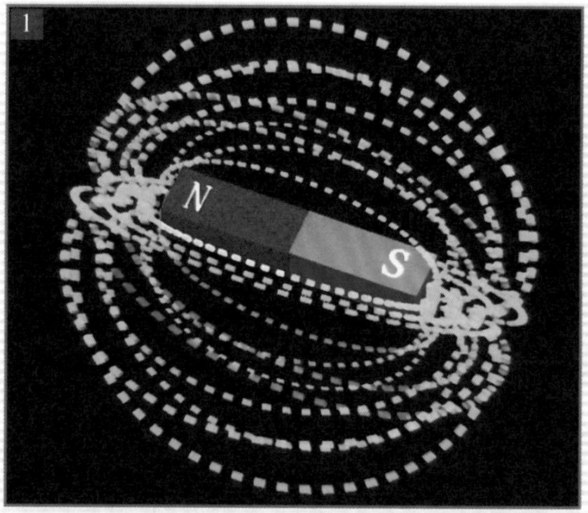

1. 我們假想有一種線叫磁力線，由磁鐵的N極射出，經由外部回到S極，在磁鐵的內部則由S極到N極，形成一個封閉曲線。任兩條磁力線絕對不會相交，且磁力線上每一點的切線方向，表示該點的磁場方向。磁力線愈密集的地方，也就是磁場愈強的地方。我們由圖中可以看到，磁鐵兩端的磁力線最密集，這可以解釋為何磁極的磁性最強。

2

3

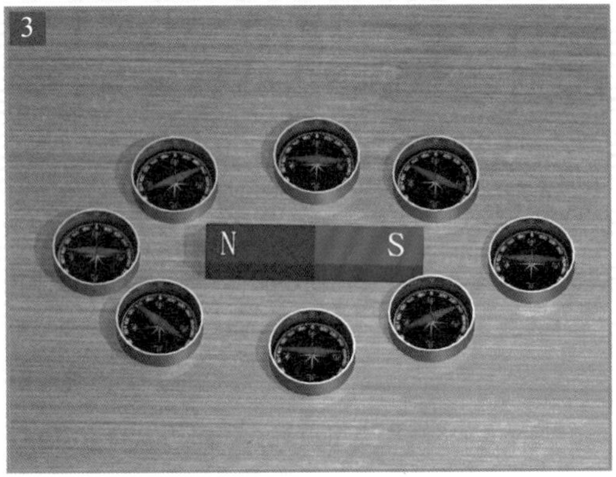

4

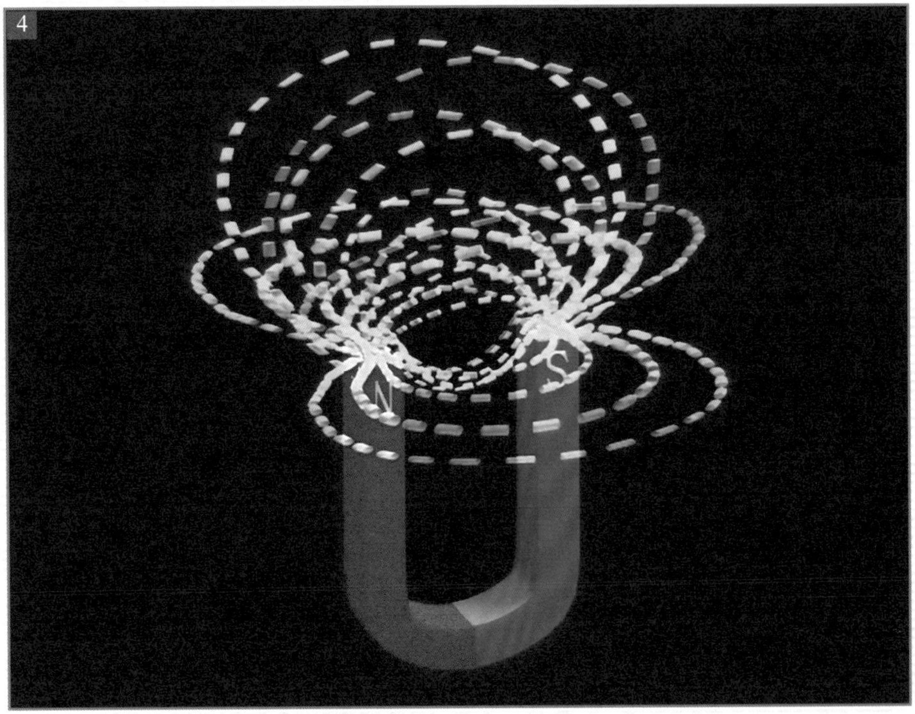

2. 排列成環狀的指南針，每一根磁針紅色的那一端表示N極，目前全都指向北方，顯示地球是個大磁鐵，地球表面的磁力線方向是由南向北。
3. 把棒狀磁鐵放在指南針排成的圓環中間時，每一個磁針的N極都會受棒狀磁鐵的磁力線影響，而發生偏轉。仔細看會發現，每個磁針的轉動角度都不太相同，這是因為磁針的N極必須順著磁力線的方向。你看正對著磁鐵N極的那根磁針，它的N極正好遠離磁鐵的N極；正對著磁鐵S極的那根磁針，它的N極卻正對著磁鐵的S極。如果把所有的磁針順著N極指示的方向連起來，隱約可以看出磁力線的形狀與方向。
4. 馬蹄形的磁鐵，磁極在兩端，你可以看到兩端的磁力線最密集。在磁鐵內部仍有磁力線由S極射到N極，在這裡沒有畫出來。

磁力線是假想的線。

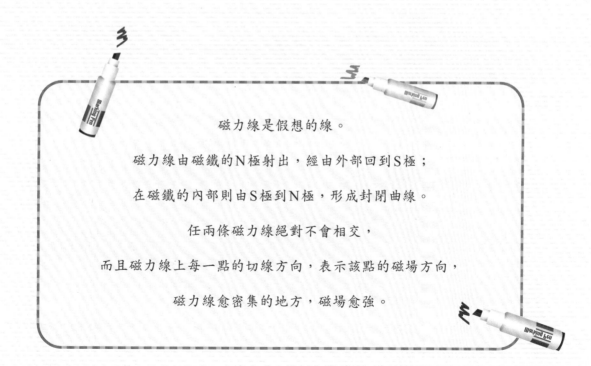

磁力線由磁鐵的N極射出，經由外部回到S極；

在磁鐵的內部則由S極到N極，形成封閉曲線。

任兩條磁力線絕對不會相交，

而且磁力線上每一點的切線方向，表示該點的磁場方向，

磁力線愈密集的地方，磁場愈強。

動畫17-3：安培右手定則

「安培右手定則」用來判斷

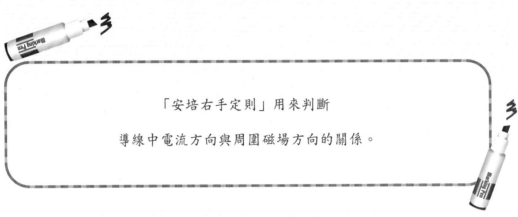

導線中電流方向與周圍磁場方向的關係。

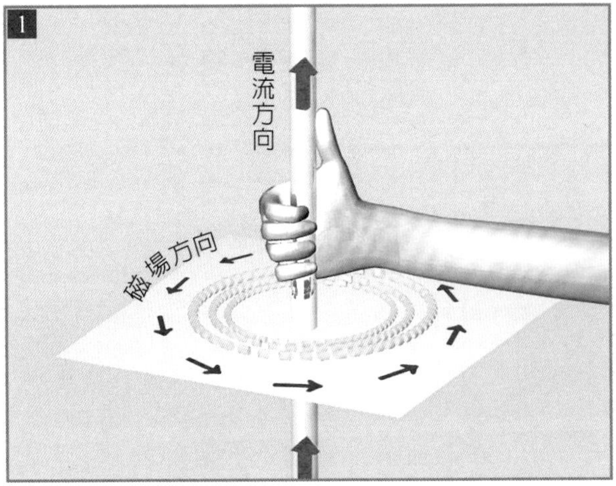

1. 當年厄斯特把通電的導線靠近磁針時，觀察到磁針會偏轉，發現了「電流磁效應」，這是因為長直導線通有直流電時，會在周圍建立磁場。電流產生的磁場方向，可以用安培提出的「安培右手定則」來判斷，我們會發現，通電的長直導線產生的磁力線為同心圓。

用右手握住導線，

當右大拇指代表電流的方向時，

其他四指所指的方向就是磁力線方向。

動畫17-4：電流磁場與地磁的合成實驗

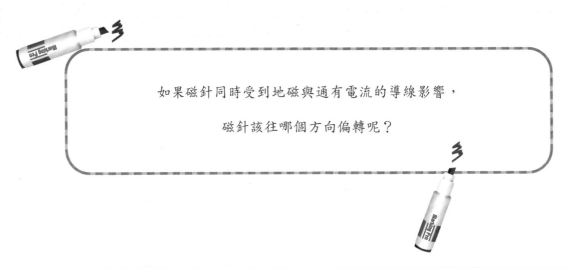

如果磁針同時受到地磁與通有電流的導線影響，

磁針該往哪個方向偏轉呢？

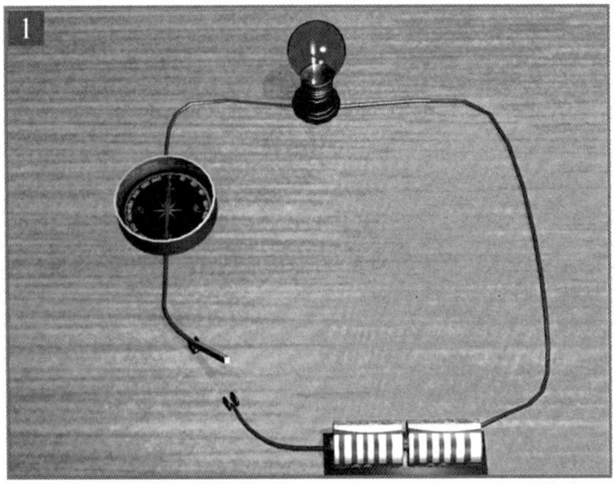

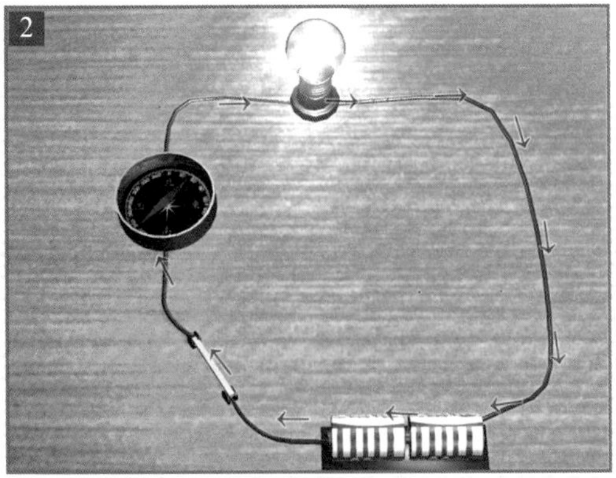

1. 當開關還沒有按下時，由於沒有電流磁效應，磁針只受地磁影響，N極的方向指向北極。
2. 當按下開關後，原本指向北方的磁針受到影響而向東偏轉。

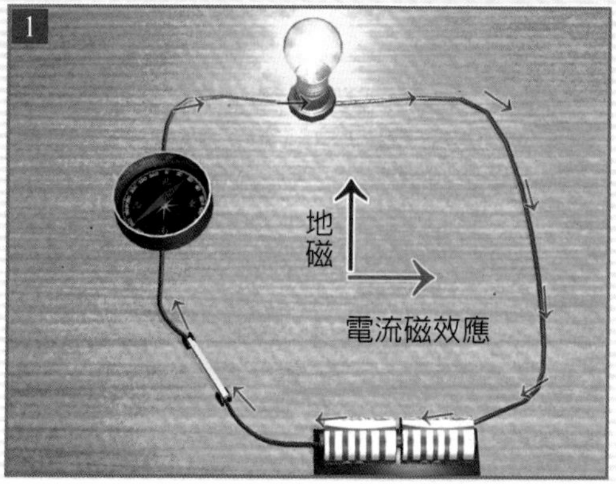

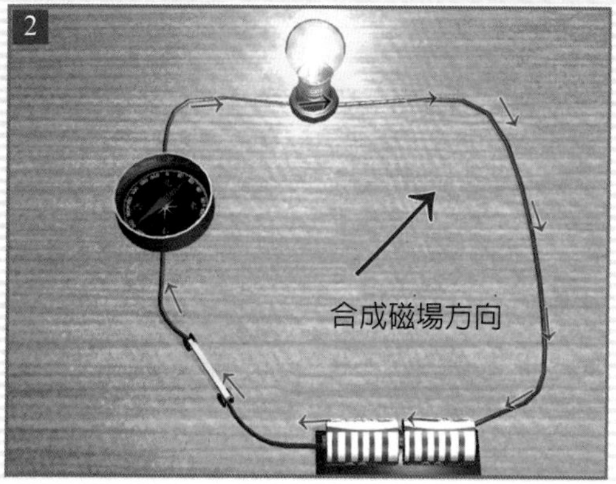

3. 這是因為通電後，出現了電流磁效應，依安培右手定則，磁針所受電流磁場向東，磁針同時受到地磁（朝北）和電流磁效應影響。
4. 地磁與電流磁效應的磁場合在一起，會使磁針指向東北方。畫面中看到的力的合成箭頭，就代表磁針受力的情形。

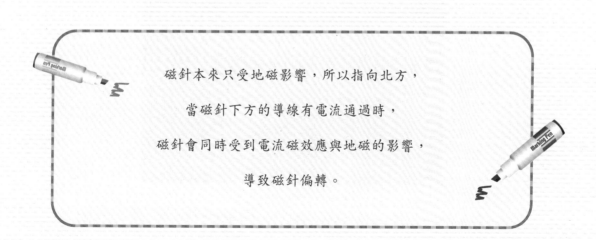

磁針本來只受地磁影響，所以指向北方，

當磁針下方的導線有電流通過時，

磁針會同時受到電流磁效應與地磁的影響，

導致磁針偏轉。

動畫17-5：線圈的電流方向與磁場方向

當直流電通過螺旋形線圈時，

電流與磁場方向的關係又該如何判別呢？

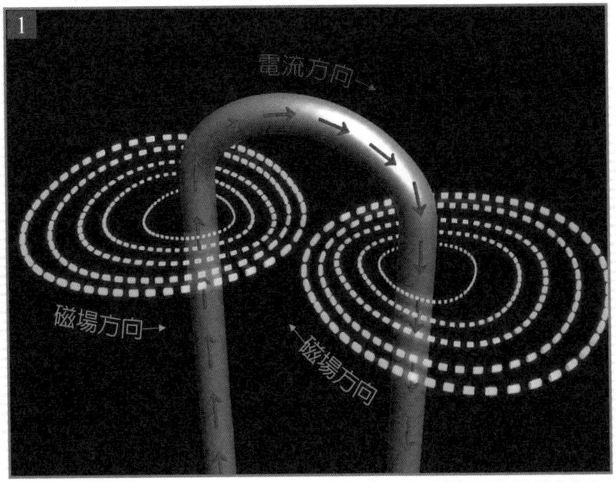

1. 這是螺旋形線圈的其中一圈，導線中通有電流。導線周圍的磁場方向仍遵守安培右手定則。

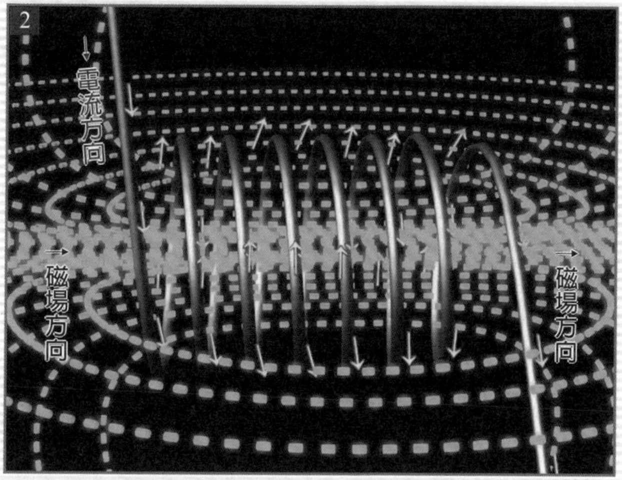

2. 當數個線圈合在一起時，在螺管內部的磁力線方向一致，而且方向的判斷，可以想像用右手握住線圈，彎曲的四指代表電流方向，此時大拇指所指的方向，即為線圈內的磁力線方向。事實上通電的線圈，就像棒狀磁鐵一樣，一頭為N極射出磁力線，另一頭為S極有磁力線射入。愈多匝線圈密集在一起時，磁力線更密集，磁力會愈強。

螺管線圈通了直流電，作用就像棒狀磁鐵，

若用彎曲的四指代表電流方向，

此時大拇指所指的方向，即為線圈內的磁力線方向，

也是磁鐵的N極方向。

動畫17-6：馬達的運轉實驗

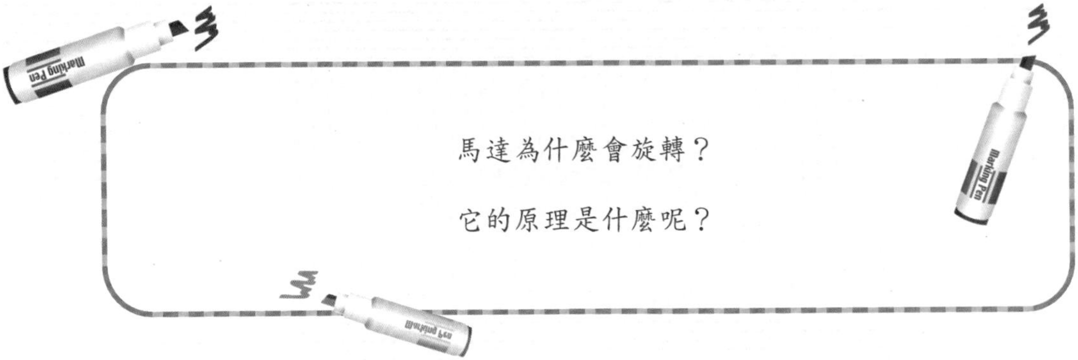

馬達為什麼會旋轉？

它的原理是什麼呢？

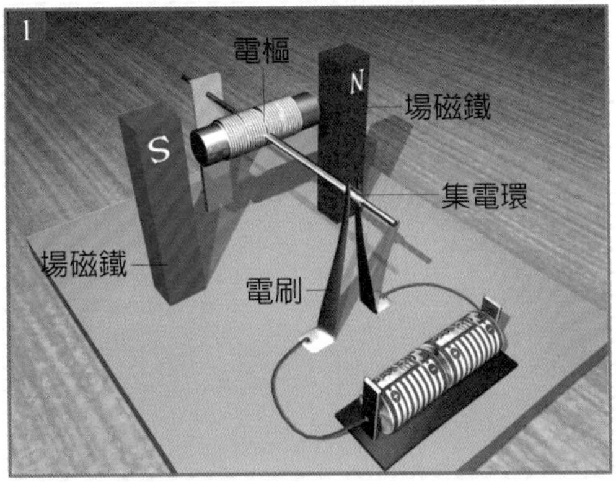

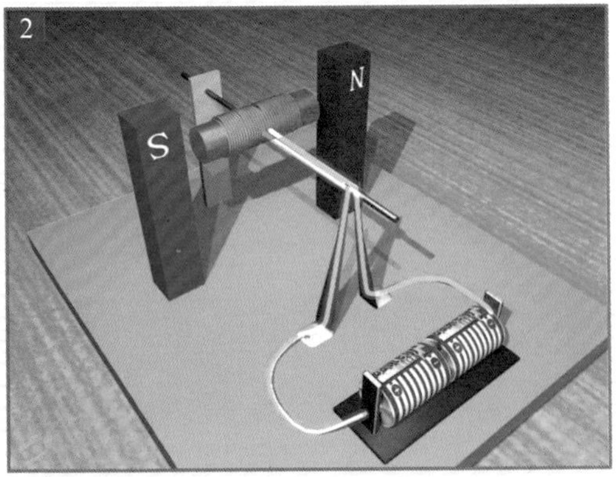

1. 直流馬達的構造包含了電樞、場磁鐵、集電環、電刷等。這裡，電樞的構造是纏繞多圈漆包線的鐵芯，電樞可以繞轉軸運轉。場磁鐵是馬蹄形永久磁鐵，我們只簡單畫出它的兩極。電刷有兩片，各與電池的正負極接觸。集電環是緊貼轉軸的兩片半圓形金屬環，隨轉軸轉動，每轉動半圈（180度），就會交互與其中一片電刷接觸。
2. 電流從電池正極流經電刷、集電環至電樞，再經由另一電刷回到電池負極。

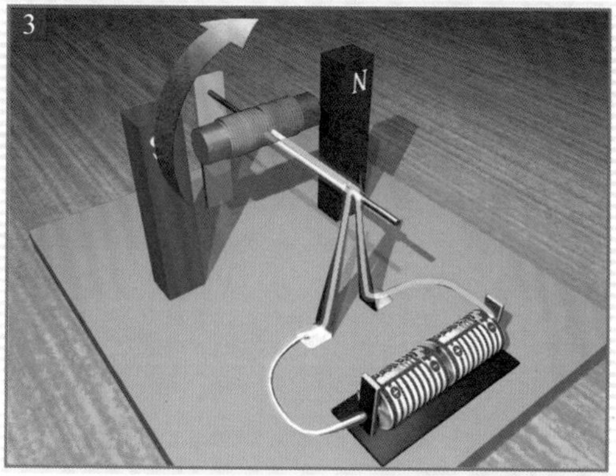

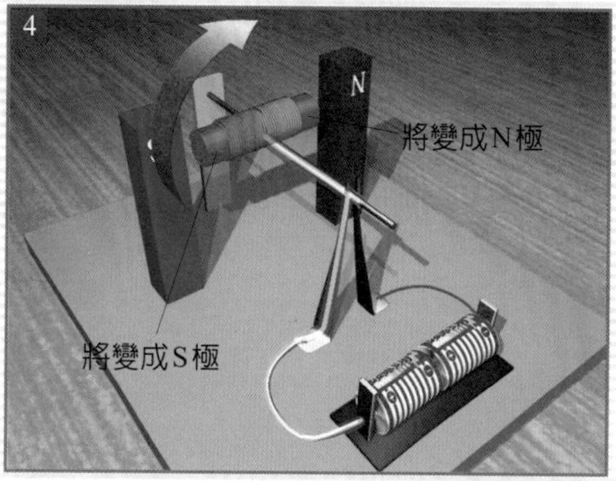

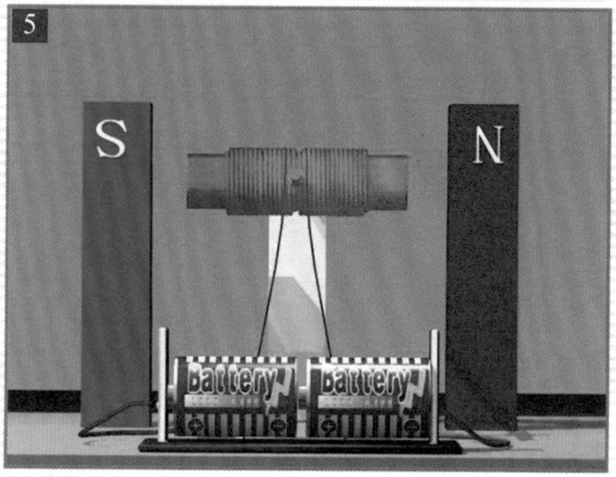

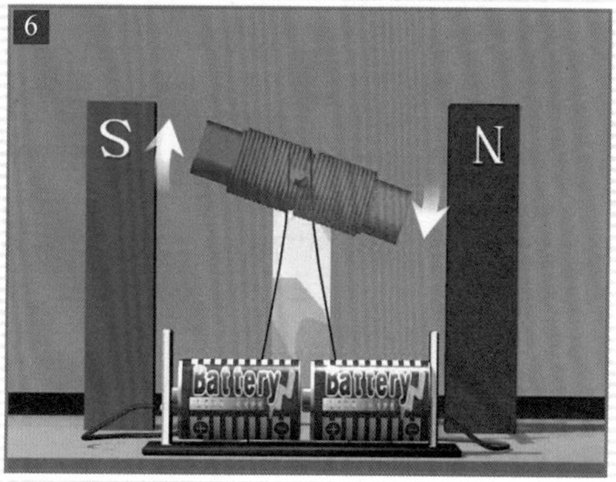

3. 電流流經電樞的線圈時產生的磁場，會使電樞中的鐵芯形成電磁鐵，而電樞的磁極，與場磁鐵互相排斥，於是電樞開始旋轉。
4. 每旋轉半圈，半圓形集電環正好轉了180度，變成與另一片電刷接觸，集電環本來與電池正極相連的部位，立即變成與電池的負極相接，集電環本來與電池負極相連的部位，則變成與電池的正極相接，因此改變了電樞線圈中的電流方向。電樞電磁鐵原本的N極端（紅色端）將會變成S極，原本的S極（藍色端）端將變成N極。
5. 我們更進一步來看場磁鐵與電樞之間的作用。藍色代表S極，紅色代表N極，場磁鐵的磁極不會變動；而電樞因為是電磁鐵，磁極會隨著電流方向變動。電樞一開始通電後，所產生的磁極與場磁鐵相斥……

6. 於是電樞開始轉動。

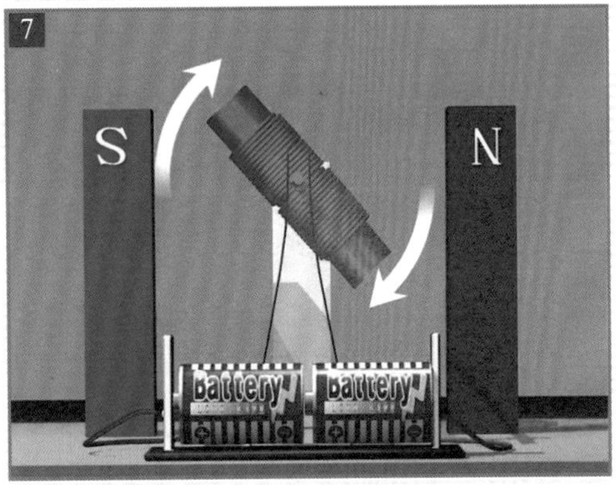

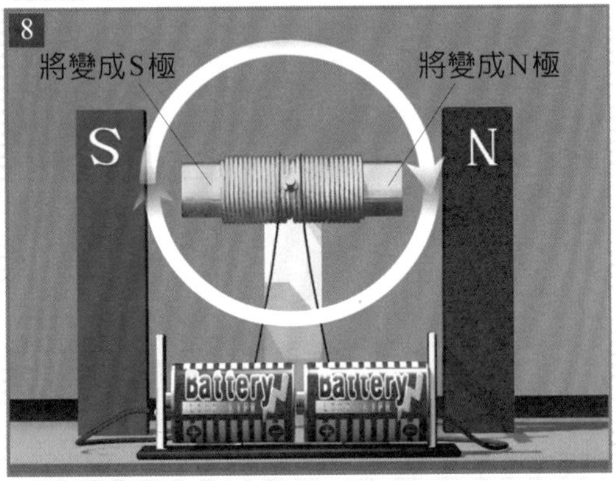

7. 這是利用磁鐵「同名極相斥」的原理。
8. 電樞轉了半圈之後，電流方向將會改變。圖中電樞的N極端將變成S極，原本的S極端將變成N極，又與場磁鐵互相排斥，於是電樞繼續旋轉。

馬達通電後，線圈會把電樞中的鐵芯變成電磁鐵，

這個電磁鐵會與場磁鐵產生相斥的作用，

進而開始旋轉。

動畫17-7：發電機的構造

電會生磁，那麼磁會不會生電呢？

當然會。發電機就是利用磁生電的原理來製作的。

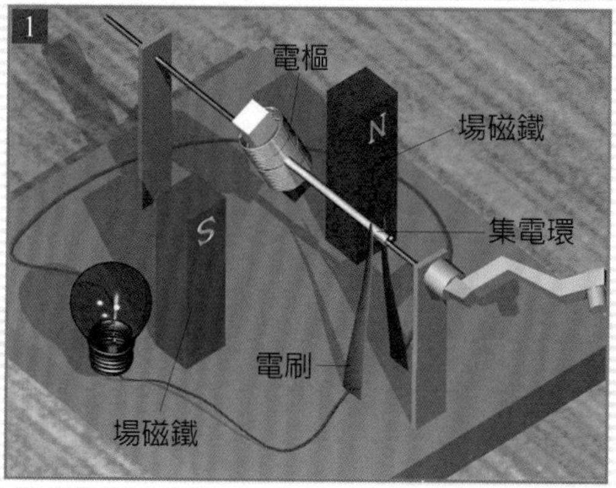

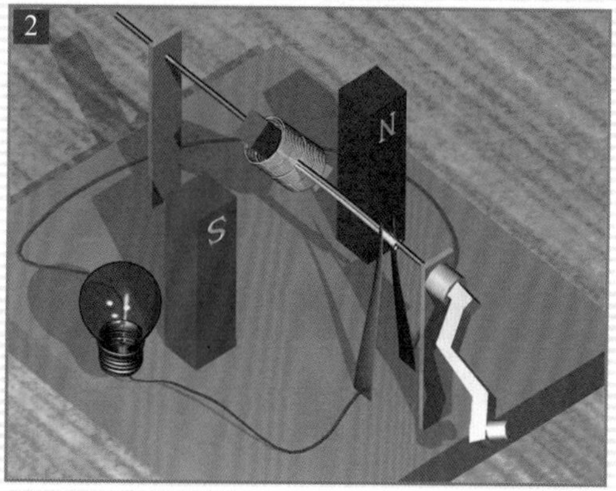

1. 發電機與馬達一樣，有電樞、場磁鐵、集電環、電刷等構造。圖中的集電環是兩個半圓形，這是直流發電機，我們把轉軸按順時針方向旋轉，會輸出直流電。電樞中間有一根鐵芯，一端呈黑色，一端呈白色。請把視線集中在白色端，現在白色端正要由上而下，向場磁鐵的N極靠近，根據冷次定律，電樞會產生感應電流，使白色這端變成電磁鐵的N極。

2. 半圈後：現在鐵芯的白色端正要由下而上靠近場磁鐵的S極，根據冷次定律，電樞會產生感應電流使白色端變成電磁鐵的S極。電樞中的電流方向恰好與半圈前相反，不過因為半圓形的集電環也剛好轉了半圈，所以兩個電刷都變成與集電環的另一半接觸，因此由電刷輸出的電流方向並沒有改變，輸出的電為直流電。

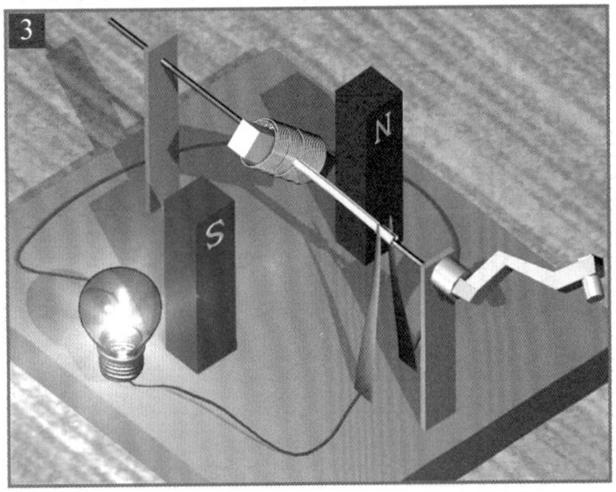

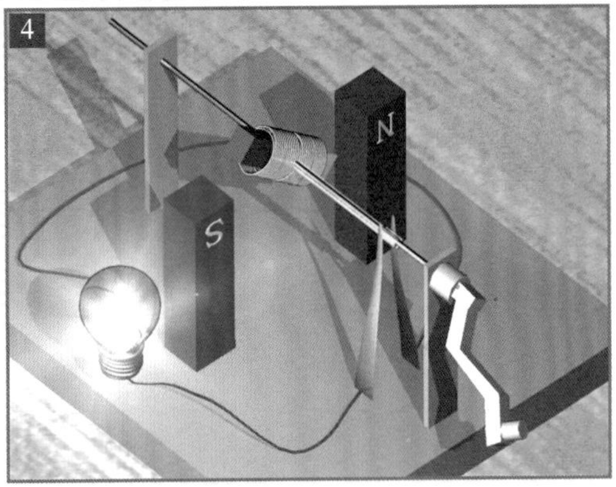

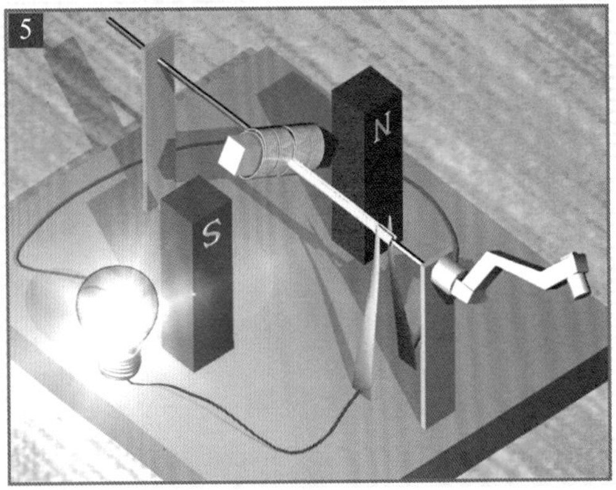

3. 就這樣每半圈電樞中的電流方向會改變一次，但電刷也換成與集電環的另一半接觸，所以可以不斷的輸出直流電，使燈泡發亮。

4～5. 轉軸轉動愈快，燈泡會愈亮。

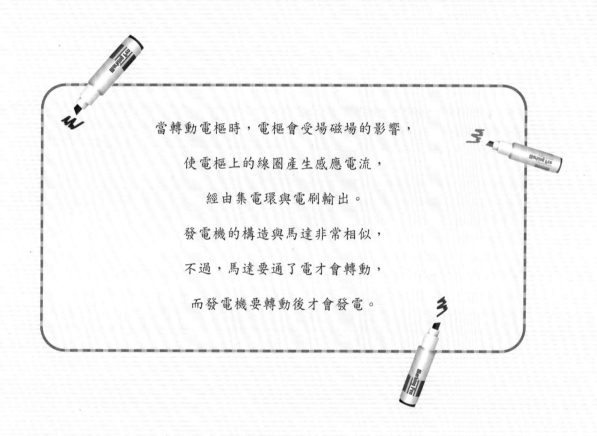

當轉動電樞時，電樞會受場磁場的影響，

使電樞上的線圈產生感應電流，

經由集電環與電刷輸出。

發電機的構造與馬達非常相似，

不過，馬達要通了電才會轉動，

而發電機要轉動後才會發電。

動動手・動動腦

先動手

器材：漆包線2段、乾電池（9V）、舊賀年卡（或硬紙板）、卡片裝訂釘2根（可至文具店購買，裝訂資料卡用）、鐵釘、鐵質迴紋針（一大一小，大的拉直後要比鐵釘長）、小刀、橡皮擦、強力膠、指南針

步驟：

1. 以同一方向把漆包線繞在鐵釘上，至少要繞25圈以上。如果漆包線夠長，可以多繞幾圈或重複纏繞數層，兩端各留部分長度，末端以小刀刮去包覆的塗料。
2. 取舊賀年卡一張，以卡片裝訂釘在邊緣刺穿。把裝訂釘末端的兩釘桿張開，固定在卡片底部，另一根裝訂釘固定在旁，相隔約3公分。
3. 把橡皮擦用強力膠黏在賀年卡上的裝訂釘旁。
4. 把鐵釘尖端刺入橡皮擦中，使鐵釘直立，釘尾的漆包線繞在其中一根裝訂釘上，鐵釘頂端的漆包線連接至電池一極。
5. 另取一段漆包線，以小刀刮去兩端包覆塗料，各連接電池的另一極與另一個裝訂釘。
6. 取一枚大迴紋針，把其中一端拉直，插入橡皮擦內，另一端彎曲，使高度恰在鐵釘頂端上方約0.5公分處。

7. 取小迴紋針一端勾在一根裝訂釘上，即成為開關。整個裝置如下圖。

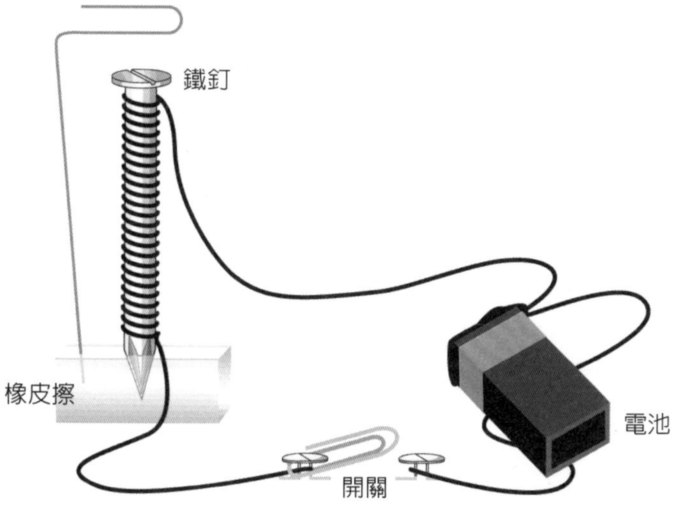

8. 把小迴紋針的另一端與另一根裝訂釘接觸，即等於按下開關，這時大迴紋針應該會敲擊鐵釘頂端。如果毫無動靜，應檢查整個線路接觸是否良好：如果大迴紋針動了，但沒有敲到鐵釘，應調整大迴紋針的高度。

每次按下開關觀察到結果後，均應立刻切斷電源，以免電線溫度上升。

再動腦

1. 如果繞有通電線圈的鐵釘可視為一根磁鐵，以安培右手定則判斷鐵釘的頂端是什麼磁極，以指南針檢查你的預測是否正確。
2. 承上題，接著把乾電池的正負極互換，電磁鐵（繞有線圈的鐵釘）的磁極是否也會改變方向？
3. 電磁鐵的磁極方向改變，會改變大迴紋針的受力方向嗎？

4. 製作電磁鐵時，一定要有鐵釘嗎？鐵釘有何作用？
5. 如果希望大迴紋針敲擊鐵釘的力量能大一些，應如何改進？
6. 如果把本活動的鐵釘由橡皮擦拔起，置入一堆迴紋針中，哪個部位可吸引最多迴紋針？

再動腦參考答案

1. 電磁鐵的磁極方向可由安培右手定則判斷。
2. 磁極會隨電流方向而改變。
3. 不會，無論N極或S極都會吸引鐵質迴紋針。
4. 只要有載流線圈就可製成電磁鐵，但加了鐵釘可使電磁鐵的磁力增強。
5. 要增強電磁鐵磁力，除放入鐵芯外，還可增大電流及線圈匝數。
6. 鐵釘頂端與末端恰爲磁極所在，可吸引最多迴紋針。

第 18 章

原野活動

—— 物質與能源

終於參觀完遊樂場的各館，你累了嗎？

到草地上來歇一會吧！

翠綠的青草、晶瑩的露珠、清新的空氣，

都是由物質組成的。

而溫暖的陽光，不是物質，是能量！

習習微風帶有能量，繞樑的歌聲也具有能量。

這個宇宙就是由物質與能量組成的！

人類對於未知世界充滿好奇，追根究柢的結果，使得科學日益昌明。而最根本的好奇，來自日常生活中的觀察，例如何謂物質、物質是由什麼所構成。除了探討看得見的物質，對看不見的能量，例如電與磁，當然也要探索。科學研究的對象就是物質與能量。

18-1 對物質的探索

你現在手上拿著書，抬起頭看看四周，你看到什麼？牆壁、燈、書桌、筆……，這些東西都是物質。物質是占有「空間」、具有「質量」的東西。一般的物質都具有固相、液相與氣相等三種狀態，且可以在不同的溫度與壓力下，互相轉變。

譬如1大氣壓下，冰塊（固相）在0℃時，會逐漸溶化成水（液相），而在溫度上升至100℃時，會吸收熱量而轉變成水蒸氣（氣相）。壓力變化也會造成物體狀態的變化，例如高山上因大氣壓力降低，水在溫度不到100℃即沸騰。當我們在高山上煮麵條時，可能眼看水中不斷冒出氣泡，水已經滾了，就把麵條下到水中煮，但事實上水溫不到100℃，溫度不夠，麵條不容易煮熟。

十九世紀初，英國科學家道耳吞提出「原子說」，認爲所有元素都是由最基本的單位——原子組成，這使人們對物質的本質有了正確的瞭解，化學因而得以快速進步。隨著科學技術的進步，科學家更陸續發現各種新元素，每種元素都有特定的性質與用途，經由各個元素間以不同的比例組合，又構成成千上萬的化合物。

近代放射線的發現與應用，更爲人類文明帶來莫大的影響。1895年，德國科學家侖琴（Wilhelm Conard Röntgen, 1845-1923）正在研究照射陰極射線時會發出螢光的物質，他把陰極射線管（會發射電子的眞空管）用黑紙包起來，準備在黑暗中照射塗了螢光劑的板子，沒想到他還沒把黑紙揭開，板子就開始發光了。侖琴把板子放到櫃子裡去，但板子仍然發光，由於陰極射線無法穿透黑紙與櫃子，因此一定有一種看不見的的射線由陰極射線管射出。經過研究，侖琴發現這種射線能夠穿透木材、肌肉等物質，因爲對它的性質還不清楚，所以稱它爲「X」射線（或X光）。這項發現使侖琴成爲第一屆（1901年）諾貝爾物理獎的得主。

歷史故事

X光的「X檔案」

侖琴發現了X光後，請他的夫人把手放在照相底片上，用陰極射線管照射，底片沖洗出來後，手部的骨骼清晰可見，連手指上戴的結婚戒指都清清楚楚。這張照片後來刊登在世界各國的報紙，引起極大的震撼。

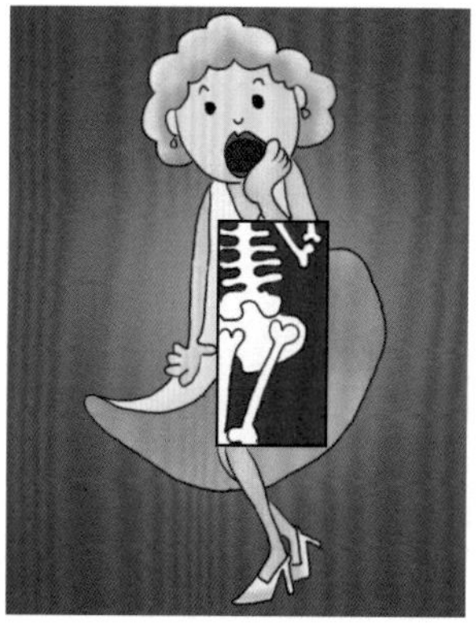

不明就裡的民眾對這項能「透視人體」的新科技產生很大的恐慌。各種謠言四處流傳，有些公司趁機打廣告，聲稱出售能防X光的衣服，要太太、小姐們趕快買來遮羞。也有議員建議要立法禁止使用X射線望遠鏡在戲院看戲，甚至有人指責這是傷風敗俗的發明。

但事實勝於雄辯，在侖琴發現X光後數天內，已經有醫生開始使用X光來為病人做檢查。到今天我們在醫療檢驗、機場安全檢查上，都需要仰賴X光的透視功能。

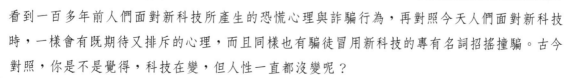

看到一百多年前人們面對新科技所產生的恐慌心理與詐騙行為，再對照今天人們面對新科技時，一樣會有既期待又排斥的心理，而且同樣也有騙徒冒用新科技的專有名詞招搖撞騙。古今對照，你是不是覺得，科技在變，但人性一直都沒變呢？

後來法國的科學家貝克勒（Antoine-Henri Becquerel, 1852-1908）、居禮（Pierre Curie, 1859-1906）、居禮夫人（Marie Curie, 1867-1934，波蘭出生，後入法國籍）合作研究，發現有些天然元素的原子核並不穩定，會不斷放出放射線，他們三人因對放射性的研究而共同得到1903年的諾貝爾物理獎。

在1897年，英國科學家湯木生利用陰極射線管的實驗，發現電子是構成所有原子的基本粒子，打破了原子不可分割的說法，而得到1906年諾貝爾物理獎。

湯木生的學生拉塞福，發現了原子核與質子。加上其他眾多科學家接力，逐步描述出原子結構。拉塞福並發現不穩定的原子核會放出三類放射線：α射線、β射線、γ射線。

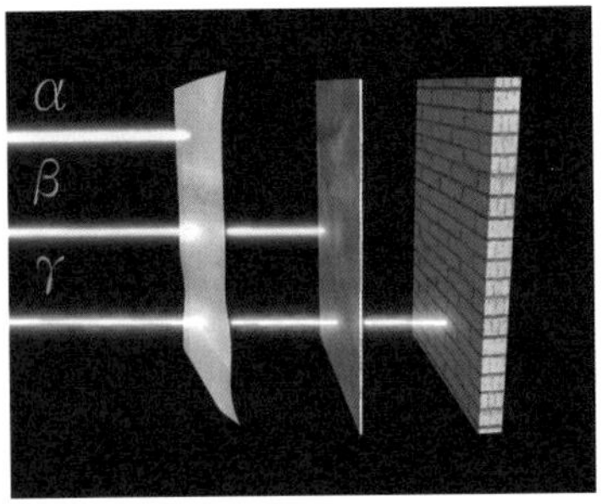

▲光碟動畫〈原野活動〉
輻射線穿透力的比較實驗

α射線是氦（$^{4}_{2}He$）的原子核，含有2個質子及2個中子，因此帶2單位正帶荷，穿透物質的能力在三種放射線中最小。β射線乃高速運動的電子束，帶1單位的負電荷，穿透力居中。γ射線屬於短波長的電磁波，不帶電，穿透力最強。（動畫的定格解說，見第248頁的「看動畫．學理化」。）

你有沒有注意到，α射線、β射線屬於物質，而γ射線屬於能量？

▼表18-1
三種輻射線的比較

輻射名稱	電性	性質	穿透力
α射線	帶正電	氦原子核（含2個質子與2個中子）	只能在空氣中前進數公分，用紙片就可擋住
β射線	帶負電	電子	用3 mm厚的鋁片就能擋住
γ射線	不帶電	電磁波	100公分的厚水泥牆或20公分鉛板，會使強度減弱至萬分之一

18-2 能的形式與能的轉換

當遊樂場的雲霄飛車由高處往下衝時，爲什麼速率會愈來愈快？當汽車急速奔馳一段路程後，爲什麼輪胎會熱得發燙？

宇宙中的能量可以用許多不同的形式存在，例如熱、位能、電能、化學能等，而這些能量之間彼此可以轉換。例如水力發電時，高處水庫中貯存的水具有位能，當水由高處向低處流時，就把水的位能轉換成動能，這個動能如果用來推動發電機，又會轉換成電

◀圖18-1

水力發電廠把水的位能轉換成動能，再利用這些動能推動發電機，產生電能。

能。電能經由電廠輸送至家庭，家中的燈泡又可以把電能轉換成光能與熱能。

能的形式

以下我們就來介紹幾種能量的形式。

化學能

化學能儲存在物質內部，可經由化學反應釋放。我們攝取食物之後，人體會利用酵素把食物分解重組，產生一連串複雜的化學反應，把食物中的化學能釋放出來，以維持人體活動所需的能量，並把一部分化學能轉成熱，維持正常體溫。酒精、木材、汽油、煤等燃料在燃燒過程中，也會把化學能轉換成熱。而電池則是把化學能轉換爲電能的裝置。

動能

物體因運動而具有的能量，稱爲動能。例如：疾馳中的汽車、擺動的鐘擺、奔跑的動物、流動的水以及正在墜落的雨滴等，都具有動能。質量相同的物體，運動速率愈快，動能也就愈大；運動速率相同的物體，質量愈大的，動能也愈大。

位能

物體相對於地表的位置較高，或受力產生形變時，都會具有位能。在高處的物體，具有重力位能，如果由高處落下，位能會減小，轉爲動能，所以往下墜落的物體，通常隨著高度減小而速度增大。例如雲霄飛車由高處往下衝時，因爲把位能轉換成動能，所以速率會愈來愈快。

當我們施力把物體由低處抬至高處時，譬如用力舉起啞鈴時，肌肉消耗掉的化學能，會以位能的形式貯存在啞鈴中。把啞鈴舉得愈高，消耗的化學能愈多，因此同一物體在高處的位能比在低處時的位能來得大。

另一種位能稱爲彈力位能，是因形變而儲存的能量。例如，當我們把彈弓的橡皮筋往後拉，橡皮筋會發生形變，拉彈弓時肌肉消耗掉的化學能，以彈性位能的形式儲存在彈弓上；當我們放開彈弓把小石頭射出時，彈弓的彈性位能又轉換爲石頭的動能。

熱

由高溫物體傳遞給低溫物體的能量，即爲熱。不同形式的能量互相轉換時，通常會伴隨著熱產生，這種熱通常散失在空氣中，無法利用。此外，物體在運動的途中，也往往會因爲摩擦產生熱。

電能

由電流供應的能量，稱爲電能。例如電視機、冷氣、洗衣機、電冰箱等家庭電器，即需要發電廠提供電能，才能發揮功用。由於電能最容易轉換爲其他形式的能量，所以是目前日常生活中及工業生產上最常使用的能量形式。

▲圖18-2
如果沒有電能，電冰箱就無法發揮冷藏、冰凍食物的功能。

光能

光是電磁波的一種，因此可以不藉由介質而輻射。

地球上的綠色植物，利用太陽光進行光合作用，把二氧化碳與水轉變成葡萄糖，同時也把能量貯存在葡萄糖中，葡萄糖再經化學變化轉換成其他形式的植物養分。當牛羊等動物吃下植物時，植物的養分就帶著化學能進入動物體內，所以食物鏈可說是太陽能以化學能形式進行一連串傳遞的網路。無論你是吃素或吃葷，追根究柢，你由食物獲得的能量還是來自太陽能。

太陽能電池可以把光的能量轉換爲電能，現在許多小型計算機，已藉由燈泡或日光燈的光能來運作。太陽能車也愈來愈接近實用的階段，世界太陽能車挑戰賽（World Solar Challenge）到2003年已舉辦了七屆，有的參賽車輛已經可以只靠太陽能，跑完三千多公里的距離。

聲能

聲音是由物體急速振動所造成的，所以也是能量的一種形式。若有兩個相同頻率的音叉，靠得很近、但未接觸，只要敲響其中一個音叉，另一個音叉會產生共鳴的現象，即顯示出聲音具有能量，且可藉由空氣傳遞（見第13章〈音響館〉）。

質能守恆

在一般的物理變化或化學變化中，上述各能量的形式雖然發生改變，但能量的總值維持不變，這種關係即稱爲能量守恆定律。

質量守恒定律與能量守恆定律，早已是大家普遍接受的眞理，但是愛因斯坦（Albert Einstein,1879-1955）在1905年時，卻石破天驚的提出不同的看法。他認爲質量與能量可以互換，而且二者間可以依「質能互換」的公式 $E = mc^2$（其中m爲質量，以公斤爲單位；c爲光速如3×10^8公尺／秒；E爲能量，以焦耳爲單位）來換

算，當物質的質量損失1公斤時，產生的能量有

$$E = 1 \times (3 \times 10^{8})^{2}\text{焦耳} = 9 \times 10^{16}\text{焦耳}$$

根據質能互換公式計算出的結果可以發現，一點點質量的損失可以換取驚人的能量，這就是有名的質能守恆定律。

愛因斯坦的質能守恆定律啓發了後來的科學家，利用質量換取能量的原理，造出了原子彈與核能電廠。

雖然愛因斯坦提出了質能守恆定律，但是我們並不需要揚棄質量守恒定律與能量守恆定律，因爲在一般的物理變化與化學變化中，這兩個定律仍可適用，只有在核反應中，才需考慮質量與能量互換的情形。

18-3 能源的利用與開發

目前台灣有三座正在運轉的核能發電廠，第四座核電廠仍在興建中。在本章的最後，會概略介紹各種能源的利用以及核能運用的原理。

傳統能源

目前煤、石油等化石燃料仍是人類主要的能源。

煤的主要用途是做爲能源，它是古代植物埋於地下，受長期的高溫與高壓而形成的。碳是煤的主要成分，含碳成分高的煤，燃燒時可放出較多熱量，而且燃燒產生的煙較少，所以含碳成分愈高的煤，品質愈好。

石油是古代動植物埋於地下，受長期的高溫與高壓而形成

▲圖18-3
位在高雄的興達火力發電廠，就是利用燒煤炭來發電的。

的，主要成分是碳氫化合物的混合物。石油除了做爲汽機車、飛機等交通工具的燃油外，也是火力發電的重要能源。燃燒石油做爲能源，雖然方便，但也會爲地球環境帶來不良的影響，例如二氧化碳過多造成的溫室效應，硫的氧化物溶於水造成酸雨等。

如果我們可以直接由大自然中利用現成能源，如陽光、水力及風力來發電，既廉價又環保，那該有多好？但這些天然能源往往受氣候影響而不穩定，發電量也不足以供應現代大都市的需求。

核能發電

所以現代化的都市除了水力與火力發電外，最常見的便是利用核能來發電。核能發電便是根據愛因斯坦「質能互換」的原理，利用中子撞擊鈾235，引發核分裂反應。原子核分裂時，會損失部分質量，而產生大量熱，核電廠利用熱量把水加熱成水蒸氣來推動渦輪機，帶動發電機產生電力。

核能發電固然可產生大量電能，但是核分裂之後的廢料有放射性，對人體有不良的影響，所以要用特殊的容器密封後，運送到指定的場所存放。在興建核電廠時，由於安全上的顧慮，往往易引起激烈抗爭，發電後核廢料運送路線及貯存地點也會招致一些抗議。

目前全世界所有的核電廠都是採用核分裂發電，核電廠的安全在各國都引發爭議。許多科學家期望能發展核融合發電，因爲核融合所需的原料「重氫」，可取自海水，融合的產物爲氦，不會有汙染的問題。在新能源開發成功之前，人類唯有節源能源，愛護環境，才能在地球上永續發展。

▲圖18-4

位在金山的核二廠內，共有兩部沸水式核反應器，分別於民國70年、72年開始運轉。

知識補充

核分裂與核融合

一般的化學反應，只有牽涉到電子的轉移，原子核並不會有任何變化。如果連原子核都發生變化，就屬於核反應。

核反應可分為核分裂及核融合兩類。

核分裂通常是一個較重的原子核吸收一個中子，分裂成兩個新的原子核及二或三個中子，像原子彈爆炸與核能發電都是核分裂反應，在分裂過程中，減少的質量會轉換成能量。

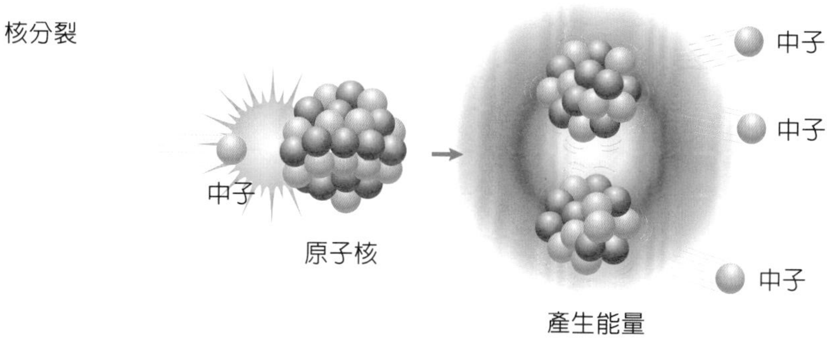

核融合則由原子序較小的原子核融合成較重的原子核，太陽的能量就是來自核融合。在太陽的核反應中，兩個重氫（氫的一種同位素，含一個中子）原子核融合成氦原子核，同樣因質量減少而放出能量。

核反應除了顛覆以前「質量守恒」與「能量守恒」的觀念外，更指示一條創造新元素的道路。因為核反應後，新的原子核中的質子數與原來的原子核不同，既然質子數可以改變，那麼元素的種類也就可以改變。美國、前蘇聯、德國的科學家都利用這種方法創造出許多新元素，稱為「人造元素」，目前週期表上的元素，只有88種天然元素，其餘的元素都是人造元素。

Question 想一想

有人說，西方最早的化學是發源於煉金術。在中古時代，歐洲有許多煉金士企圖以一般金屬煉製成黃金，但一直不曾成功過？為什麼？

Answer 參考答案

因為一般金屬（$_{26}Fe$、$_{29}Cu$ 等）與黃金（$_{79}Au$）的原子序不同，使用一般的物理與化學方法，不可能改變元素種類，所以這些煉金士注定不會成功。等科學進步到可以控制核反應以後，改變原子種類才有可能實現。

看動畫・學理化

動畫18-1：輻射線穿透力的比較實驗

α、β以及γ三種射線，如果以穿透力強弱排名，順序為何呢？

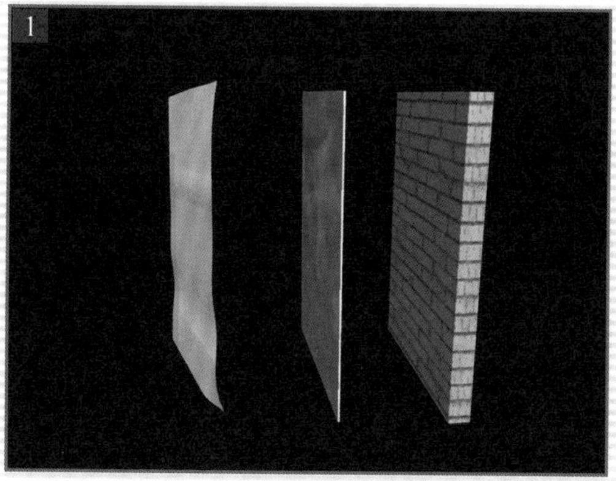

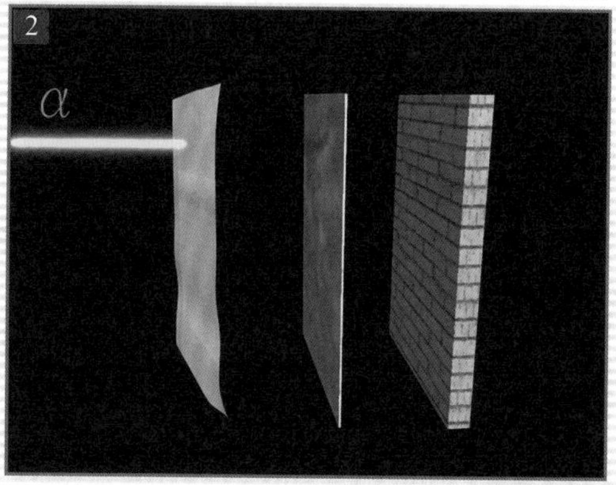

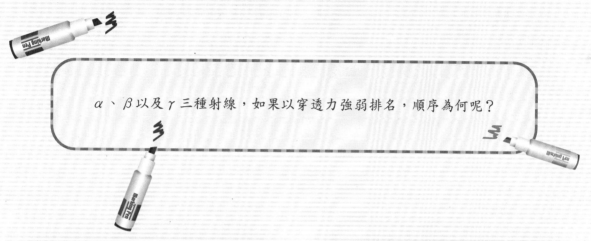

1. 準備好紙、鋁板與水泥牆。
2. 結果，α射線連第一層的紙都無法穿透。

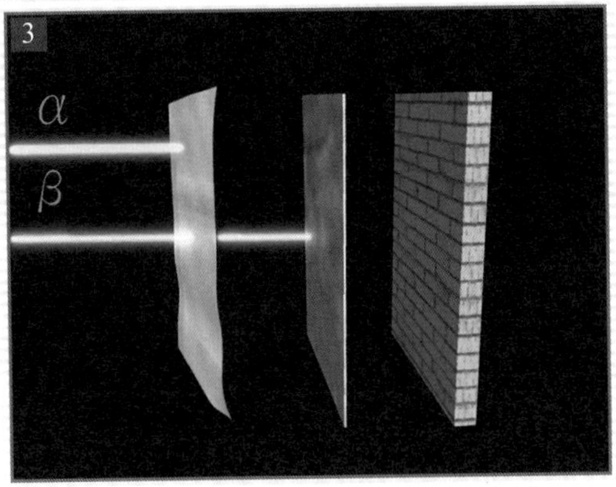

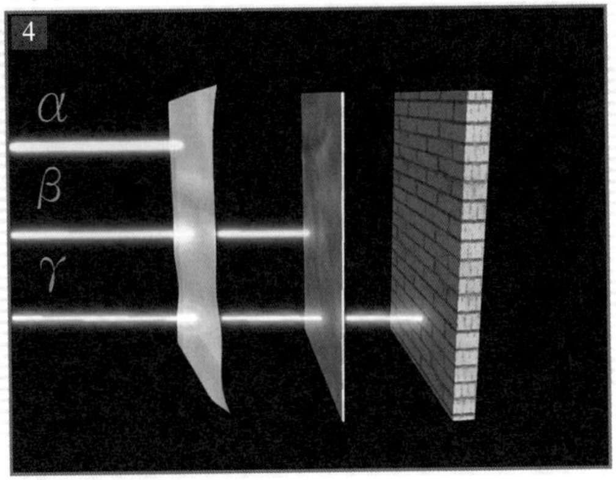

3. β 射線的穿透力雖能穿透紙，但是無法穿透鋁板。
4. γ 射線，能穿過第一層的紙與第二層的鋁，但是無法穿透厚重的水泥牆。

同時發射 α 、β 以及 γ 三種射線，會發現：

α 射線的穿透力最弱，β 射線的穿透力居中，γ 射線的穿透力最強。

動動手・動動腦

先動手

器材：電磁爐（或電爐）、水壺（可用電磁爐或電爐加熱的材質）、溫度計（可量取室溫至100℃）、量杯、電子錶

步驟：

1. 觀察電磁爐底部或說明書上，有關電磁爐額定電壓、功率、能源利用率等資料，填入下表中。

V電磁爐額定電壓（V）	110
P：電磁爐功率（W）	
R：電磁爐能源利用率	
m：水的體積（mL）	1,000
T_1：水的初溫（℃）	
T_2：水的末溫（℃）	80
t：加熱時間（s）	

2. 用量杯量取約1公升的水，倒入水壺中，略攪拌後靜置數分鐘。

3. 用溫度計量取水溫，使溫度計直立於水中（靠在壺壁或以細繩懸掛）。
4. 開啓電磁爐電源，調至最大火力，同時按下電子錶計時的開關，開始計時。
5. 密切觀察水溫變化，當水溫上升至80℃，按下電子錶計時開關，停止計時，同時關閉電源。把實驗結果塡入表中。

再動腦

1. 在加熱期間電磁爐耗去多少電能？
2. 在這段加熱期間，流經電磁爐的電流強度是多少安培？
3. 如果爐底標示的能源利用率正確的話，這電磁爐在加熱期間，將提供多少熱？
4. 水吸收多少熱？
5. 比較 3. 與 4. 的答案是否相等？若不相等，那麼何者較大，為什麼？

再動腦參考答案

1. 根據表中的數據，代入$E=P\times t$的公式，算出答案。
2. 根據表中的數據，代入$I=P\times t／V=P\times t／110$的公式，算出答案。
3. 根據表中的數據，代入$E=P\times t\times R$的公式，算出答案。
4. 因水的密度為1 g／cm^3，1,000 mL的水為1,000 g

   水吸熱＝$1{,}000\times 1\times(80-T_1)$
5. 水吸收的熱應該小於電磁爐提供的熱，因為環境及水壺也吸收了部分的熱。

繪圖及圖片來源

Tony 繪製

11-2、11-3、p.21、12-1、12-2、p.45、p.46、13-3、15-2、p.112、16-1（a）、16-2（左下與右下）、16-7、17-1、p.238

邱意惠繪製

12-4、13-1、14-1、14-2、15-1、15-3、15-4、15-5、16-1（b）、16-2（左上與右上）、16-3、16-4、16-5、p.195、17-2、17-3、17-4、17-5、17-6、17-7、17-8、p.232、p.246

圖片來源

11-1、11-4：巨大機械工業股份有限公司提供

12-3、13-2、16-6、18-2：台灣三洋電機股份有限公司提供

18-1、18-3、18-4：台灣電力公司提供

令人愛不釋手的生物學入門書

2002年中時開卷年度十大好書（翻譯類）
1996年美國醫學作家協會圖書首獎

觀念生物學 1

霍格蘭、竇德生 著 李千毅 譯

■定價 400元 ■書號 WS036

長久以來，對於可能製造生命的分子，以及生命如何演化成今日瑰麗的各樣形式，一般人所知甚少，《觀念生物學》以聰明、愉悅的方式，揭開了這層面紗。

——華森（James D. Watson），DNA結構發現者

「高高在上」的你和微不足道的細菌，都用著同樣的DNA語言、指揮生命的運作。全世界的甲蟲約有30萬種，儘管它們表面的色澤、花紋、圖樣不同，但都有著頭、胸、腹的基本結構。細菌、玉米、青蛙、大象、人類，多麼不一樣的生物啊，但它們的細胞竟然使用共通的「能量貨幣」！任生物世界再怎樣繽紛，全都在16種生命共通的模式下一視同仁。

國家圖書館出版品預行編目資料

3D理化遊樂場：玩出理化高手／陳偉民、林金昇、江彥雄撰稿；鐘世凱、三鏑動畫科技公司動畫製作. ——第一版. ——台北市：天下遠見出版；[台北縣新莊市]：大和圖書書報股份有限公司總經銷, 2004[民93]
冊；　公分. ——（科學天地；55-56）

ISBN 986-417-252-2（第1冊：附光碟片）——
ISBN 986-417-253-0（第2冊：附光碟片）
1. 物理學─教學法　　2. 化學─教學法
3. 中等教育─教學法

524.36　　93002217

3D理化遊樂場 II

撰　　稿／陳偉民、林金昇、江彥雄
動畫製作／鐘世凱、三鏑動畫科技公司
科學天地書系顧問群／林 和、牟中原、李國偉、周成功
書系主編／林榮崧
責任編輯／林文珠、徐仕美
封面暨版型設計／江儀玲
特約美編／黃淑英
插圖繪製／邱意惠、Tony

出版者／天下遠見出版股份有限公司
創辦人／高希均、王力行
天下遠見文化事業群 總裁／高希均
發行人／事業群總編輯／王力行
天下文化編輯部總監／林榮崧
版權部經理／張茂芸
法律顧問／理律法律事務所陳長文律師、太穎國際法律事務所謝穎青律師
社　址／台北市104松江路93巷1號2樓
讀者服務專線／(02) 2662-0012　傳真／(02) 2662-0007 2662-0009
電子信箱／cwpc@cwgv.com.tw
直接郵撥帳號／1326703-6號 天下遠見出版股份有限公司

製 版 廠／凱立國際印刷股份有限公司
印 刷 廠／吉鋒彩色印刷股份有限公司
裝 訂 廠／台興裝訂廠
登 記 證／局版台業字第2517號
總 經 銷／大和圖書書報股份有限公司 電話／(02) 8990-2588
出版日期／2004年3月10日第一版
　　　　　2004年3月30日第一版第2次印行

定　　價／460元(附3D動畫光碟)

ISBN: 986-417-253-0
書號：WS056

BOOK zone 天下文化書坊　http://www.bookzone.com.tw